Es gibt Dinge im Leben, die vergißt man nicht. Den ersten Schultag. Die erste Liebe. Den ersten Urlaub. Das erste Auto.

Mit der ersten Langspielplatte ist es ähnlich. Sich das Geld für ein solches Vinyl-Schätzchen zusammenzusparen, das damals rund 20 Mark kostete, die Auswahl zu treffen, das Objekt der Begierde zu erwerben und es schließlich aufzulegen – das war für all jene, die heute zwischen 30 und 50 sind, eine Art Initiationsritus. Die Zeit der Singles für fünf Mark, die Zeit der Kindheit war damit vorbei. Man hatte fast unbemerkt den Übergang in eine neue Lebensphase vollzogen. Erwachsen war man zwar noch nicht, aber doch so gut wie.

Prominente und weniger prominente Zeitgenossen erzählen in diesem Band, wie sich das entscheidende Ereignis in ihrem Leben zugetragen hat. Sie erzählen von Gelüsten und Geheimnissen, von Hoffnungen und Enttäuschungen, von treuen Freunden und verständnislosen Eltern. Sie erzählen von tragbaren Kofferplattenspielern und der Stereotruhe in Nußbaum, von verwunschenen Plattenläden und wuseligen Grabbelkisten, von öffentlichen Parties und heimlichen Kopfhörersitzungen. Sie erzählen von Liebe und Leidenschaft, ewiger Treue und flüchtiger Vergänglichkeit. Und sie erzählen witzige oder charmante, absurde oder melancholische Erinnerungsgeschichten über die Beatles und die Stones, über Slade und Santana, über Katja Ebstein und die singende Fußball-Nationalmannschaft.

Mit Beiträgen von Heinz Rudolf Kunze, Ilona Christen, Herman van Veen, Burkhard Spinnen, Götz Alsmann, Hera Lind, Joseph von Westphalen, Eckhard Henscheid, Manfred Maurenbrecher und vielen anderen.

Holger Jenrich, Dr. phil., lebt als Zeitschriftenredakteur und Buchautor in Hannover. Als 11jähriger kaufte er sich 1970 seine erste Langspielplatte: »Bridge over troubled water« von Simon & Garfunkel.

Unsere Adresse im Internet: www.fischer-tb.de

Holger Jenrich (Hg.)

Meine erste Platte

Fischer Taschenbuch Verlag

Lektorat: Martin Rethmeier

Originalausgabe
Veröffentlicht im Fischer Taschenbuch Verlag GmbH,
Frankfurt am Main, Januar 2000

Gestaltung: Katja von Ruville
Gesamtherstellung: Clausen & Bosse, Leck
Printed in Germany
ISBN 3-596-14626-7

Inhalt

Holger Jenrich
Gelüste und Geheimnisse

Es gibt Dinge im Leben, die vergißt man nicht. Für manche ist es der erste Schultag. Für andere der erste Kuß. Für dritte wiederum der erste Urlaub, das erste Auto, der erste Besuch im Fußballstadion. Die Minister einer Regierung kann kaum jemand unfallfrei hersagen, die Belegschaft eines Abiturjahrgangs bekommt man mit Mühe und Not noch zu zwei Dritteln zusammen. Doch etwas zum allerersten Mal getan zu haben – das prägt sich ein, das bleibt haften, das gewinnt Bedeutung. Ich kenne Menschen, die können stundenlang über ihre erste Fernseh-Bekanntschaft mit Vico Torriani schwadronieren. Ich kenne Personen, die können in epischer Breite sämtliche Peinlichkeiten ihrer ersten Teenie-Party ausbreiten. Ich kenne Leute, die können jede Einzelheit ihres ersten Geschlechtsverkehrs abrufen – inklusive der Marke des Kondoms, das sie dann doch nicht benutzt haben.

Mit der ersten Langspielplatte verhält es sich ähnlich. Ob die vorletzte Freundin nun Sabine oder Susanne hieß, das mag mit der Zeit unerheblich werden. Wer aber die erste LP besungen hat, wie man daran geraten ist, wie Papa, Bruder oder der gute Kumpel darauf reagiert haben – das bleibt bei fast jedem von uns unauslöschlich im Hirn gespeichert. Aus gutem Grund übrigens. Sich das Geld für die erste Langspielplatte zusammenzusparen, die damals 18, 20, 22 Mark kostete, die Auswahl zu treffen, die Scheibe zu kaufen, das Objekt der Begierde schließlich aufzulegen – das war schließlich für all jene, die heute zwischen 30 und 50 sind, eine Art Initiationsritus. Die Zeit der Singles für fünf Mark war endgültig vorbei, die Jahre der Kindheit waren endlich vorüber. Man hatte beinahe unbemerkt den Übergang in eine neue Lebensphase vollzogen. Erwachsen war man auf diese Weise zwar noch nicht, aber doch so gut wie.

Prominente und weniger prominente Zeitgenossen erzählen in diesem Band, wie sich das entscheidende Ereignis rund um die erste Langspielplatte in ihrem Leben zugetragen hat. Sie erzählen von

Gelüsten und Geheimnissen, von Hoffnungen und Enttäuschungen, von treuen Freunden und verständnislosen Eltern. Sie erzählen von tragbaren Kofferplattenspielern und der Stereotruhe in Nußbaum, von verwunschenen Plattenläden und wuseligen Grabbelkisten, von öffentlichen Parties und heimlichen Kopfhörer-Sitzungen. Sie erzählen von Liebe und Leidenschaft, von ewiger Treue und flüchtiger Vergänglichkeit. Und sie erzählen witzige oder charmante, absurde oder melancholische Geschichten übers große und manchmal auch übers kleine Glück.

Natürlich lügen sie alle wie gedruckt. Natürlich hatte niemand die größten Erfolge der Beatles als erste Platte. Oder die fiesesten Songs der Stones. Oder die größten Schnulzen der Bee Gees. Nein, die ersten Langspielplatten unseres Lebens hießen »Susi und Strolch« oder »Kleiner König Kalle Wirsch« oder »Frau Holle« oder »Winnetou 1« oder »Fix und Foxi auf großer Fahrt«. Wir haben sie wahrscheinlich öfter gehört als alle Hitparaden dieser Welt zusammen. Und trotzdem entschieden: »Märchenplatte gildet nicht.« Die haben unser Leben schließlich nicht von Grund auf verändert. Rock- und Pop-Platten haben das schon. Jedenfalls, soweit wir uns erinnern … Bekanntlich ist die Erinnerung, wie uns Jean Paul lehrt, das einzige Paradies, aus dem wir nicht vertrieben werden können. Der Spaziergang durch unseren Garten Eden wird Ihnen hoffentlich viel Spaß machen. Und die Erkenntnis bringen, daß so mancher Apfel, den Sie en passant beim Schmökern pflücken, noch ganz so wie in Ihrer Jugend vor zehn, zwanzig oder dreißig Jahren schmeckt.

Let the music play

Heinz Rudolf Kunze

Ausbruch ins Freie

The Beatles: »Sgt. Pepper's Lonely Hearts Club Band«

»I heard Papa and Mama talkin'. And I heard Papa say: Let that boy boogie woogie« – da gibt es gewisse Gemeinsamkeiten zwischen John Lee Hookers Eltern und meinen. Vater war Lehrer und heimlicher Künstler, der sich nie getraut hatte, seine Sehnsucht auszuleben und herauszufinden, wie weit seine Berufung wirklich trug; insofern hatte er für meine Ambitionen immer schon klammheimlich Verständnis. Und Mutter war eben Mutter: sicherheitsklammernd, gütig hennenhaft, auf das unbedingte Lebensglück ihres Erstgeborenen bedacht, und das hieß eben im Extremfall auch Rockmusik, wenn es denn unbedingt sein mußte. Der finanzielle Gewährungsspielraum war kleinbürgerlich eng, aber da gab es ja noch eine Oma, die bei uns wohnte, und deren Rente war der Grundstock meiner inzwischen doch recht riesigen Plattensammlung.

1967, ich war elf Jahre alt, schenkte sie mir dieses verwirrend farbige (ich wußte längst noch nicht, daß man das »psychedelisch« nannte) Album: »Sgt. Pepper« von den Beatles. Ich hatte große Anzeigen darüber in der »Hör Zu« gelesen und mußte es haben, koste es, was es wolle. Es kostete allemal zuviel für mein Taschengeld. Was zog mich so besessen dazu hin? Ich glaube, ich war besorgt, denn ich nahm das Cover für bare Münze: Die Beatles tragen ihren eigenen Namen zu Grabe und machen als knallbunte Juxband weiter. Die bis dahin unerhörte Musik (denn wer kannte damals hierzulande schon »Pet Sounds« von den Beach Boys, den großen Soundrivalen der Fab

Four?) beruhigte mich wieder: Das konnten nur die wahren Beatles sein, die Geschmacksführer der sechziger Jahre.

Wenn man elf ist, kann man noch nicht furchtbar viel Englisch, aber ich erinnere mich genau, daß ich sämtliche Texte, die da vom grauen »Quelle«-Plattenspieler samt angeschlossenem Fünfziger-Jahre-Dampfradio erklangen, auswendig mitsingen konnte – ohne zu wissen, was sie bedeuteten. Was soll's, böse Zungen behaupten, das sei den Beatles selbst meistens ziemlich unklar geblieben. Ein Lied, bis zum heutigen Tag mein Lieblingslied dieses Albums, verstand ich allerdings sofort, das ging direkt ins Blut: »She's Leaving Home«, ein Ausbruch ins Freie, zu dem ich selbst erst mit über zwanzig den Mut aufbrachte.

Man hat »Sgt. Pepper« häufig als die beste Rockplatte aller Zeiten bezeichnet. Das ist sie nicht, es ist nicht einmal die beste Platte der Beatles. Sicherlich ist sie der persönliche Produktionstriumph von Sir George Martin, und wenn ich mir vorstelle, daß ich in seinem Londoner AIR-Studio mein letztes Album gemischt und neben ihm gesessen habe, daß wir über Gott und die Welt plauderten und er mir alles Gute für mein neues Machwerk wünschte, dann denke ich, daß der kleine Knirps mit Kassenbrille an Omas Radio vor 33 Jahren einen verdammt guten Einstieg gehabt und danach irgendwas richtig gemacht hat.

Thomas Groß

Extravaganzen auf nächtlichen Dächern

Cat Stevens: »Catch Bull At Four«

Meine erste Platte traf mich in einem Zustand utopischer Ungeschiedenheit des Geschmacks, dem sie zugleich den Anfang vom Ende bereitete. Gerade noch war ich der Junge gewesen, der mit seinem Tonband auf Traummaterial aus dem Radio lauschte, um es »mitzuschneiden«, wie Erwachsene den Vorgang rätselhafterweise nannten. Entscheidend dabei waren nicht Namen oder Titel, sondern die ersten Takte, ob etwas im Sound mich gefangennahm oder nicht.

Es war 1972, ich war 14, und manches spricht dafür, daß ich – das ganz frühe Pochen mütterlicher Herzschläge einmal ausgenommen – nie wieder so hungrig, intensiv und unbefangen Musik gehört habe wie zu dieser Zeit. Die frühen Tonbänder waren der Mix eines wilden, einsamen Hörers, der in seinem Paradies der Klänge schalten und walten konnte, weil er noch kaum etwas von den Namen verstand, die er nach Lautgestalt auf die Rückseite der Pappschachteln notierte: The Bea-tels, The Tre-me-los, Ti Rex.

Nun aber trat ich mit einem Mal als Käufer auf, der eine Wahl getroffen hat, und wie alle Festlegungen hatte auch diese etwas zugleich Selbstversicherndes und Schmerzendes. Frank Laufenberg ist schuld daran, die sanfte Stimme aus dem SWF 3-»Pop Shop«. Er, den ich später aus ganzem Herzen verachten sollte, war damals mein Mann da draußen, ein Radio-Märchenonkel, auf dessen Einschätzungen ich vertraute, schon weil es sonst niemanden gab, der einen mit dieser Art von Stoff versorgen konnte. Jedes Wochenende hörte ich im Schleiflackzimmer die Top Ten. Und mit einem Mal hatte auch ich so etwas wie einen Geschmack, eine Platte, die mich verstand. Das erste Mal – die Note schwingt nicht zufällig mit. Die erste Schallplatte ist Objektwahl und Initiation zugleich: So einer ist man also!

Ich könnte es mir einfach machen und mich auf die Stones herausreden, und es wäre nicht mal gelogen. In dem ersten Paket vom GOVI-Versand waren zwei Platten, ungleiche Zwillinge, Urpolaritäten. Die eine war »Sticky Fingers« von den Rolling Stones, mit Original-Reißverschluß an der auf dem Cover abgebildeten Jeans-Hose, unter der sich irgend etwas zu wölben schien: Rock 'n' Roll halt, die alte Nummer. Unzweifelhaft größeren Eindruck auf mein Gemüt aber machte die andere, und wenn ich mich nicht sehr täusche, senkte die Nadel der elterlichen Heimstereoanlage von Dual sich auch auf sie zuerst herab. Ein Piano-Intro, girlandengleich um eine absteigende Baßlinie gewunden (würde man heute sagen), dann die *famous first words*: »Oh I'm on my way I know I am, somewhere not so far from here…«

Das war mir näher als die Mit-der-Tür-ins-Haus-Attitüde der Stones, und soviel Englisch verstand ich bereits, um mitzukriegen, worum es sich drehte, denn: War ich nicht irgendwie auch »on my way«? Es ging um einen Zustand des Reisens, des Suchens, des Trachtens und Träumens. Es ging um mäandernde Wünsche, Metaphern, Gefühlsstaus. Liebend gerne hätte ich es zwar auf das *eine* hinauslaufen lassen, indes ohne Ahnung, wie in echt und mit wem – ganz abgesehen davon, daß ich eben doch noch den einen oder anderen Koffer in der Kindheit hatte.

»Catch Bull At Four« stand auf dem Cover: *Fang Bullen um vier*, keine Ahnung, was das genau heißen sollte, aber es klang gut, und es verband sich vielsagend mit der runden, vignettenartigen Abbildung, durch die man, fast wie durch ein Guckloch, einen Jungen erblickte. Er war von zarter, ja mönchischer Gestalt – ein Spiegel meiner selbst, des Klassenjüngsten und Zartwangigsten meines Gymnasiums-Jahrgangs –, doch sein Geist offenbar bereits so mit sich selbst vertraut, daß der Stier, dem er die Hand an die Nüstern legte, von weiteren Angriffen abzusehen schien. Eine Bändigergestalt, zweifelsohne. Darunter der Name des Artisten: Cat Stevens.

Ich fand es phantastisch und geheimnisvoll, daß jemand sich »Katze« Stevens nennen konnte – hatte der Mann denn neun Leben? Brauchte man das am Ende? Es klang nach fremden Sitten, nach tierischen Extravaganzen auf nächtlichen Dächern, die doch zugleich etwas Märchenhaftes, nachgerade Orientalisches hatten. Etwas, das ich auch in den samt und sonders kinderbuchartigen Cover-Abbildungen der anderen Cat-Stevens-Platten wiederfand, die ich mir bald darauf der Reihe nach zulegte: »Teaser & The Firecat«, »Tea For The Tillerman«, Traumfiguren auf pastellene Untergründe getuscht. So ähnlich hatte ich als Kind Lurchis Abenteuer verkonsumiert, auf vergleichbare Art hatte ich lesen gelernt. Toll außerdem, daß man die Hüllen aufklappen konnte, dadurch wurde es verständlicher, daß im Radio immer von »Alben« die Rede war. Poesiealben, offenbar.

Die Rückseite allerdings zeigte den Artisten als Bohemien mit Bart und Schlapphut, halb Klischee eines südländischen Stechers auf Abwegen, halb André-Heller-Figur – der Teaser und die Feuerkatze! Die Versuchung aller Tillermänner! Heute weiß ich, habe es nachgelesen, daß gerade »Catch Bull At Four« der Versuch des Stephen Demetri Georgiou alias Cat Stevens war, in die Riege der wirklich ernsthaften Songwriter aufzusteigen. Damals mochte er eine Art großer Bruder oder Vaterersatz für mich gewesen sein, ein Weltwisser und freundlicher Schiffelenker. Irgendwie sogar – vor der verspäteten Kenntnisnahme der Beatles – Lebensretter: bloß nicht untergehen zwischen Mama und Papa, dem armen, schwachen Teufel und der tiefen blauen See, die sich in den Oberflächen der Schallplatte spiegelte.

Vielleicht war es aber auch gar nicht der Sänger, sondern der Song, der mich beeindruckte, besonders »The Boy With The Moon And Star On His Head«. In dieser schwer handgezupften Ballade in D-Dur schien mir vorgezeichnet, daß irgendwie auch ich den Mond und die Sterne auf meiner Stirn trug, daß eines Tages »a gardener's daughter« kommen würde, um mich in den »whisper wood« zu entführen. »It is you who I wish to share my body with«, würde sie sagen, während sie auf bukolischem Moos das Lager bereitete: »And there we laid cool in the shade singing songs and making love.« Und wenn sie nicht gestorben sind …

Das nämlich war zugleich das Problem: Pennälerpoesie! Kinder- und Ammenmärchen, bei Tage betrachtet uncool wie ein in falsche Hände geratenes Tagebuch! Ich bekam es zu spüren, wenn die anderen Jungs – die, die bereits Kant lasen und »In-A-Gadda-Da-Vida« oder ähnlich Verwegenes hörten – mich, den Cat-Stevens-Fan, ansahen, als wäre ich ein Mädchen oder halbschwul. Und es war nicht lustig, als Mädchen oder halbschwul zu gelten in einem humanistischen Gymnasium im Baden-Württemberg der frühen siebziger Jahre, wo nicht mal Oswalt Kolle angekommen war, und die Lehrer, Versprengte sie selber, trotz in fernen Weltgegenden vorausgegangener Studentenrevolte einem der »Ilias« entlehnten Ideal kriegerischer Männlichkeit huldigten. Auch hielten sie es gern mit den spartanischen Idealen. »Wanderer, kommst du nach Sparta«, zitierte der Lateinlehrer in schwachen Stunden beschwörend die Schlacht der Griechen bei den Thermopylen, »verkündige dort, du habest uns liegen sehen, wie das Gesetz es befahl.«

Daß ich mich nicht gleich dazulegte zu diesen siegreich verblutenden Helden, hat viel mit dem Übergangsobjekt Cat Stevens zu tun. Auch wenn seine Lyrics absolut nicht-explicit, nach Maßgabe späterer Literaturwissenschaftlereien sogar echt schlecht waren: Ohne die »Katze« Stevens hätte ich mich nicht durchschlagen können zu den Warmduschern, Subversionsschwärmern und transzendentalen Hörern. Popmusik, lernte ich später, hat viel mit magischer Versöhnung zu tun. In symbolischen Zwischenwelten versucht der Adoleszent, seine Triebansprüche mit den Imperativen der Eltern, der Schule, den ganzen Erfordernissen einer rätselhaften Erwachsenenwelt in ein labiles Gleichgewicht zu bringen.

In meiner Beziehung zu Cat Stevens erkenne ich aber auch so etwas wie ein Generationsschicksal: Wo andere ihren Bob Dylan, ihren Jimi Hendrix hatten, heroische Ausbrennmodelle so oder so, fand ich als Zaungast der Geschichte über das Sekundäre, ja Epigonale hinein. Wohl deswegen steht, neben Cat Stevens, eine mediokre Gestalt wie Reinhard Mey für immer auf dem Siegertreppchen der Primärerfahrungen.

Was allerdings die feinen Unterschiede anbelangt: In den Zeiten des Internet gleicht sich alles wieder einander an wie in meinen frühen Tonbandtagen. Panta rhei! Namen sind Schall und Rauch. Auch Cat Stevens oder Yussuf Islam, wie mein Mann sich seit seiner Konversion zu einer fundamentalistischen Religion nennt, ist bloß noch eine Homepage im Netz. Indes: »The First Cut Is The Deepest.« Auch das gehört zum Wissen der Katze.

Holger Jenrich

Ein Indiojunge aus Peru

Simon & Garfunkel: »Bridge over troubled water«

Als Bachramow auf Tor entschied, saß ich bei Oma Martha unterm Tisch. Es war der 30. Juli 1966, ich war sechs und nicht in der Lage, die Tragweite des gerade Geschehenen auch nur ansatzweise zu erfassen. Ein Engländer namens Hurst hatte einen Ball unter die Latte geschossen, ein Deutscher namens Weber das abprallende Ding übers eigene Gehäuse geköpft und ein Schweizer namens Dienst »Tor« gesagt. Weil ein Russe namens Bachramow … All die Namen kannte ich damals natürlich nicht, das kam erst später. Aber ich hörte aus meinem Versteck, zwischen den bestrumpften Beinen von Tante Erika und den haarigen Füßen von Papa und den dicken Oberschenkeln von Oma Martha hindurch, all die Empörung und all die Enttäuschung und all das Entsetzen einer betrogenen deutschen Kleinfamilie. An jenem Samstagnachmittag in Kleve am Niederrhein erlebte ich das erste Fußballspiel meines Lebens. Es war das Spiel, in dem das sprichwörtliche dritte Tor fiel. Es war das Endspiel der Fußball-Weltmeisterschaft.

Vier Jahre später war wieder WM – und ich konnte vor lauter Vorfreude an kaum etwas anderes denken. War ich 1966 noch mehr an den dicken Beinen Oma Marthas als an den nicht minder imposanten Uwe Seelers interessiert, so hatte sich 1970 der Fußball zum Mittelpunkt meines Lebens entwickelt. Morgens in der Schule tauschte und schnibbelte ich Fußballbilder und hatte als einer der ersten in der Klasse mein Album voll, nachdem ich Peini oder Miezi – ich weiß nicht mehr, wem von beiden – die letzten mir noch fehlenden Bildchen abgeluchst hatte: Wolfgang Grzyb von Eintracht Braunschweig und Helmut Huttary vom Meidericher Spielverein. Nachmittags nach den Mathe-Hausaufgaben schnappte ich Ball und Schuhe und lief, nein: rannte die paar hundert Meter zum Aschenplatz unserer Schule: Spielchen machen mit Thomas und Berni und Rainer und diesem polnischen Aussiedler-Jungen, dessen Namen keiner aussprechen konnte und der einfach »Wüsting« getauft wurde. Und abends im Bett träumte ich davon, daß Deutschland in Mexico Weltmeister werden würde – mit einem 3:1 über Brasilien.

Daß es anders kommen könnte, daran verschwendete ich keinen Gedanken. Die Mannschaften, zu denen ich hielt, konnten schließlich gar nicht verlieren. Meine Gladbacher, die ich geradezu abgöttisch verehrte, waren gerade zum ersten Mal Meister geworden, woraufhin ich voller Glück jedes Zeitungsbild mit Kleff oder Wimmer oder Laumen drauf ausschnitt, auf dem Balkon ein Borussen-Fähnchen hißte und die Shell-Münzen von Netzer oder Vogts auch gegen die dreifache Menge Müller oder Maier nicht aus der Hand gab. Und der Lüner SV, der Club meiner Heimatstadt, hatte die beste Saison seiner Geschichte gespielt. In der Regionalliga West war er immerhin Sechster geworden, und wie Benno Düsenberg und Peter Demhardtner und Siggi Eitzert etwa Bayer Leverkusen mit 5:0 abgefertigt hatten oder den Bonner SC mit 4:1, das hatte ich selbst in der »Kampfbahn Schwansbell« miterleben dürfen.

Überhaupt hatten sich in meinem Leben große Dinge getan. Wir waren umgezogen, aus einer Hochhaus-Wohnung in ein Reihenhaus mit Wendeltreppe. Ich hatte die Schule gewechselt, von der Nikolaus-Groß-Schule aufs Freiherr-vom-Stein-Gymnasium. Ich hatte ein neues Fahrrad bekommen, eines mit genoppten Lenkradgriffen und Bananensattel. Ich durfte am Wochenende ein bißchen länger aufbleiben und nicht nur sonntags »Bonanza« gucken, sondern auch freitags mal den »Kommissar«. Ich hatte mir die ersten »Bravo«-Hefte gekauft, also mit Pierre Brice, Uschi Glas und Dr. Sommer Bekanntschaft gemacht und erfolglos über die Werbebotschaft für ein Pubertäts-Wässerchen gegrübelt, nach der mit dem Busen auch die ersten Pickel kommen.

Vor allem aber hatte ich endlich einen eigenen Plattenspieler. Ein handliches rotes Ding, das man dank eines Henkels wie einen Koffer herumtragen und wie einen solchen aufklappen konnte – im unteren Teil war dann der Plattenteller und im oberen der Lautsprecher. Vorbei die Zeiten also, da ich meine royalistisch interessierte Lieblingsoma (nicht Papas Mama Martha in Kleve, sondern Mamas Mama Klärchen in Hüsten) unter Einsatz ihrer Nußbaum-Radiotruhe mit Ricky Shaynes Weissagung »Es wird ein Bettler zum König« verunsicherte. Oder meine stolzen Eigenheim-Eltern in ihrem mit einer

Dual-Kompaktanlage bewehrten Wohnzimmer mit ganz eigenen Wohnvorstellungen aus dem Mund von Bernd Spier konfrontierte: »Sie wohnt auf dem Hausboot unten am River / jedermann nennt sie Pretty Belinda.« Fortan konnte ich dank eines eigenen Abspielgeräts unzensiert, unkommentiert und vor allem unbeobachtet meinen Träumen nachhängen. Träumen, die ab sofort nicht mehr nur um »Das Mädchen Carina« oder die schweizerische »Frau Stirnimaa« kreisten, sondern auch schon mal um das Leben im Jahr 2525 oder den Planeten Venus.

Schließlich lernte ich seit ein paar Monaten Englisch bei Herrn Kappelhoff – und diese vorsichtige Erweiterung meines Horizontes machte sich nicht zuletzt in meinem Musikgeschmack bemerkbar. Zager & Evans machten Cindy & Bert ernsthaft Konkurrenz, Shocking Blue rückten ihrem niederländischen Landsmann Heintje ganz gehörig auf den Pelz. Weil ich »Sugar, Sugar« unfallfrei ins Deutsche übersetzen konnte, sollte der Hit der Archies meine erste englischsprachige Single werden. Und es folgten Lieder, die einem lernwilligen Sextaner die Übersetzungs-Erfolge leicht machten: »Nenn mich Nummer 1« von den Tremeloes, »Na na he he küß ihn auf Wiedersehen« von Steam oder »Laß es sein« von den Beatles.

Mit der ersten Langspielplatte indes tat ich mich, finanztechnisch vor allem, etwas schwerer. Die per mündlichem Vertrag mit meinen Eltern ausgehandelte Taschengeld-Regelung brachte mir einen wöchentlichen Obolus von einer glatten Mark. Zwar alimentierte die sauerländische Lieblingsoma mein Jungendasein nicht nur mit Nougat-Stangen und Fußballbilder-Tüten, sondern auch mit Fünfzig-Pfennig-Münzen, die ich stets erfolglos darauf kontrollierte, ob vielleicht als enorm wertvoll beleumundete Exemplare von 1949 mit der Prägung »Bank Deutscher Länder« darunter seien. Doch selbst dieses pekuniäre Zusatzgeschäft brachte mich der magischen Langspielplatten-Preisgrenze von 22 Mark nicht unbedingt näher. Zwar fiel der Fußballbilder-Posten fortan weg, weil mich die Herren Grzyb und Huttary inzwischen ja wunschlos glücklich gemacht hatten. Doch das neue »Fix und Foxi Super« oder eine Fanta oder das »Cola Pop«-Wassereis gab's leider nicht umsonst.

Aber einen Plan hatte ich trotz aller Widrigkeiten: meine erste LP sollte von Creedence Clearwater Revival sein. Auf »Radio Luxemburg« dudelten sie rauf und runter, in der »Musicbox« der wöchentlichen »Bravo« waren sie Dauergäste. Entziehen konnte man sich der Band (oder besser: der »Gruppe«, unser Vokabular war damals doch eher germano- denn anglophil ...) nicht: Kaum nämlich fand ich ein Stück von ihr gut, kam auch schon das nächste. Erst »Green River«, dann »Down on the corner«, danach »Travellin' Band« und schließlich »Up around the bend«. Viermal waren CCR in den paar Monaten, in denen ich englischsprachiger Musik verfallen war, in den Top 10 gelandet. Eine Langspielplatte dieser Gruppe schien deshalb besonders anschaffenswert – sie verhieß viele Hits fürs Geld. Ein Creedence-Farbposter – im Februar 1970 einem »Bravo«-Heft entnommen, von dessen Titelbild mich Ringo Starr anlächelte – hing schon mal an meiner Wand. Quasi als Ankündigung dessen, was bald kommen sollte.

Und dann doch nicht kam. Beziehungsweise nicht sofort kam. Creedence Clearwater Revival mußten erst noch »Lookin' out my back door« und »Hey Tonight« herausbringen, bis ich mir 1971 als zweite Langspielplatte eine von ihnen kaufen sollte. »Willy and the poor boys«, eine Billig-Ausgabe vom Grabbeltisch der »Kepa«. Irgendwo im spanischsprachigen Ausland hergestellt, was ich daran erkannte, daß bei der schriftlichen Bekanntgabe der beteiligten Musikanten hinter John Fogerty nicht »guitar and vocals« oder zumindest »Gitarre und Gesang« zu lesen war, sondern »Guitarra y vocal«. Daß es Creedence Clearwater Revival trotz aller Wertschätzung nicht gelang, mit der ersten Langspielplatte in meine ganz privaten Annalen einzugehen, ist einem Mann geschuldet, der mit Musik nichts, mit Fußball hingegen sehr viel zu tun hatte: Teofilo Cubillas.

Bis zum 2. Juni 1970 wußte ich so gut wie nichts über Teofilo Cubillas. Allein, daß er »über einen enormen Antritt« verfüge, »blitzartig aus der Tiefe« komme und der »Youngster im Nationaldreß« sei. Das hatte mir das »Kicker«-Sonderheft »Mexico 70« in der Rubrik

»Unsere Gegner« verraten. Es war schließlich WM in diesem Sommer, Deutschland sollte nach meinen Wünschen durch ein 3:1 über Brasilien ja Weltmeister werden. Davor aber mußte erst einmal gegen Marokko, Bulgarien und Peru gewonnen werden. Das schien mir kinderleicht zu sein. Bis ich Peru spielen sah – und Teofilo Cubillas.

Das Eröffnungsspiel der »deutschen« Gruppe 4 absolvierten an jenem 2. Juni 1970 Peru und Bulgarien. 2:0 führten die Bulgaren – bis Peru aufdrehte und mit 3:2 gewann. Torschütze des Siegtreffers: Teofilo Cubillas. Die Fernsehreporter lobten den athletischen Mann mit der schwarzen Hautfarbe in den höchsten Tönen und stießen dabei Worte aus, die gelegentlich wie »Pelé« klangen. Vier Tage später gewann Peru gegen Marokko 3:0. Zweifacher Torschütze: Teofilo Cubillas. Die Fernsehfritzen überschlugen sich vor Begeisterung und sonderten Vokabeln ab, die sich bisweilen wie »Eusebio« anhörten. Und selbst beim 3:1 der deutschen Elf über Peru schwärmten die Fernsehkommentatoren über den Gegner. Das Ehrentor hatte natürlich Teofilo Cubillas geschossen, und bei den Lobhudeleien über sein Können fiel immer wieder der Begriff »Garrincha«.

Die Weltmeisterschaft in Mexico war die erste, die man in Farbe gucken konnte. Da bekamen Spieler mit anderer als weißer Hautfarbe natürlich ihren ganz besonderen Reiz. Entsprechend hatten das fernsehende Fußballvolk im Allgemeinen und ich im Besonderen unsere Sympathien verteilt. Und uns neben Maier, Müller, Beckenbauer ein paar Schwarze als Neben-Lieblinge ausgeguckt. Natürlich Pelé. Dazu dessen Landsmann Jairzinho. Und eben Teofilo Cubillas. Je heller dessen Stern strahlte, desto mehr sah und hörte ich im Fernsehen plötzlich über Peru. Lima, die Anden, der Titicacasee. Inkas, Indios, Gürteltiere. Wollmützen mit Ohrenklappen, Ponchos bis zum Fußboden. Dazu Gitarren, Rasseln, Panflöten. Und immer wieder »El Condor Pasa«.

Was »El Condor Pasa« bedeutete, wußte ich nicht. Wer aber das Lied sang, das wußte ich durchaus: Simon & Garfunkel. Ein singendes Männerpärchen aus Amerika, mit einem kleinen Dunklen und einem langen Blonden. Als »Bravo«-Leser und »Radio Luxemburg«-Hörer hatte ich mit den beiden schon reichlich Bekanntschaft schließen dürfen. Seit ein paar Monaten nämlich waren die beiden ununterbrochen in unseren Hitparaden vertreten: erst mit »Bridge over troubled water«, dann mit »Cecilia«. Und nun – als hätten die beiden, die mir auf Fotos immer so unsportlich vorkamen, die Fußballkunst der Peruaner und die Finessen von Teofilo Cubillas vorausgeahnt – »El Condor Pasa«.

Heute würde man dazu vermutlich sagen: Dritte-Welt-Kitsch, Volksmusik für Intellektuelle, Fußgängerzonen-Mucke. Damals aber meinten Hunderttausende: klasse. Und kauften den gerade als Single ausgekoppelten Song wie bekloppt. Die Peruaner waren am 14. Juni im Viertelfinale durch ein 2:4 gegen den großen Favoriten Brasilien ausgeschieden, Teofilo Cubillas hatte dabei ein Tor und somit seinen fünften Turniertreffer erzielt. Ein paar Tage später schlug sich die deutsche Zuneigung für den schwarzen Klassestürmer und seine Kollegen in der Hitparade nieder: »El Condor Pasa« war von Null auf Drei in den Top Ten gelandet. Und eine Woche darauf, die WM war gerade vorbei, Peru-Bezwinger Brasilien Weltmeister und Deutschland entgegen meiner Prognose doch nur Dritter geworden, stand die Schnulze von Simon & Garfunkel auf Platz eins der einheimischen Charts. Dort blieb sie sieben Wochen lang, hielt sich dann noch fast zwei Monate auf Rang 2 (hinter Mungo Jerrys »In the summertime«) und verabschiedete sich erst am 28. November 1970, fast ein halbes Jahr nach ihrem Hitparaden-Debüt, aus der Liga der besten Zehn. »El Condor Pasa« wurde damit zweiterfolgreichste Single des Jahres; nur Miguel Rios hatte von seiner Beethoven-Verpoppung »A song of joy« mehr Exemplare verkauft.

Um der Wahrheit die Ehre zu geben: ich selbst hatte zu diesem Verkaufserfolg nicht beigetragen. Und es damit, ohne es zu ahnen, wie die Amerikaner und die Briten gehalten. In den seinerzeit noch fußballabstinenten Staaten hatte es für »El Condor Pasa« gerade mal zu einer schlappen Woche auf Platz 13 der Hitparade gereicht. Und in England erreichte das Lied, das auf eine peruanische Volksweise aus dem 18. Jahrhundert zurückgehen soll, nicht einmal die »Top 30«. Meine Zurückhaltung hatte indes andere als geschmackliche Gründe. Zu meinem elften Geburtstag war mir nämlich von wenig erfindungsreichen Anverwandten eine für damalige Verhältnisse nicht unerhebliche Menge Bargeldes zuteil geworden. Ein Teil davon kam aufs Sparbuch, ein Teil in mein Portemonnaie. Mit dem stiefelte ich, in Ermangelung eines Tonträger-Fachgeschäftes, ins unlängst eröffnete »Hertie«-Warenhaus am Marktplatz, entschuldigte mich im Geiste bei den Jungs von Creedence Clearwater Revival für meine

Untreue und erstand nach einer von erhöhtem Pulsschlag begleiteten Rolltreppenfahrt in den dritten Stock die erste Langspielplatte meines Lebens: »Bridge over troubled water.«

Wann das war, kann ich genau sagen: es muß am 31. August 1970 gewesen sein. Einem Montag – und Montag war »Bravo«-Tag. Gleich morgens hatte ich das aktuelle Heft durchgeblättert, der TV-Star Robert Wagner war diesmal vorne drauf, und in den aktuellen Chartsnotierungen eine unglaubliche Sensation festgestellt: »El Condor Pasa« war gleich zweimal unter den besten zehn vertreten. Einmal in der Version von Simon & Garfunkel, klar, und ein zweites Mal in der Interpretation eines gewissen Facio Santillan. Ein für mich untrügliches Zeichen, daß es sich bei »El Condor Pasa« um ein Lied von wirklicher Größe handeln mußte. Und zudem ein Hinweis, daß ich mit dem beabsichtigten Kauf der Simon & Garfunkel-LP nicht viel falsch machen konnte; schließlich waren darauf die drei Hits »Bridge over troubled water«, »Cecilia« und »El Condor Pasa« allesamt vertreten. Sogar hintereinander, auf einer Seite.

Bis heute habe ich den Erwerb dieser Platte nicht bereut. Ich habe sie wieder und wieder gehört, oben in meiner polsterbehängten Abgeschiedenheit oder unten im Wohnzimmer, weil Mama die meisten Lieder auch gut fand. Ich habe sie so oft abgespielt, bis ausgerechnet auf »Cecilia« dieser Sprung war, mitten auf der zweiten Refrain-Wiederholung bei »You're shaking my confidence daily«. Und irgendwann, mein Musikgeschmack und mein Englisch hatten sich verbessert, habe ich der Seite zwei vor der Hitseite den Vorzug gegeben. »The Boxer«, wo der Erzähler ein »come-on from the whores on Seventh Avenue« bekommt. »Baby Driver«, weil ich es urkomisch fand, daß des Sängers Vater »a prominent frogman« gewesen sein soll. Und vor allem »The only living boy in New York« – wenn ich »Hey, let your honesty shine, shine, shine« hörte oder »Hey, I've got nothing to do today but smile«, dann war das genau die naive Weltverbesserei, die ich als pubertierendes Pickelgesicht brauchte.

Es versteht sich von selbst, daß ich all jene, die irgendwie mit meiner ersten LP zu tun hatten, nie ganz aus den Augen verloren habe – man interessiert sich schließlich auch 30 Jahre später immer noch dafür, was eigentlich die erste Freundin von damals mittlerweile so macht. Paul Simon ist bekanntlich Megastar geworden, der mal mit afrikanischen Musikern auf Tournee und mal mit Musicalversuchen

(»Caveman«) baden geht. Art Garfunkel ist ziemlich in der Versenkung verschwunden, sieht man einmal davon ab, daß er sich Anfang der Neunziger vom US State Department nach Bulgarien schicken ließ, um dort singend von Freiheit und Demokratie zu künden.

Und Teofilo Cubillas? Er wurde zwei Jahre nach seiner überragenden WM Südamerikas Fußballer des Jahres. Er spielte, nach Europa-Gastspielen beim FC Basel und dem FC Porto, Ende der Siebziger zwei Jahre gemeinsam mit Gerd Müller bei den Fort Lauderdale Strikers in den USA. Und bei zwei weiteren Weltmeisterschaften durfte ich ihn bewundern. 1982, wo er – wie die gesamte Mannschaft Perus – in der Versenkung verschwand. Und 1978, wo er zu meiner großen Freude beim 3:1 über Schottland zwei Tore schoß und beim 4:1 über den Iran gar deren drei. Nur 1974, als ich schon nicht mehr zu Deutschland hielt, hat er mir regelrecht gefehlt. Ausgerechnet in dem Jahr, da sich Katja Ebstein mit »Ein Indiojunge aus Peru« in die Hitparaden sang, war für Teofilo Cubillas und sein Land kein Platz unter den 16 besten Mannschaften der Welt.

René Martens

Plateausohlen und Rechtschreibregeln

Slade: »Sladest«

Als die ehemalige Schönheitskönigin von Wolverhampton starb, habe ich geweint. Es passierte am 4. Juli 1973, und es war der erste Tod meines Lebens. Kurz nach Mitternacht wird Angela Morris mit voller Wucht aus einem außer Kontrolle geratenen Bentley S3 geschleudert – ein paar Sekunden, bevor ihr Freund, Don Powell, den Wagen gegen eine Mauer fuhr und sich den Schädel, drei Rippen sowie Fuß- und Handknochen bricht.

Mir ging das nahe, weil Don damals Schlagzeug bei Slade spielte. Niemand wußte, ob er dazu nach dem Unfall jemals wieder in der Lage sein würde. Einige Tage schwebte er sogar in Lebensgefahr.

Als Don nach sechs Wochen aus dem Krankenhaus kam, gingen Slade mit ihm ins Studio, um an »Sladest« zu arbeiten – meinem ersten Album. Die Nacht, in der Angela Morris starb und Don Powell beinahe, wirkt nach auf der LP. Aufgrund Dons langer Zwangspause blieb der Band kaum Zeit. Und so wurde »Sladest« zu einer unfreiwilligen »Greatest Hits«-Sammlung: Hier finden sich vier Songs von der ersten Platte, einer von der zweiten, drei von der dritten, vier Single-Hits und ein bis dato unveröffentlichtes Stück. Aber das wußte ich als Neunjähriger noch nicht, denn es war ja mein erstes Album.

Ich bekam die Platte geschenkt an Heiligabend desselben Jahres. Sie stand gelehnt an einen dreibeinigen Tisch, der bei uns zu Hause immer als Präsentationsfläche für Geburtstags- und Weihnachtsgeschenke diente. Ich besitze ihn sogar noch, weil ich ihn mitgenommen habe, als ich auszog. Dieser Tisch, der aus der Nierentisch-Zeit stammt, aber kein Nierentisch ist, altert in Würde: Heute stehen Plattenständer drauf.

1973 war ohnehin ein Schlüsseljahr in meinem Leben – nicht nur das Jahr des ersten Todes und des ersten Albums. Ich habe auch mein erstes richtiges Fußballspiel gesehen, das heißt, eines oberhalb der

Hamburger S-Bahn-Liga: Der FC St. Pauli spielte in Freundschaft gegen den FC Bayern, der nur mit Glück ein 3:3 schaffte.

Mein Lieblingsmusiker bei Slade war Dave Hill, der langhaarige Leadgitarrist, denn der sah am besten aus, und seine Schuhe hatten die höchsten Absätze. Auf dem Backcover-Foto von »Sladest«, das die Band in Aktion zeigt, sieht man ihn in einer vermutlich silberfarbenen Lederhose, die aufgrund der Bühnenbeleuchtung allerdings golden glänzt. Dazu trägt er einen selbst designten Umhang, der ausnahmsweise nur bis zu den Knien reicht und nicht fast bis zu den Füßen. Dave hat sich darüber hinaus immer geschminkt. Aber ob er und andere Musiker damit wirklich eine fortschrittliche Einstellung zu Bi- und Homosexualität propagierten, vielleicht sogar dazu beitragen wollten, daß »die Grenzen zwischen Männern und Frauen verschwimmen«, wie manche Glamrock-Exegeten heute schwärmen?

Mindestens so stark wie das Outfit und die stampfende Musik hat mich die Sprache von Slade fasziniert. Was mir Noddy Holder sagen wollte, als er »You know how to squeeze me/You know how to please me« schrie, habe ich natürlich nicht verstanden (Heute würde ich so einen Text kaum jemandem durchgehen lassen, männlichen Rockmusikern jedenfalls auf gar keinen Fall). Aber allemal übten ihre Wörter einen Reiz aus, vielleicht weil ich es insgeheim subversiv fand, daß Slade sich nicht um Rechtschreibregeln scherten. »Cum On Feel The Noize«, »Gudbuy T' Jane« und »Mama weer all crazee now« kritzelte ich deshalb auf die Löschblätter meiner Schulhefte, wobei ich den Endschwung des letzten Buchstaben meistens mit einem dicken Klecks verzierte.

Den besten Wortsound hatte ein Stück, das allerdings nicht auf »Sladest« war, sondern auf der B-Seite von »Cum On Feel The Noize«: »I'm Mee, I'm Now, An That's Orl.« Nicht einmal heute bin ich mir sicher, was der Titel eigentlich genau bedeutet, aber irgendwie klingt er revolutionär, zumindest in einem schlingensiefschen Sinne.

Meine Platten-Beziehung zu Slade ging so ziemlich genau zehn Jahre nach »Sladest« zu Ende: 1983 kaufte ich mir »My Oh My«, ihre meines Wissens letzte Hit-Single. Vielleicht war es ein Anflug von Sentimentalität, vielleicht mußte ich die Platte auch haben, weil ich fand, dieses Stück sei eine tolle Basis für einen Fußball-Song. Letzteres dachte – leider – auch eine Combo namens »Michael Petersen und die Kuddls von der Elbe«. Sie dichtete den Refrain um in die sehr kühne Zeile: »Wir sind schlau, wir sind Fans vom HSV.«

Vor vier, fünf Jahren sah ich Dave Hill und Don Powell noch einmal für ein paar Sekunden im Fernsehen. Sie waren, gemeinsam mit einigen Honorarsklaven, unter den Namen »Slade II« unterwegs und schmissen auf Oldie-Festivals ihre Würde weg. Das ist einerseits traurig, denn das läßt darauf schließen, daß sie – weil sie die falschen Freunde hatten oder vielleicht auch aus besseren Gründen – ihr mit den Hits verdientes Geld verpraßt haben. Wäre ja nicht ungewöhnlich für Popmusiker. Andererseits scheint es Hill und Powell immerhin noch besser ergangen zu sein als anderen Stars ihrer Zeit: Brian Conolly von »The Sweet« hat sich totgesoffen und Gary Glitter Schlagzeilen gemacht als Liebhaber von Kinderpornos.

Im Herbst 1998 fiel mir beim Glamrock-Film »Velvet Goldmine« auf, daß ein Stück von »Sladest« noch erstaunlich frisch klingt: »Coz I Luv You«, der mittlerweile 28 Jahre alte erste Hit der Band. Besonders das eigenartig hallende Klatschen hat etwas. Das ließe sich bestimmt gut sampeln für ein modernes House-Stück.

Erich Schützendorf

Metal macht stark

AC/DC: »Back in Black«

Meine musikalische Früherziehung fand auf dem Kirmesplatz statt. Genauer gesagt: auf der Raupe, jenem Karussell, das mich aus zwei Gründen anzog. Es hatte ein Verdeck, das uns für wenige Momente vor neugierigen Blicken schützte. Und es spielte unablässig all die Schlager, für die im Elternhaus wenig Verständnis vorhanden war: Elvis Presley, Chuck Berry, Peter Kraus und natürlich Connie Francis, meine erste virtuelle Liebe. »Schöner fremder Mann.« Was konnte man außer Träumen schon machen, wenn man seine Kindheit und Jugend in den 50er Jahren in einem rheinischen Dorf verbrachte?

Natürlich waren die zwei Wochenenden im Jahr mit der Raupenbahn etwas wenig. Und so vervollständigte ich meine musikalischen Kenntnisse bei Radio Luxemburg, einem Sender, der (Camillo Felgen!) neben Werbung die Hitparaden der Pop-Musik rauf- und runterspielte. Und dann kamen die Beatles. Endlich eine Musik, die nur mir und meiner Altersgruppe gehörte. Der Rock 'n' Roll von Elvis war ja eigentlich nur von der älteren Schwester und deren Freunden und Freundinnen geliehen. Die Beatles blieben eine kurze Episode. Sie verspielten sich durch den Einsatz eines Streichorchesters bei »Yesterday« meine letzte Sympathie. Streichorchester! Das war das Symbol für die Musik der Eltern und der Lehrer. Ich dagegen liebte wilde Schlagzeugsoli. Meine Favoriten waren »The Who«, Keith Moon, natürlich. Mit dem Kauf der Platte »Magic Bus« begann meine Emanzipation von dem in der Kindheit über alles geliebten Großvater. Er verwehrte mir das Geld für so eine »bekloppte Affen-Musik«. Schade. Die Scheibe mußte trotzdem gekauft werden. Und Opas Ansichten wurden immer unwichtiger, nicht nur was den Musikgeschmack betraf.

Langspielplatten mit Popmusik gab es, soweit ich mich erinnere, in den frühen 60er Jahren nicht. Allenfalls Platten mit vier Titeln drauf. Was als Langspielplatten gehandelt wurde, waren Aufnahmen klassischer Musik: Operetten, Opern, Musicals, Symphonien. Man konnte sie, wenn man wollte (aber außer den Eltern wollte das niemand), aus der Musiktruhe holen, um nochmals die Melodien und Stücke zu hören, die man zuvor als musikalische Aufführung im Fernsehen gesehen hatte. Lazy sunday afternoon.

Das Leben fing an, sich auf Parties abzuspielen oder auf Jugendbällen, in denen pubertierende Bands die Großen nachspielten. Saufen und Musik hören oder umgekehrt, jedenfalls immer mit der Absicht der Bewußtseinserweiterung. Tatsächlich, es tauchten einmalige Gedanken auf, und ich war überzeugt, daß sie nur entstehen könnten, wenn Ginger Baker oder Keith Moon ihr Schlagzeug bearbeiteten. Jimi Hendrix kam in die Sporthalle nach Köln, und ich paukte für das Abitur. Warum eigentlich? Dieses behütete bürgerliche Leben konnte doch keine Perspektive sein.

Nun ja, wie soll ich es sagen? Irgendwie wurde die unmögliche Perspektive zur geregelten Wirklichkeit. Studium, Heirat, Berufseinstieg. Später Kinder, Haus, Hund, Schulden auf der Bank, Tätigkeiten in Vereinen. Auto vor der Tür, Urlaub, garantiertes Weihnachtsgeld, das im September schon ausgegeben ist. Fehlt nur noch der Baum, den es zu pflanzen gilt. Vielleicht macht sich ein Kastanienbaum vor dem Haus ganz gut. Wenigstens ein kleiner.

Meine erste Langspielplatte kaufte ich, da war ich schon verheiratet und nicht mehr so ganz jung: »Back in Black« von AC/DC. Die anderen Langspielplatten zählen nicht. Das waren Anstandskäufe, Alben von den Beatles, Rolling Stones, Santana, Jimi Hendrix, Cat Stevens. Von meiner Frau während des Einkaufsbummels an Samstagen eingesammelt wie Erinnerungsstücke oder Nachschlagewerke. In den Plattenschrank gestellt, um sie bei Bedarf hervorzuholen. Das Geschrei von AC/DC faszinierte mich sofort. Ja, das Geschrei. Die

Texte der englischsprachigen Popmusik hatte ich sowieso noch nie verstanden. Mir reichte die Lautstärke – je wilder und je lauter, um so besser.

»Back in Black« war tatsächlich die erste Platte, die ich gezielt und alleine kaufte. Alle anderen, und das waren einige, wurden mir gekauft oder geschenkt. Nach Dienstschluß bin ich nach Haus und hab die Platte aufgelegt. Kopfhörer waren unverzichtbar. Die Musik von AC/DC mußte dröhnen. »Hell's Bells.« Der Kopf zerreißen. »Given the dog a bone«. Mitschreien. »What do you do for money honey.« Die Musik ließ all die Fratzen der Vorgesetzten auftauchen, der Biedermänner und all derjenigen, die wußten, wie es im Leben wirklich vor sich geht, und als blasse Hampelmänner in der Lächerlichkeit verschwinden. Ich stand da, AC/DC im Hintergrund, vor dem imaginären Mikrophon. Und dann waren sie da, die Gefühle von Macht, Überlegenheit, überschäumender Vitalität und die Phantasien, ein Star zu sein, mit den Blicken mich bewundernder Frauen spielen zu können. Natürlich sah mich niemand bei meinem ekstatischen Karaoke. Das wäre mir dann doch peinlich gewesen.

Gelegentlich auf privaten Parties in Kellern, während der sensiblen Phase zwischen dem achten und dem dreißigsten Bier (vorher traute man sich nicht, und nachher ging es nicht mehr) legte ich AC/DC auf, vorzugsweise »Hell's Bells«, schrie die wenigen mir vertrauten Wortfetzen mit, schüttelte die immer noch langen Haare, schloß die Augen und dachte: Ihr könnt mich alle mal. Ihr könnt aber auch mittanzen. Mit diesen Auftritten hatte ich gelegentlich einen gewissen Erfolg bei den weiblichen Partygästen, die sich dem wilden Rhythmus anschlossen; mein Ansehen bei der Herrenwelt, in der gern über beruflichen Erfolg geredet wurde und darüber, wie man sich im harten Existenzkampf Vorteile verschaffen kann, hielt sich dagegen in Grenzen.

Im »Spiegel« las ich, daß AC/DC eine Musik sei, die von Zwölf- bis Vierzehnjährigen favorisiert würde. Diese Meldung hat mich wohl so getroffen, daß ich sie bis heute nicht vergessen habe. Ich hatte damals immerhin das 30. Lebensjahr überschritten. War ich zurückgeblieben? Ein Spätentwickler? Bestimmt, das war ich immer schon gewesen. Aber egal. Ich wollte brüllen, schreien, mich von ohrenbetäubendem Lärm besoffen machen lassen. Es war – klar! – der Versuch, die Träume der Jugend weiterzuträumen, Revoluzzer zu bleiben in einer Welt des sicheren Gehaltes und der pünktlichen Rechnungen.

Nachbarn und Kollegen beäugten den jungen Mann mit seinen langen Haaren, ob er sie mit unberechenbaren Aktionen oder Äußerungen verschrecken wollte. Ja, er wollte, aber sie merkten es meistens nicht. Und AC/DC half bei dem Wunsch, sie zu verschrecken, und bei der Ohnmacht, sie nicht erschrecken zu dürfen.

Wenn man das 50. Lebensjahr erreicht hat, braucht man die geliebte Scheibe kaum noch abzuspielen. Außerdem kratzt sie seit langem, und als CD will ich sie nicht kaufen. Man arrangiert sich halt mit dem bürgerlichen Leben, aber auch nicht so ganz. Die Ungehemmtheit, die Schonungslosigkeit, mit der man herausbrüllen will, was einem wichtig ist, was man sagen will, die Lust an der Provokation, das Gefühl der Überlegenheit, wenn andere denken, man sei nicht ganz normal – all das ist geblieben. Heavy Metal macht stark, und wenn mal gar nichts mehr geht, wenn mich all die Leisetreter, die Lebenslustverhinderer und die Moneymaker mit ihren $-Zeichen in den Augen anwidern, dann hilft es noch immer: »Hell's Bells.« Bis 22 Uhr volles Rohr und dann mit Kopfhörern. Die Nachbarn in der Reihe der Einfamilienhäuser werden ja auch älter, und trotz zunehmender Vergeßlichkeit sind ihnen die Telefonnummern der Polizei und des Ordnungsamtes geläufig.

Na ja, morgens läutet auch für mich wieder der Wecker. Mein berufliches Engagement gilt der Arbeit mit alten Menschen. Interessant, nicht wahr? Neige ich vielleicht wegen der dauernden Konfrontation mit Abbau und Verlusten zu vitalen Gegenentwürfen für mein eigenes Älterwerden? Egal: Solange ich bei der Musik von AC/DC noch mitbrüllen kann, habe ich das Gefühl, noch nicht zu den Alten zu gehören. Aber mal ehrlich: Irgendwann wirken kurze Hosen und lange Haare nur noch lächerlich. Das erzählen Sie aber bitte nicht weiter.

Norbert Thomma

Taktvolle Schritte zum Glück

Hugo Strasser und sein Tanzorchester: »Tanzturnier-Trümpfe«

Hugo. Schon der Name sagt, daß das eine ganze Weile her sein muß. Gottfried hießen die Buben damals oder Ludwig, und die Mädchen hörten auf Edeltraut oder Sigrid. Wenn sich zwei näher kamen, wurde von Verlobung gesprochen. Und damit auch alles in Ordnung ginge, fragten die Eltern: »Katholisch oder evangelisch?« An der Konfession konnte das Glück scheitern.

Es war das Jahr, in dem Burt Lancaster als »Der Gefangene von Alcatraz« im Knast seine Vögel pflegte. Nana Mouskouri sang »Weiße Rosen aus Athen«. John F. Kennedy zog ins Weiße Haus ein. Ernest Hemingway schoß sich eine Kugel in den Kopf. Und Wilfried Dietrich, der Kran von Schifferstadt, wurde Weltmeister im Freistilringen, unbesiegt im fünften Jahr bereits.

1961.

Das erste Stück auf der Langspielplatte von Hugo Strasser war ein langsamer Walzer, *Tramonte.* Eine Klarinette blies zarten Schmelz, dahinter legte die elektrische Orgel einen Plüschteppich aus, der die rhythmischen Schläge der Bigband beinahe schluckte.

Die Damen legen ihre linke Hand auf den Oberarm des Herrn, nahe an der Schulter bitte, den rechten Arm ausgestreckt, aber am Ellbogen leicht angewinkelt, meine Damen, und Sie, meine Herren sollen führen – führen! – sollen den Damen zeigen, wo's langgeht, hahaha, nicht so steif, seien Sie locker.

So sprach der Tanzlehrer, der Herr Knigge und Charmeur in einem war. Die Damen, die er auch als Fünfzehnjährige so nannte – »Damen«, saßen mit scheu gesenktem Blick. Die Herren, mit Akne und allererstem Flaum, saßen in den Startlöchern und rannten um ihr Lieben. »Zum Tanz auffordern« nannte der Lehrer dieses Gesellschaftsspiel, eine Art Reise nach Jerusalem auf poliertem Parkett. Wer nicht schnell genug war, stand am Ende peinlich errötet vor einer Matrone; umgekehrt gab's dieses Elend auch.

Es war das Jahr, in dem sich der 1. FC Nürnberg die Deutsche Meisterschaft holte. 3:0 gegen Borussia Dortmund in Hannover, 82000 Zuschauer, Tore durch Haseneder, Müller und Strehl. Das ZDF wurde gegründet. Wegen der Vollbeschäftigung mußte plötzlich niemand mehr Beiträge zur Arbeitslosenversicherung bezahlen. Und die USA scheiterten mit einigen Exilkubanern bei dem Versuch, Fidel Castro durch eine Invasion in der Schweinebucht zu stürzen.

Immerhin waren die Alliierten, die drei große Kasernen in meiner Heimatstadt hatten, musikalisch besser dran. Chuck Berry rockte schon ein paar Platten lang. Blues und Jazz jede Menge. Elvis erschien 1961 mit buntem Hemd und einer gelben Blumenkette auf dem Cover: Blue Hawaii, 14 Songs. Gleichzeitig gab sich Deutschland in seinem Liedgut nachkriegspubertär. Ralf Bendix schenkte uns den »Babysitter-Boogie«. Chris Howland intonierte die »Hämmerchen-Polka«. Gus Backus sang »Da sprach der alte Häuptling der Indianer«. Nur Gerhard Wendland bat tremolierend: »Tanze mit mir in den Morgen«.

Mit Hugo Strasser ging das. Voraussetzung allerdings war ein Grundkurs in der Tanzschule Wolff, mindestens. Denn seine LP »Tanzturnier-Trümpfe« vereinte Tango, Quick-Step, Langsamer Foxtrott, Walzer, Boogie, Samba, Cha-Cha-Cha, Langsame Rumba, Paso doble, Twist, Bossa Nova, in dieser Reihenfolge. Und schon die Titel der Stücke klangen wie Lockungen ferner Länder, wie die Fotokalender mit Sandstränden und Sonnenuntergängen und Palmen: *Noches de Estrelitas, Cumana, Antonio, Flamingo, El Gato Montes, Mexiko Twist, Timpanola.* Die ersten Wirtschaftswunderfamilien landeten eben auf Mallorca, dieser neu entdeckten Insel. Ein Titel hieß *You're cream in my coffee.* Sahne im Kaffee! Unfaßbar. Wo doch viele noch den Geschmack von Malz und Muckefuck auf der Zunge hatten.

Ein paar Jahre fehlten mir damals noch zu den ersten taktvollen

Schritten. Aber die Schwester und der Bruder tanzten auf Turnieren. Neidvoll blickte ich auf dunkle Anzüge und Kleider, die aussahen, als seien sie aus Zuckerwatte modelliert. Ganz bequem waren die nicht immer, aber was machte das. Sie schafften Zutritt in eine glamouröse Welt, und vor allem begriff ich: Wer tanzen ging, hatte eine Ausrede, verspätet zurückzukommen, ohne daß es gleich eine Gardinenpredigt setzte.

Es war das Jahr, in dem Westdeutschland fünf seiner sechs Länderspiele gewann, jedesmal stand Hans Tilkowski im Tor. Stalins Leiche wurde aus dem Mausoleum am Roten Platz entfernt. Billy Wilders Komödie »Eins, zwei, drei« fiel beim Publikum durch. Anthony Perkins spielte in Hitchcocks »Psycho«. Und in der Bundesrepublik durften die Frauen ab sofort die Antibabypille schlucken. Connie Francis sang dazu die programmatische Hymne »Schöner fremder Mann«.

Hugo Strasser ist nicht mehr und Max Greger nicht und James Last auch nicht mehr richtig. Zu hohe Lohnnebenkosten. Kann sich keiner mehr leisten, ein großes Tanzorchester, wie es auch kein Fernsehballett mehr gibt. Hinten auf der alten Plattenhülle von Electrola ist ein betörend lächelnder Mann zu sehen, Smoking, Mund und Augen von Roy Black, die Frisur von Peter Alexander, Pomade nach schräg hinten gekämmt. Seine Musiker haben Schilder vor den Notenständern stehen, wie sie Ivanhoe bei Ritterturnieren benutzte. Darauf in einer schwungvollen Schrift, die an das Coca-Cola-Logo erinnert: Hugo Strasser.

Neben dem Foto des Orchesterleiters haben sie einen Text abgedruckt, der länger ist als viele im heutigen FAZ-Feuilleton. Er verspricht am Ende, mit dieser Musik »werden Sie auf der ganzen Linie den Sieg davontragen, den Sieg über Kummer, Sorgen und Langeweile«. Vorne drehen sich fünf Paare in einer festlich geschmückten Stadthalle, japanische Lampions an der Decke, die Tüllkleider fliegen. Vielleicht spielt Strasser gerade einen Fox, in einem Sound, der nach Broadway klingt, nach weichgespültem Duke Ellington und Glenn Miller. In einem Sound, bei dem der Mafiaboß Meyer-Lansky die irre Idee hatte, mitten in der Wüste ein Spielcasino zu bauen – Las Vegas.

In dem Jahr, in dem ich Hugo Strasser kennenlernte, flog zum ersten Mal ein Mensch um die Erde. Der Russe Jurij Gagarin höhnte danach, er habe draußen im All keinen Gott gesehen. Und Bill Ramsey sang die »Zuckerpuppe aus der Bauchtanzgruppe«.

Herman van Veen

Der Himmel über dem Marschland

Felix Mendelssohn Bartholdy: »Rosenzweige«

Mein Schwiegervater, der viel zu früh verstorbene Dirk Hoffman, war ein Meister im Genießen. Nicht, daß er oft dazu kam, er arbeitete ja, wie mein Vater in jener Zeit, sechs Tage in der Woche in einer Druckerei, hatte also nur sonntags frei. Aber dann konnte er sich wie kein anderer eine Pfeife stopfen, eine Grammophonplatte auflegen, die Pfeife anzünden und die Nadel vorsichtig auf das Vinyl sinken lassen. Dann saß er, in einer Ecke des kleinen Wohnzimmers mit Blick auf das Gärtchen hinter der Etagenwohnung, in seinem ledernen Lehnstuhl genau rechtzeitig zum Beginn eines leichten klassischen Werks. Mit Vorliebe Mendelssohn, aber auch Mozart, Haydn, Prokofjew, Tschaikowsky, Schubert, Schumann und Chopin. Das waren seine Favoriten. Von allen hatte er eine LP. LP ist nicht der richtige Ausdruck. Diese Schallplatten waren etwas kleiner, als ob sie in einer Gefriertruhe gelegen hätten. Dann saß er da vor dem Fenster, die Augen geschlossen, und schlief ständig nach zehn Minuten ein, leicht schnarchend wie ein Stilleben, neben dem Hüpfen der Nadel auf einer unendlichen Rille.

Herr Hoffman hatte eine ganz schlechte Gesundheit. War asthmatisch, hatte immer Probleme mit der Lunge. Wenn er die Treppe hochging oder den Mülleimer nach draußen trug, quietschte er danach wie die Scharniere einer alten Tür. Seine Kondition war nicht zuletzt deshalb so miserabel, weil er natürlich in der falschen Umgebung arbeitete. Eine Druckerei war damals vom Blei vergiftet. Der Mann wußte, daß er nicht mehr lange leben würde. Sein Glück war das Nichtzuendehören von klassischer Musik. Er hatte große Freude an seinen drei Kindern und am Garten bei der Bahn.

Für mich war er ein Schatz von einem Menschen. Mit einem echten Interesse an seinem künftigen Schwiegersohn. Er hörte immer geduldig, mit einem Lächeln, aufmunternd kritisch meinen endlosen Geschichten zu über das, was ich alles vorhatte. Und ich liebte sehr leidenschaftlich seine Tochter Marijke, meine Jugendliebe. Schon im Kindergarten versprachen wir uns einander. Und vielleicht war er auch einer der Gründe dafür, daß ich seine Tochter heiraten wollte. Solche Dinge begreift man erst später. Man heiratet ja auch die Familie seiner Frau.

Nach unserer Verlobung war ich an einem solchen Sonntag mit ihm allein im Zimmer. Marijke war mit ihrer Mutter mit den Pferden bei Oma zu Besuch. Ich saß und las in »Vrij Nederland«, als die Nadel durch sein Schnarchen auf dem Vinyl zu hüpfen begann. Ich wollte aufstehn, um den Plattenspieler auszuschalten. In diesem Moment sprang die Katze respektlos auf seinen Schoß. Mein Schwiegervater wurde wach, schaute mit einem schläfrigen Lächeln hoch. In einem Augenblick erfaßte er die Situation, stand auf, drückte den Tonarm des Plattenspielers in eine Art Fahrradständer für Plattenspielertonarme, nahm vorsichtig die Schallplatte vom Teller, schob die Dreiviertel-LP in ein Cover und gab sie mir. Ein bißchen so, wie ein stolzer Schiffbauer eine Champagnerflasche einer Bürgermeistersgattin überreicht, die dann danach mit einem stolzen Knall die Flasche kaputtwirft. Zur Bestätigung von etwas Besonderem.

Ich spürte irgendwie, was diese Geste bedeutete. Den Anfang vom Ende. Aber vor allem Anerkennung. Er hatte zwölf von diesen Scheiben. Jedes Jahr sollte ich eine davon bekommen. Er schaffte sechs. Die Dreiviertelscheibe von Dirk Hoffman war meine erste eigene Schallplatte. Mendelssohns »Rosenzweige«. Ich kaufte mir damals vom Geld, das ich mit meinen Nebenjobs verdiente, einen Plattenspieler von Philips.

Manchmal, wenn es regnet, und der Himmel tief über dem Marschland hängt, hol' ich die alte Platte noch mal aus dem Schrank. Und dann sehe ich – während ich dem Wunder Mendelssohn lausche – meinen Schwiegervater wieder dasitzen, den Mann, der so verdammt sehr meinem Sohn gleicht: Valentijn, Dirk Hoffmans Enkelsohn.

Michael Quasthoff

Wie ich einmal Existentialist geworden bin

Creedence Clearwater Revival: »Pendulum«

1970 war ein außerordentliches Jahr. Im Guten wie im Schlechten. Im Großen wie im Kleinen. Deutschland und Italien spielten im WM Halbfinale das größte Fußballmatch der Welt. Robert Altman drehte »McCabe und Mrs. Miller«, die schönste Westernballade der Filmgeschichte. Salvador Allende wurde chilenischer Präsident. Willy Brandt fiel in Warschau auf die Knie. ARD und ZDF beschlossen, auf ihren Wetterkarten nicht mehr »das Reich in den Grenzen von 1937«, sondern ein Europa ohne Grenzen zu zeigen.

1970 schlug Cassius Clay, der nun Muhammed Ali hieß, nach drei Jahren Sperre wegen Kriegsdienstverweigerung den »argentinischen Stier« Oskar Bonavena in der letzten von fünfzehn mörderischen Runden k.o. und erwarb das Recht auf den ersten von drei legendären Titelkämpfen gegen Smoking Joe Frazier. Und die Borussia aus Mönchengladbach wurde erstmals Deutscher Meister.

1970 marschierten die Amerikaner in Kambodscha ein. James Bond hieß nicht mehr Sean Connery, sondern George Lazemby. Das Berliner Abgeordnetenhaus genehmigte der Polizei den Einsatz von Handgranaten und MP's gegen demonstrierende Studenten. Andreas Baader türmte aus der Haft und gründete mit Ulrike Meinhof die RAF. Norbert Grupe alias »der Prinz von Homburg«, Deutschlands schillerndster Halbschwerer, trat nach einer Punktniederlage gegen Rüdiger Schmidtke von der Boxbühne ab.

Am 12. Dezember 1970 erschien Elvis Presley im Hauptquartier des FBI und beschwerte sich, laut Protokoll, über »das dreckige und ungepflegte Ausssehen und die suggestive Musik der Beatles«. Anschließend bat der King um die Einstellung als freischaffender Agent. Zehn Monate zuvor hatten George Harrison und Phil Spector die Hare-Krishna-Hymne »My sweet Lord« produziert, was nicht nur der Anfang vom Ende der Beatles war – damit hatte »die Zivilisation ihren absoluten Tiefpunkt erreicht« (Radiomoderator P. J. Proby).

Das kann man so sehen. Mir dagegen wird 1970 unvergeßlich bleiben, weil es das Jahr war, in dem ich Sandra Waldorf nicht küßte. Und weil ich es nicht tat, küßte sie Detlef Kwiatkowski. Klare Sache. So sind die Frauen, so ist das Leben. Das konnte ich aber 1970 noch nicht wissen. Ich war erst dreizehn und dachte, alle Frauen wären wie der Fernseh-Flaschengeist Jeanny: bezaubernd, ewig faltenlos und treu wie Gold. Als ich den Irrtum bemerkte, verstand ich die Welt nicht mehr. Süße blonde Sandra Waldorf, mit der ich meine Rumkugeln teilte, anbetungswürdige Sandra Waldorf, der ich den Ranzen mehrmals pro Woche, einen großen Umweg in Kauf nehmend, bis vor die Haustür schleppte, üppige Sandra Waldorf, deren wirklich sehr frühreifer Busen täglich sechs Schulstunden lang durch mein Blickfeld und wie ein erotischer Alp durch meine Träume wogte, holde Sandra Waldorf, Muse ungelenker, von allzu vagem Verlangen durchglühter Pubertäts-Rilkeleien – wie konnte sie mich verschmähen, um sich ausgerechnet von Detlef Kwiatkowski befingern zu lassen? Was hatte dieser mikrozephale Fabrikantensohn und notorische Sitzenbleiber mir voraus?

Eine Menge. Er war 17, trug Schlaghosen, hatte Geld, ein frisiertes Moped, eine Roger-Daltrey-Matte und eine Plattensammlung, die Sandra Waldorf schwer beeindruckte: Led Zeppelin, The Who, Frumpy, Ten Years After, Golden Earring. Den ganzen schwer angesagten Zu-lange-Gitarrensoli-Headbanger- und Kiffer-Krach.

Also haßte ich das Leben und die Rockmusik im Allgemeinen, Sandra Waldorf und Detlef Kwiatkowski im Besonderen. Und ich beschloß, alle vier mit Nichtachtung zu strafen. Ich wurde Existentialist. Das heißt, ich bekam erst mal Kopfschmerzen. Folge des intensiven Konsums filterloser Zigaretten und des Elans, mit dem ich begann, die häuslichen Pernod-Vorräte wegzusüffeln. Was, wie ich der Fachliteratur entnahm, zur Grundausstattung jedes echten Existentialisten gehörte. Meine Eltern nahmen's hin. Lernte ich doch im Gegenzug die von meiner Mutter en gros bei Woolworth erworbenen Vollsynthetik-Rollkragen-Pullis mit Fassung und den väterlicherseits verordneten Fassonschnitt mit Würde zu tragen.

Tagsüber konnte man mich, bis zum Rand voller Weltekel, in die Bibliothek hinein- und mit Camus' »Der Mensch in der Revolte« und Sartres »Pfahl im Fleisch« unterm Arm wieder herausstapfen sehen. Daß ich das, was da zwischen rotkartonierten Rowohlt-Deckeln verhandelt wurde, nur zur Hälfte verstand, befeuerte meinen Größenwahn ungemein. Den passenden Soundtrack zu dieser heiklen Gemütslage lieferte Freund Tom, aufgrund einer protopyknischen Veranlagung ebenfalls ein Frühenttäuschter und glühender Cool-Jazz-Afficionado. Ganze Nachmittage verbrachten wir vor seiner Stereoanlage und ließen uns von Chet Bakers gestopfter Trompete die Seele und von Juliette Grecos sexy Timbre die Hormone massieren. Oder wir berauschten uns an einer Kassette, auf der Klaus Kinski, brüllend wie ein waidwunder Eber, Nietzsche-Gedichte rezitierte.

Wäre das so weitergegangen, hätte es schlimm enden können. Im Philosophiekolleg, in der Fremdenlegion, im Priesterseminar. Schlimmstenfalls in Poona. Was mich rettete, war meine erste LP.

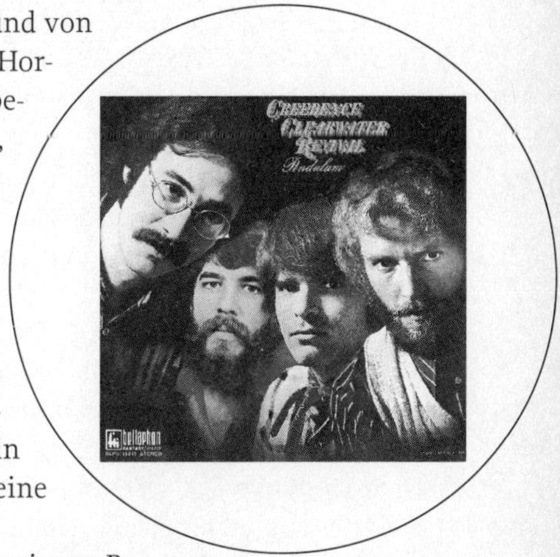

Ich erbte »Pendulum« von meinem Patenonkel Albert, der mir das braune Klappcover mit einer Widmung zukommen ließ. Sie lautete: »Im Winter eingeschlossen, lernt man komische Dinge essen – und gewöhnt sich noch daran.« Das war ein Haiku des Dichters Issa und eine Warnung. Damals verstand ich allerdings weder etwas von japanischer Dichtkunst, noch begriff ich den Sinn der Botschaft, konnte sie also auch nicht mit einer Creedence Clearwater Revival-Platte in Zusammenhang bringen.

Ehrlich gesagt, machte ich mir darüber auch keinen Kopf. Onkel Albert, Sproß einer Berliner Nähmaschinendynastie und Mann meiner schönen Cousine Elsie, galt als heikler Exzentriker und familiärer Fremdkörper, der auf die nivellierte Mittelstandsgesellschaft pfiff, die zarte Elsie in sandige Wüsten und auf eisige Berggipfel schleppte und wilde Beatnikdichter alimentierte. An meinem sechsten Geburtstag hatte er eine Schopenhauer-Gesamtausgabe auf den Gabentisch gestellt und der sich wieder einmal unverhohlen an die Stirn tippenden Verwandtschaft erklärt, nun könne dem Jungen eigentlich nichts mehr passieren.

Kurz darauf fiel Elsie auf einer Bergtour unterhalb des Ortlergipfels in eine tiefe Schlucht. Am Tag nach der Beerdigung bestieg Albert in Hamburg ein Schiff und verschwand. Wie es hieß, in Richtung Südamerika. Wir hörten jahrelang nichts von ihm. Im Familienkreis raunte man mit einer Mischung aus Verachtung und Neid von Spielleidenschaft und Frauengeschichten, von Drogen, zuviel Alkohol und zu schnellen Wagen. Was Albert genau trieb, wußte niemand zu sagen.

Als er wieder auftauchte, sah er aus wie der späte Louis Stevenson. Ich sehe ihn in Großmutters Ohrensessel sitzen, eine hagere, sonnengegerbte Gestalt, mit einem gewaltigen Schnurrbart unter der markanten Nase, langem zurückgekämmten Haar und einem rätselhaften gelblichen Schimmer in den Augen. Um die Knochen schlotterte ein knittriger Leinenanzug. Onkel Albert blieb uns allen ein Rätsel. Fragen nach seinem Tun und Treiben in der weiten Welt konterte er trocken mit »dies und das«. Ansonsten sprach Albert wenig, nippte an seinem mit reichlich Rum gestreckten Tee und lauschte lächelnd dem kleinlichen Familiengezänk, das spätestens nach der zweiten Tasse in seit Jahrzehnten festgefügten Bahnen um den Tisch zirkulierte. Als er ging, überreichte er mir das CCR-Album samt Widmung, sagte »Halt die Ohren steif!« und schritt in die Nacht hinaus. Zwei Monate später war Onkel Albert tot. Ein klassischer Leberkrebs.

Sein Nachlaß war in jeder Hinsicht eine Enttäuschung. Wie sich herausstellte, hatte er die letzten Jahre aber nicht in Saus und Braus, sondern ziemlich vereinsamt auf einer Farm in Honduras verbracht, dort aber weder Rinder gezüchtet noch Bananen geerntet. Vielmehr den gesamten Besitz – die Weiden, die Stauden, das Vieh – ortsansässigen Campesinos überschrieben. Alles bis auf das Herrenhaus, wo er tagein, tagaus auf der Veranda gehockt, in den Busch gestarrt, ab und an zur Gitarre ein trauriges Lied gesungen, recht eigentlich aber nur die Anteile am Berliner Nähmaschinenimperium planmäßig ver- und sich selber zu Tode getrunken habe. Aus Kummer über Elsies Tod, wie wir anläßlich der Testamentseröffnung von einer gewissen Laura erfuhren, die dort mit Albert eine Weile zusammengelebt hatte, aber Elsies Schatten nie verdrängen konnte. Wenigstens hatte er ihr seine wenigen Habseligkeiten vererbt. Die Familie guckte in die Röhre.

Nur ich nicht. Am Tag nach Alberts Beerdigung legte ich »Pendulum« auf den Plattenteller. Aus den Boxen dröhnte das Riff von »Pagan Baby«, John Fogerty grölte »Born to move«, croonte sich durch »Hideaway« und »Have you ever seen the rain«, und meine Laune stieg von Takt zu Takt. Das hatte Stil, das schmeckte nach Weite, Kraft und Abenteuer, nach kreolischem Pfeffer, süßlichem Whiskey und Alligatorhaut, das war Jungsmusik, das war Lebensfreude pur. Das war besser als Lee Konitz und Miles Davis.

Vor allem aber war es besser als Detlef Kwiatkowskis Rumpelrock, wie Sandra Waldorf eines schönen Sommertages freimütig zugab. Wir lagen am Baggersee, aus dem Recorder rauschte »Proud Mary«, und ich habe sie doch noch geküßt. Das war allerdings 1971 und gehört eigentlich nicht mehr hierher.

PS: Über Ray Charles, James Brown, Dr. John und die Neville Brothers fand ich Mitte der Siebziger zurück zum Jazz. Den Haiku habe ich feierlich am Grab meines Onkels Albert verbrannt und geschworen, mich nie mehr an komische Dinge zu gewöhnen.

Bernd Berke

Scheppern aus magmatischer Tiefe

The Rolling Stones: »Bravo«

»Platte nur mit sorgfältig gereinigter Abtastspitze spielen!« So steht's auf dem Cover. Und der ganze Begleittext will die Band kurzerhand eingemeinden ins Saubere, ins Gutverträgliche. Dabei ging's doch bei meiner ersten LP eigentlich um Schmutz. Der sollte möglichst aus allen Rillen quellen und die ganze Schul- und Eltern-Chose wegschwemmen: Stones! Yeah! Raus und weg. Aus dem schläfrigen Dortmund des Jahres 1966, beispielsweise. Sich einen Dreck um alles scheren. Tja, wollen hat man schon mögen, nur dürfen hat man sich denn doch nicht getraut …

Eigenartiges Gefühl, die Platte heute wieder in die Hand zu nehmen. Wie man sie auch dreht und wendet: Darauf prangt das Zeichen der Zeitschrift »Hör Zu«, etwas später als ein Abgrund der Springer-Spießigkeit verschrien. Der stramme 68er Underground-Sachwalter hätte sich doch sogleich gefragt – und die Antwort schon gewußt: Kann Musik noch subversiv sein, kann sie noch Sprengwirkung entfalten, wenn sie unter solchem Label erscheint? Grübelstoff genug. Nu ja ja, nu nee nee …

Aber auf solche beinharten Schwerdenker-Sachen war ich 1966, mit 14 Jahren, gar nicht geeicht. Sowieso. Quälende Lateinstunden, katholischer Sumpf, katholische Verklemmungen, Tirilieren im Schulchor, Turnschuhgestank, in den Sommerferien das ferne Schwärmen für Beate T., unbegriffene Regungen, krampfhaftes Ausweichen ins Unverfängliche: Vorfreude auf die Fußball-WM in England, fiebriger Tausch der Spielerbildchen auf dem Schulhof. Nehmt alles nur in allem: eine verflucht enge Welt. Und doch ein weites Feld. Auch da wächst der Blues.

Zum Geburtstag hatte ich eine kleine Stereotruhe von Neckermann (noch so was Erz-Bundesdeutsch-Nachkriegshaftes wie »Hör Zu«) bekommen, dazu als Beigabe eben »Bravo Rolling Stones«. Immer noch meine Lieblings-, ja Königs-Passage: die Abfolge der Songs

»I'm Free« und »Gotta Get Away«. Sie gehören in Kopf und Herz für alle Zeiten zusammen, der eine Titel nicht denk- und hörbar ohne den anderen, ebenso wie (auf »Out of our heads«) »Hitch Hike« und »Mercy Mercy Mercy« auf immer miteinander verschwistert sind. Dieses Anknüpfen, diese Fortführungen, Überblendungen, Vor- und Nachklänge. Vielleicht hört man so was in sich abschnurren, wenn man dereinst in die Grube fährt. Solche Zwei-, Drei-, Vielfach-Ereignisse gibt's nur auf der LP. Keine Single kann das be scheren, und die CD läßt solch innige Klebewirkungen mit dauernder Sprungmöglichkeit oder dem schnöden Zufall des Shuffle Pay verschwimmen.

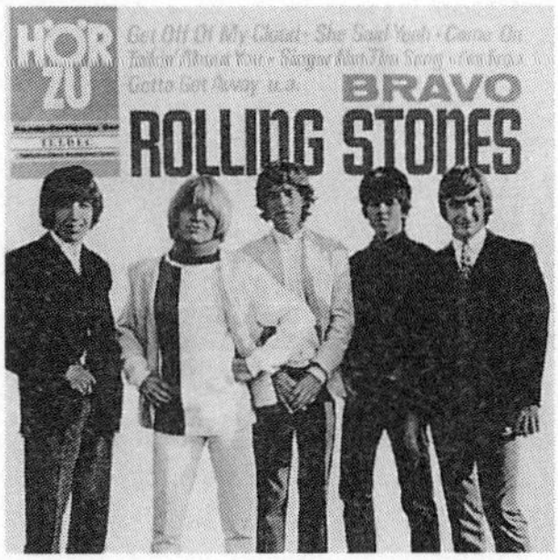

Peter Handke hat – Serbien zum Trotz – viele wahre Sätze geschrieben, einige der wahrsten schildern sein Erweckungs-Erlebnis mit den Beatles. Übergreifend, generationsbildend wie jetzt nichts mehr. Ein plötzlicher Zusammenhang. Als Elfjähriger lag ich krank im Bett, das Kofferradio »Philips Evette« neben mir. Morgens Schulfunk, »Neues aus Waldhagen«, »Der Tierfreund«, »Du bist mitverantwortlich« und dergleichen Trübsinn, den man heute bequem mitnostalgiert. Dann, in solchem Kontext, irgendwann nachmittags die allerersten Beatles-Töne. Ein Aufrucken in den Kissen. Wahrlich, da ging noch ein Ruck durch Deutschland. »Es« war geschehen. Da tat sich was ganz weit auf, eine starke wirre Hoffnung, es hatte was Religiöses, Offenbarendes. Naja. Später fühlte und dachte man weit weniger heiß, durchaus gedämpfter, vermeintlich abgeklärter, dann zynisch oder auch »cool« – und nun sucht man halt wieder so etwas wie jenen Anfangszustand. Nebenher: Was man auf schlechten Sendern britzelnd und rauschend empfing, wob sich seine Legende ganz von allein. Kein bereinigter HiFi-Kram.

Doch meine erste LP, die stammte drei Jahre später von den irdischen Stones. Steinhart eben. Das kam nicht aus höheren Sphären, sondern von unten her, aus magmatischer Tiefe, war trotzdem hymnisch: dieses dreckige Gitarren-Scheppern, diese strotzende Stimme. Unzerstörbares wie »The Last Time« und »Singer Not The Song«. Und der Einstiegstitel »Satisfaction«. Darüber kann man nicht reden, also muß man darüber schweigen. Das hält jedenfalls vor. Hätte man all das sagen (und besser noch: leben) können, was beim Hören in einem vorging, hätt's die Musik nicht gebraucht. Kommerz, gewiß. Doch darin steckte zutiefst dieses umfassende Freiheitsversprechen. Ersatzstoff zwar. Aber der wohl wirksamste, den es gibt. Bis auf weiteres …

Sven Siebert

Buffalo Bills Doppelgänger

The Beatles: »The Beatles« (das »Weiße Album«)

Ich hatte einen vollkommen eigenständigen Entschluß getroffen. Ich fuhr mit dem Bus in die Stadt. Ich ging den Jungfernstieg herunter, bog in den Neuen Wall ein. Ich glaube, ich trug wie immer Jeans und ein weißes Sweatshirt. Ich steuerte auf das Plattengeschäft auf der rechten Straßenseite kurz vor der Poststraße zu. Über dem Schaufenster hing ein Schild mit dem Bild des Hundes vor dem Trichter eines Grammophons – »His masters voice«.

Ich wußte, was ich wollte. Trotzdem schlich ich eine Weile durch den Laden, blätterte hier und da in einem der Kästen, in denen die Langspielplatten der mir noch weitgehend unbekannten Bands und Interpreten standen. Es dauerte noch ein bißchen, bis die letzten Zweifel überwunden waren. Immerhin sollte ich beinahe 20 Mark meines Taschengeldes auf einmal ausgeben. Schließlich zog ich das Doppelalbum aus dem Kasten und zahlte beim Verkäufer, der hinter der Kasse seines Ladens saß. Ich stand wieder draußen auf der Straße, in meiner Hand die Plastiktüte mit meiner ersten Platte: »The Beatles«, das »Weiße Album«.

Der erste Blick aufs Meer. Der erste Schultag. Das erste Fahrrad. Der erste Kuß. Das erste Mal im Kino. Die erste Platte. Ich war zwölf Jahre alt und hatte vollkommen selbständig mein eigenes Geld für etwas ausgegeben, was ich ganz allein als wichtig und richtig für mich erkannt hatte. Ich kam mir sehr erwachsen vor.

Eigentlich beruht es auf einem Mißverständnis, daß das »Weiße Album« der Beatles meine erste selbstgekaufte Platte wurde. Als ich in die Stadt fuhr, hatte ich den Refrain »Hey, Bungalow Bill, what did you kill, Bungalow Bill?« im Ohr. Ich hatte bei meinem ältesten Bruder »The Continuing Story of Bungalow Bill« gehört. Ich hielt das für eine Western-, also eigentlich eine *Buffalo*-Bill-Geschichte, und nicht für ein Stück über einen »typisch amerikanischen kugelköpfigen Sohn einer sächsischen Mutter«, der Mutti immer mitnimmt für den

Fall, daß ihm etwas zustößt. Das habe ich – wenn überhaupt – erst viel später begriffen.

Das Doppelalbum ist außen fast völlig unbedruckt, nur mit der geprägten Aufschrift »The Beatles« versehen. Der Titel »Weißes Album« für die sonst namenlose Platte stammt gewissermaßen aus dem Volksmund. Sie ist im Herbst 1968 erschienen. Das war kurz nach meinem dritten Geburtstag. Es vergingen fast zehn weitere Jahre, bis es seinen Weg auf den großen Plattenspieler meines Lebens fand. Ich ahnte nicht, daß dies der Einstieg in meine persönliche Rekapitulation der sechziger Jahre während der späten Siebziger war.

Die begann gewissermaßen mit einem Rückschritt: die Entdeckung der frühen Beatles – »I want to hold your hand«, »She loves you« oder »Drive my car«. Die Pubertätsphase der Nachkriegzeit paßte zu meinem eigenen Einstieg ins Erwachsenwerden. Dann entdeckte ich Woodstock. Mit dreizehn kam ich selig singend aus dem Kino, nachdem ich den Dokumentarfilm über das größte Hippie-Ereignis gesehen hatte. Ich litt darunter, die große Zeit der Sechziger nicht bewußt miterlebt zu haben.

Ich war damals sehr stolz auf meine Entscheidung für das »Weiße Album«. Das bin ich heute noch. Ich finde, es kann sich als erste Platte wirklich sehen und natürlich – immer noch – hören lassen. Üblich waren damals Abba oder die Bay City Rollers oder natürlich das »Rote Album« der Beatles. Ich war mit diesem reifen, anspruchsvollen Spätwerk allen voraus. Das wußte ich natürlich gar nicht, als ich in das Plattengeschäft ging. Was ich wußte, war: Es gab das »Rote Album«, das »Blaue Album« und das »Weiße Album« – und »Bungalow Bill« war eben auf dem »Weißen«.

Ich besitze das Album heute noch. In den vergangenen gut 20 Jahren hat es wenig Schaden genommen – wahrscheinlich weil ich immer besonders darauf geachtet habe. Es ist alles noch da: das Prädikat »Deutscher Schallplattenpreis«, der runde Aufkleber »DM 19,80«, das Poster mit den Texten auf der Rückseite und die Einzelportraits der »Fab Four«. Sie gucken alle ganz ernst. Nicht mal Ringo lacht. Paul sieht hübsch, aber ein bißchen dümmlich aus, George zurückhaltend, und John wurde mit diesem Bild zum Prototyp aller traurigen Studenten mit langen, glatten Haaren und runder Nickelbrille.

Dieses Portrait hing gut zwei Jahre, nachdem ich die Platte gekauft hatte, am westlichen Zaun des New Yorker Central Parks, gegenüber dem Dakota-Appartment-Building, an der Stelle, an der Mark David Chapman John Lennon erschossen hatte. Diese Photographie hing damals auch in meinem Zimmer. Und irgendwie war ich auch dadurch John Lennon und dem Platz vor dem Dakota verbunden.

Daß dem Cover statt eines Gruppenbildes die vier Einzelportraits beigelegt sind, kann als Hinweis darauf gesehen werden, daß das »Weiße Album« den Anfang vom Ende der Beatles markiert. Auch die große Bild-Collage auf dem Textblatt wirkt heute wie ein Rückblick auf eine eigentlich schon abgeschlossene Ära. Ein Jahr zuvor hatten sie mit »Sergeant Pepper's Lonely Hearts Club Band« die ganze Welt um die Radiogeräte und Plattenspieler versammelt. Sie hatten ihre »pop explosion« (*The Rolling Stone Illustrated History of Rock & Roll*) zum Höhepunkt gebracht und ein Gesamtkunstwerk geschaffen. Der Nachweis war erbracht, daß die von ihnen ausgelöste stilprägende Revolte Substanz hatte und die Beatlemania nicht nur eine Angelegenheit für hysterische Teenager war.

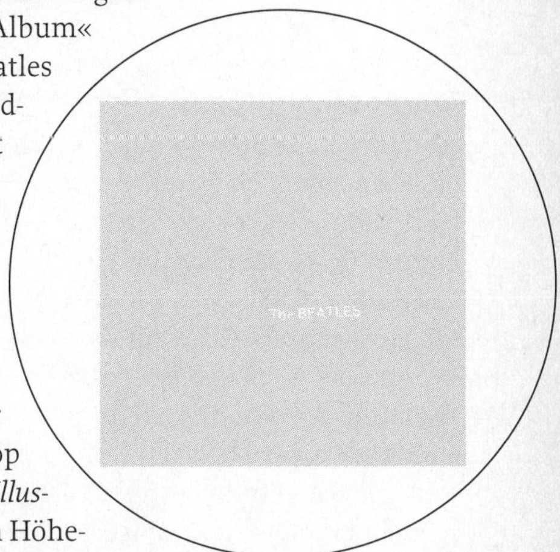

Danach bröckelte alles auseinander – persönlich und geschäftlich. Erstmals waren die Beatles nicht mehr ihrer Zeit voraus, sondern gewissermaßen eingeholt worden. Die Entwicklung des Rock and Roll, des Pop und der gesellschaftliche Umbruch der sechziger Jahre wurden nicht mehr von ihnen katalysiert. Die Sache hatte sich verselbständigt. Woodstock würde ohne die Beatles stattfinden.

Das »Weiße Album« ist eine vierfache Solo-LP: 13mal Lennon, zwölfmal McCartney, viermal Harrison und erstmals ein Starr. Lennon und McCartney haben weniger zusammengearbeitet als jemals zuvor. Es heißt, die vier seien mit weitgehend fertigen Stücken ins Studio gekommen, hätten ihre eigenen Musiker engagiert und seien zur kritischen Auswahl der Lieder nicht mehr in der Lage gewesen (deshalb ein Doppelalbum). Paul hat einzelne Stücke angeblich sogar ganz allein nachts im Londoner EMI-Studio eingespielt.

Damals wußte ich das alles nicht, und es hat mich folglich auch nicht gestört. Es sind so schöne Stücke dabei. Was ich erst jetzt begriffen habe, ist, daß ich als Zwölfjähriger vor allem den netten McCartney-Pop mochte und erst später die rebellischen Lennon-Songs. Daß dort allerhand verschlüsselte Mitteilungen, beispielsweise über das gescheiterte fernöstliche Experiment mit dem Guru Maharishi (»You made a fool of everyone …«), zu finden sind, weiß ich erst heute.

Ich fand – außer »Bungalow Bill« – »Back in the U.S.S.R.« toll und »Rocky Racoon«. Ich war in »Julia« verliebt und fand, glaube ich, deshalb lange alle Mädchen dieses Namens wundervoll. »Ob-La-Di, Ob-La-Da« sangen wir im »Pop-Chor« bei Musiklehrer Ihlenfeld. »Blackbird« ist mir später sehr ans Herz gewachsen, nachdem ich während einer vogelkundlichen Exkursion im Morgengrauen erfahren hatte, daß dort wirklich eine Amsel singt. »Blackbird singing in the dead of night …« empfehle ich für das Ende einer Sommernacht, in der man ein schönes Mädchen kennengelernt hat. »Why don't we do it in the road? No one will be watching us. Why don't we do it in the road?« empfanden wir am Beginn unserer Pubertät als sensationell unanständig. Mit dem Experimentalstück »Revolution 9« lernte ich, daß es nicht empfehlenswert ist, auf Geburtstagsparties zum Höhepunkt des Abends *interessante* Musik zu spielen.

Überhaupt hatte meine Entscheidung für das »Weiße Album« einen Haken. Ich war natürlich allen meilenweit voraus, aber die Doppel-LP war nur bedingt party-, geschweige denn engtanztauglich. Und darauf kam es in der ersten Zeit nach dem Kauf schließlich an. Diese Aufgabe mußten andere Platten übernehmen.

Viele von denen sind in Vergessenheit geraten, verloren, bei Umzügen auf der Strecke geblieben. Die Beatles und ihr, mein »Weißes Album« nicht. Die Band machte ihre letzten schweren gemeinsamen Schritte, aber dabei übernahm sie so etwas wie die Patenschaft für einen wichtigen ersten Schritt in meinem Leben.

Dancing Queen – Fernsehstars über ihre erste Platte

51 **Johannes B. Kerner**
TV-Showmaster

53 **Birgit Schrowange**
Fernsehmoderatorin

54 **Dieter Thomas Heck**
TV-Showmaster

55 **Markus Lanz**
TV-Moderator

56 **Roger Willemsen**
Schriftsteller und Talkmaster

57 **Ilona Christen**
TV-Talkmasterin

58 **Manfred Breuckmann**
WDR-Hörfunkmoderator

Johannes B. Kerner

TV-Showmaster

Meine erste Platte kam gleich im Doppelpack. Nein, kein Doppelalbum! Vielmehr eine Doppel-Single. Das muß an meinem elften oder zwölften Geburtstag gewesen sein. Auf die Frage meiner Freunde, was ich mir denn zum neuen Lebensjahr wünsche (klingt unter 12jährigen gesprochen: »Was will's 'n hab'n?«), hatte ich wohl im Vorfeld zweimal dasselbe geantwortet: ABBAs »Dancing Queen«. Und so bekam ich dann um kurz vor drei (Kindergeburtstage fingen immer schon um drei Uhr an) von Volker meine ›erste Single‹ und von Ulrike um kurz nach drei meine zweite ›erste Single‹. Meine Mutter erkannte den pragmatischen Vorteil eines solchen Doppel-Geschenks sofort: »Wenn die eine mal 'nen Kratzer hat, hast du immer noch eine als Ersatz!»

Um Volker und Uli nicht zu kränken, legte ich aber an dem Nachmittag beide »Dancing Queen«-Platten im Wechsel auf den Plattenspieler von Mama. Das war ein »Dual« mit eingebautem Lautsprecher im Deckel. Und neben dem Tonträgerarm gab es eine kleine Mulde, die den kleinen schwarzen Adapter aufnahm. Als ich mir mit 16 meinen ersten eigenen Plattenspieler kaufte, fehlte der Adapter schon nach drei Wochen – vorher wußte ich gar nicht, daß man die kleinen Dreiecke aus den kleinen Vinylscheiben herausdrücken kann.

Aber wieder zum Geburtstag: Während die Schweden zum x-ten Mal ihren Song schmetterten, dachten wir weniger an Tanzen als an Negerkuß-Wettessen und Flaschendrehen. »Auf wen die Flasche zeigt, der muß Ulrike küssen!« Das wäre mein Einsatz gewesen ... ich wollte unbedingt mal Ulrike küssen! Martin warf den Spruch dreimal in die Runde. Aber diese doofe Flasche (nicht Martin) zeigte natürlich immer nur auf mich, wenn es darum ging, auf der Straße zu singen oder im Kopfstand ein Glas Cola zu leeren. Uli habe ich nie geküßt.

Nicht nur auf Uli, sondern auch auf meine Platten hatte ich früher ein wachsames Auge. Denn meine Schwester (zwei Jahre jünger) fing auch bald an, sich die schwarzen Scheiben zuzulegen. Damit es keine Streitereien um die Platten gab, machte ich einen Stempel mit meinem Namen auf meine Hüllen, während Schwesterchen ihre Platten durchnumerierte. Ein System, das in dem Augenblick seine Vorteile verwirkte, als neben dem »Johannes K.« oben links auf der »Uriah Heep« eine fette »Julia-23« in der rechten Ecke prangte. Ein Schicksal, das bestimmt auch meine »ersten Singles« ereilt hat. Ich habe nämlich keinen Schimmer, was aus den beiden geworden ist.

Birgit Schrowange

Fernsehmoderatorin

Wie meine erste Langspielplatte genau hieß, weiß ich leider nicht mehr. Dafür weiß ich aber, wer sie besungen hat und warum ich sie mir gekauft habe. Es war die erste LP von Juliane Werding, und zwar die mit »Am Tag, als Conny Kramer starb«. Das Lied hat mich total begeistert. Es brachte einen ganz neuen Ton in den deutschen Schlager, den man bis dahin noch nicht gehört hatte. Dazu paßte auch die Notiz auf der Schallplattenhülle. Den genauen Wortlaut dieser Notiz habe ich nicht mehr im Kopf. Aber das Ganze war wie eine Todesanzeige aufgemacht, und Juliane Werding bedauerte darin, daß unsere geliebte, heile Welt nach blutigen Kämpfen leider von uns gegangen sei.

Obwohl mir die LP bei einem meiner Umzüge leider abhanden gekommen ist, bin ich das Lied von »Conny Kramer« nicht mehr losgeworden. Ich höre es immer noch gern, und gelegentlich singe oder pfeife ich es frühmorgens unter der Dusche vor mich hin.

Dieter Thomas Heck

TV-Showmaster

Meine erste LP war eine EP von Fritz Schulz-Reichel: »Die beschwipste Drahtkommode.« Es war ein Geschenk von meiner Mutter.

Danach war meine erste richtige LP eine von Freddy Quinn. »Das Fernweh«, das er so fabelhaft transportierte, hatte mich erwischt.

Markus Lanz

TV-Moderator

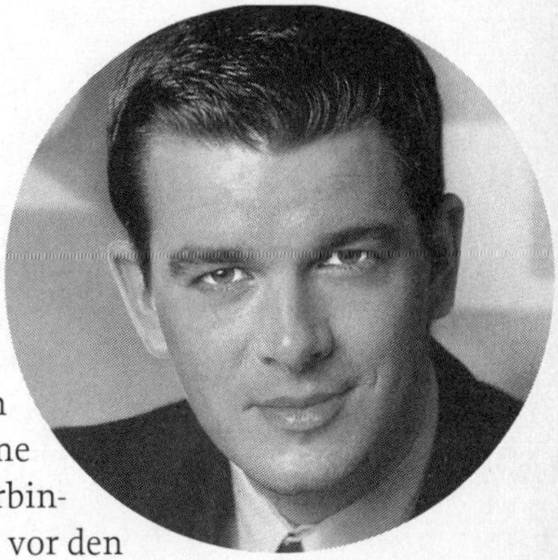

Meine erste selbstgekaufte Platte war »Thriller« von Michael Jackson – und es ist bis heute das beste Album geblieben, das ich je gehört habe. Ich besuchte zu der Zeit eine Klosterschule in Südtirol, und Michael Jackson und seine Musik waren sozusagen die einzige Verbindung zu der aufregenden Welt draußen vor den Klostermauern.

Noch eine Anmerkung am Rande: »Thriller« haben Jackson und Quincy Jones in der unglaublichen Zeit von nur acht Wochen eingespielt, was um so bemerkenswerter ist, als daß Jackson inzwischen für ein neues Album zwischen zwei und drei Jahren im Studio sitzt – und trotzdem nicht annähernd so kreativ ist wie damals.

Roger Willemsen

Schriftsteller und Talkmaster

Ganz sicher bin ich mir nicht. Aber ich glaube, die erste Langspielplatte meines Lebens ist »Night Train« von Oscar Peterson gewesen.

Ilona Christen
TV-Talkmasterin

Selbstverständlich erinnere ich als »alter« Hörfunkhase, der seit 30 Jahren in den Medien arbeitet, mich an meine erste Schallplatte.

Ich bekam mit 16 Jahren meinen ersten Plattenspieler geschenkt. Einen, bei dem man den Arm noch nach hinten klicken mußte, damit die Maschine lief.

An diesem Tag kaufte meine Mutter mir meine erste Schallplatte. Der Titel war: »21 wird die Susan.« Ich glaube, der Interpret hieß Thomas Fritsch.

Die zweite Single, die ich geschenkt bekam, war von Chris Roberts – aber da habe ich den Titel vergessen.

Erst als ich 1976 zum Hörfunk kam, hatte ich die wirklich große Auswahl. Mein Lehrer in Sachen Musikgestaltung war damals Manfred Sexauer.

Heute stehen auf meinem Speicher in der Schweiz mindestens noch tausend LPs und Singles, nach denen sich manch ein Oldie-Freak die Finger lecken dürfte.

Manfred Breuckmann

WDR-Hörfunkmoderator

Die erste LP meines Lebens? Das Debütalbum der Rolling Stones. Ich glaube, es hieß einfach nur »Rolling Stones«, jedenfalls waren solche Klassiker wie »Route 66« und »I'm a king bee« drauf. Erstanden habe ich sie wohl 1966 bei »Radio Michels« in meiner Heimatstadt Datteln. Der Juniorchef hat sie mir im Laden in Ausschnitten vorgespielt. Und als sie dann endlich meine war, habe ich sie zu Hause durchgenudelt, bis ich nicht mehr konnte.

Someone's looking at you

Anke Westphal

VEB Graceland

Elvis Presley: »Elvis«

Zweitens zuerst: Meine allererste Platte kaufte ich, als ich 13 Jahre alt war, auf einer Klassenfahrt nach Cottbus. Wir fuhren mit dem Zug nach Cottbus, weil Cottbus nur eine Stunde vom heimischen Eisenhüttenstadt entfernt lag und außerdem ein Planetarium besaß, in welchem wir Schüler unsere allgemeinbildenden polytechnischen Kenntnisse erweitern sollten. Das war jedenfalls der Wunsch unserer Lehrer. Natürlich interessiert so ein Planetarium eine unnütze Jugend nicht die Bohne. Wir waren vollkommen mit dem Inhalt unserer Proviantpäckchen, mit gemischt-geschlechtlichem Geschäker und den Cottbuser Geschäften beschäftigt, die ein identisch karges Warenaufkommen anboten wie die Eisenhüttenstädter Geschäfte.

Aber das machte uns Klassenfahrern nichts, denn das Warenaufkommen wurde ja durch den fremden Standort ungeheuer aufgewertet. Flugs eilte ich in ein Cottbuser Plattengeschäft und kaufte mir eine Langspielplatte, die es in Eisenhüttenstadt genauso auch gegeben hätte: Johann Sebastian Bach, »Toccata und Fuge«, Kostenpunkt 12,10 Mark der DDR. Jene Musik, die in den siebziger Jahren von den Eiskunstläufern der Welt am liebsten erniedrigt wurde. Das dramatische Werk kannte ich aus den Eiskunstlaufübertragungen des DDR-Fernsehens sehr gut. Selbstverständlich vollzog ich den Cottbuser Kauf, um bei meinen Lehrern Eindruck zu schinden. Was für ein kluges Kind!, sollten sie voller Ehrfurcht denken. Hätte ich Johann Sebastian Bach nämlich in Eisenhüttenstadt gekauft, wäre dies ohne Zeugenschaft vor sich gegangen.

Meinen Klassenkameraden war komplett egal, was für eine Platte ich gekauft hatte. Der Pop-und-Hip-Dünkel befand sich noch im Larvenstadium. Meine Lehrer hingegen musterten mich mit seltsamen, fast ängstlichen Blicken. »Wer mit zwölfeinhalb Jahren Bach kauft, aus dem kann ja kein tüchtiges Mitglied der sozialistischen Gemeinschaft werden«, müssen sie wohl bei sich gedacht haben. So zog ich mit meinem Bach nach Hause. Dieses Erlebnis fehlgeschlagener Schleimerei traumatisierte mich so stark, daß ich lange keine Platte mehr kaufen mochte. Weil Johann Sebastian Bach nun aber trotz der Eiskunstläufer nicht als Pop-Komponist gilt, zählt auch diese Geschichte nichts, und ich fange noch einmal von vorn an.

Erstens: Meine allerzweite Platte, die meine allererste Pop-Platte war, erwarb ich unter schwierigen Bedingungen, um nicht zu sagen unter Beibringung von Opfern. Das lag daran, daß die DDR dem westlichen Pop aus ideologisch-beschützerischen Gründen nicht so freundlich gesonnen war und das Volk deswegen kurz hielt. Alle vierzehn Tage, immer am Mittwoch, wurde in den Plattenläden der Republik ein Titel westlicher Populärmusik zum Preis von 16,10 Mark der DDR angeliefert – und dies in geringer Menge. Die ungepflegte Beat- und Rockmusik war vier Mark teurer als Klassik; damit wollte Vater Staat das Interesse seiner Kinder am musikalischen Erbe fördern.

Man wußte vorher nicht, was für ein feindlicher Plattentitel verkauft werden würde, reihte sich aber für alle Fälle immer in die minütlich wachsende Schlange vor dem Plattenladen ein. Die ersten standen so gegen sieben Uhr morgens da. Um neun Uhr öffnete die volkseigene Handelseinrichtung. Manchmal regnete es, immer war es langweilig, oft war es frostig, das Anstehen, wenn auch mehr innerlich. Die Unbilden der Witterung und Umstände haben mich vergessen lassen, wie alt ich war, als ich in den Besitz meiner allerzweiten Platte gelangte, die meine allererste Pop-Platte war.

Es handelte sich nämlich um einen besonders scheußlichen Mittwoch in Eisenhüttenstadt: grau, kalt, auf famose Art unfreundlich. Da stand ich inmitten muffliger, frierender, nichts Gutes erwartender und dennoch ausharrender Werktätiger, in meinen blauen West-Jeans, mit meinem roten West-Pullöverchen sowie langen blonden Engelslocken und wartete darauf, daß die Herrinnen Verkäuferinnen der Lizenzplatten uns den Zutritt ins Allerheiligste gestatteten. Die Haare hatte mir Mama über Nacht zu tausend dünnen Zöpfen geflochten, was schrecklich zwickte, damals aber große Mode war. Ich hatte ausnehmend schlecht geschlafen. Es wurde acht Uhr dreißig, es wurde acht Uhr fünfzig. Wir standen, trappelten mit den Füßen und standen. Neuankömmlinge stellten die immer gleiche Frage: »Wißt ihr schon, was es gibt?« »Neee«, giftete es zurück. Jeder Neuankömmling war schließlich ein Konkurrent im Rennen um die knappe Lizenz-Ware. Endlich klapperten innen die Schlüssel, die Menge rückte murrend in den Laden ein. Links Audio- und Phonogeräte in bescheidener Auswahl, rechts Amiga, Eterna und Litera in noch bescheidenerer Auswahl. An diesem Mittwoch gab es – Elvis Presley.

Elvis Presley fesselte mich ungefähr so stark wie Anneliese Rothenberger oder Hermann Prey, zwei Favoriten meiner Mutter. Ich hatte mir also wegen Elvis Presley, diesem kleinen angeblichen König, die Beine in den Bauch gestanden. Was für eine Ernüchterung, ja Enttäuschung allererster Qualität! Schlug ich mir nicht die kostbaren Nächte mit den Rolling Stones um die Ohren, mit Led Zeppelin, den Tangerine Dream, Black Sabbath, Uriah Heep, allenfalls und gerade noch so mit Neil Young, diesem weinerlichen, aber immerhin gutaussehenden Jammerlappen? Jetzt starrte ich grimmig auf Elvis Presley. Selbstverständlich kaufte ich die Platte. Erstens stand man in der DDR aus Prinzip nicht umsonst an – man konnte sein erworbenes Gut ja immer noch gegen ein anderes knappes Gut eintauschen. Zweitens dachte ich, daß meiner Mama dieser Elvis-Scheiß gefallen würde. Meine Mama hatte nämlich in den 50ern, in ihrem Dorf, als Königin des Rock 'n' Roll reüssiert.

Mama strahlte. »Elvis! Der hat ja sogar deutsche Volkslieder gesungen!« Elvis ölte den Plattenteller mit Wagenladungen voll Weichspüler in der Stimme: »Muß i' denn, muß i' denn – zuhum Städele hinaus, Städele hinaus.« Gräßlich. Er sang nicht einmal »Städtele«, mit »t«, sondern wirklich »Städele«! Ich litt unsagbare Qualen. Ich schämte mich. Ich wollte nicht mehr leben.

Plötzlich die dramatische, ja erlösende Wende! Was war das? »Zuhum Städele hinaus, Städele hinaus ...« »Zuhum Städele hinaus, Städele hinaus« ... Elvis hatte einen Sprung in der Schüssel. Ha! Schlagartig besserte sich mein Befinden. Das »Städele« rächte sich fürchterlich an Elvis und wollte ihn nicht mehr fortlassen. Das hat er nun davon, dachte ich, daß er sich so einschleimt bei den Volkslied-Spießern.

Mama war enttäuscht. Ich packte die Platte, trug sie frohen Schrittes zurück in den volkseigenen Laden und ließ mir den EVP von 16,10 Mark der DDR auszahlen. Eine neue, intakte »Städele«-Platte konnte man mir glücklicherweise nicht geben, denn Elvis war schon ausverkauft. Letzten Sommer war ich in Memphis. Graceland habe ich selbstverständlich ausgelassen.

Karl Wegmann

Mein erstes Verbrechen

The Stooges: »Funhouse«

Meine erste Platte? Keine Ahnung! Wir hatten zu Hause immer eine »Musiktruhe« (so hieß das damals) und ungefähr zwei bis drei Dutzend Schallplatten. Die erste Platte, die ich bewußt gehört habe, war vielleicht der »Radetzkymarsch« oder »In einer kleinen Konditorei« oder irgendeine klebrige Operette. »Winnetou« vom Medium Terzett war es nicht, die kam erst später und alles englisch Gesungene sowieso.

Diese »ausländische Musik« lernte ich zuerst bei einem Freund kennen, genauer gesagt bei dem großen Bruder von meinem Freund Gottfried. Der große Bruder hieß nur »der Lange« und hatte eine beeindruckende Plattensammlung. Er hörte immer Radio Luxemburg, und wenn ihm etwas gefiel, besorgte er sich gleich die Langspielplatte. Mit den »kleinen« Schallplatten gab er sich gar nicht erst ab. Gottfried und ich hatten natürlich noch kein Geld für Schallplatten, aber wir hatten jede Menge Zeit. Also hörten wir John Mayall, die Byrds, selbstverständlich Rolling Stones und Beatles. Aber auch Simon & Garfunkel, Jimi Hendrix, Melanie und Bob Dylan, alles querbeet und exzessiv.

Damals, es war '68 oder '69 und Gottfried und ich waren 12 und 13 Jahre alt, hatten wir noch keine besonderen Vorlieben. Die Rock- und Popmusik war noch überschaubar und uns gefiel eigentlich alles – auch die sogenannten Progressiven wie zum Beispiel Frank Zappa oder Velvet Underground. Dauernd tauchten neue Namen auf, und der Rock wurde zu einem Land, in dem man sich rasend schnell fortbewegen mußte, um auf der Stelle zu bleiben, um es einmal mit Lewis Carroll zu sagen. Also folgten wir dem weißen Kaninchen, freudig und mit großen, staunenden Augen. Echte Kracher kamen da auf uns zu, sie hießen Led Zeppelin oder MC Five und waren für unsere jungen Ohren, die gerade versuchten, Taste zu verstehen, schon etwas gewöhnungsbedürftig. Ungefähr um diese Zeit ging das dann auch los mit den Urteilen und Wertungen. Was ist gute Rockmusik, was schlechte? Und schlimmer noch: Wer guten Rock hört, ist ein guter Mensch, wer schlechten Rock mag, ist ein Weichei. Harte Zeiten.

Wenn man The Who hörte, war das voll in Ordnung, bei Uriah Heep sah das schon ganz anders aus. Die machten zwar Spaß, waren aber nicht »progressiv« genug. Außerdem waren die mit »Lady in black« in den Hitparaden, und das ging nun wirklich nicht. Es gab auch Bands, die verloren von einer Platte auf die andere die Gunst des überkritischen Fans. Deep Purple waren bis »In rock« noch ganz okay, nach »Fireball« waren sie verboten, weil viel zu »kommerziell«. Jethro Tull gingen gerade noch, Status Quo waren völlig unakzeptabel, Ten Years After waren so lala, Santana in Ordnung, aber Cat Stevens war Müll (doch man hörte ihn heimlich). Wenn man James Taylor mochte, mußte man sich schon warm anziehen, wenn man auf einen Dylan- oder Neil Young-Fan traf.

Als Rockfan brauchte man jederzeit und überall gute Argumente. Ich erinnere mich noch, wie ich zu einem T. Rex-Konzert wollte und nur belächelt wurde, niemand wollte mit zu diesem Hitparaden-Mist. Ich flehte und bettelte, aber immer hieß es nur: »Du spinnst ja, und dann noch Status Quo als Vorgruppe.« Schließlich zahlte ich einem Freund (»Hoffentlich sieht mich keiner«) die Eintrittskarte, um nicht alleine gehen zu müssen. Kürzlich erzählte ich meiner 14jährigen Nichte die Geschichte, und sie glaubte mir nicht. Sie hält Marc Bolan für einen Gott. So kann's gehen in der Rockmusik: gestern Schrott, heute Kult.

Aber ich schweife ab. Also: die erste Platte, die ich von meinem eigenen Geld gekauft habe, war »Funhouse« von den Stooges. Das klingt jetzt ziemlich abgehoben, so nach dem Motto: »Ich hab‘ schon als Kind Iggy Pop entdeckt und verstanden.« Alles Quatsch! Ich habe »Funhouse« gekauft, weil ich nur schlappe fünf Mark hatte, eine Langspielplatte damals aber etwa das Dreifache kostete. Ich steh' also in diesem Billig-Supermarkt, und sie haben da ein Plattenregal. Militärmärsche, Alpenjodler und dieser ganze »In-einer-kleinen-Konditorei«-Sermon – alles heruntergesetzt. Pro Langspielplatte nur fünf Mäuse. Mit zwei Fingern flippe ich die Scheiben lust- und hoffnungslos durch und stoße auf »The Stooges«. Nie gehört. Grelles Cover, wilder Typ, sieht nach Hardrock aus und nur fünf Mücken. Stark! Kurze

Überlegung: »Wenn ich die beiden Schokoriegel klaue, kann ich die Scheibe kaufen.« Mmh ... warum eigentlich nicht? Meine erste Schallplatte, mein erstes Verbrechen.

Einmal durchgehört, völlige Verwirrung. Mein Alter kommt rein und fragt: »Was ist denn mit dem Sänger los? Hört sich ja an, als würde er im Schlachthaus arbeiten – als Mastschwein! Hahaha!« »Keine Ahnung von moderner Musik«, brülle ich zurück und muß mir gleichzeitig eingestehen, daß ich selbst anscheinend auch keine Ahnung habe, denn ich kann mit den Stooges absolut nichts anfangen. Noch mal durchhören, immer noch Bahnhof. Ab ins Regal. Nach ungefähr zwei Jahren habe ich das Ding dann verkauft. Iggy aber später durchaus schätzen und lieben gelernt.

Letztes Jahr traf ich Gottfried wieder. Mitten in Hamburg auf einem Zebrastreifen. »Sag mal, Alter«, fragt er gleich nach der Begrüßung, »du hast doch mal ein Exemplar der Erstauflage von ›Funhouse‹ gehabt? Die ist heute echt 'ne Stange Geld wert.« »Längst weg«, antworte ich und denke: »Verdammt, die fünf Mark waren gut angelegt. Verbrechen lohnt sich also doch!«

Gerhard Henschel

Mein allergrößter Bruder

Reinhard Mey: »Ich bin aus jenem Holze«

1971 war ich neun Jahre alt und nicht wählerisch. Auf mich als dankbaren Zuhörer konnte jeder Blödelbarde zählen, sobald sich eine seiner Platten in meinen Besitz oder, was häufiger vorkam, in den meiner älteren Geschwister verirrte. Ob Schobert & Black, Ulrich Roski, Henning Venske, Otto Waalkes oder Insterburg & Co., mir kam alles gleichermaßen exquisit und komisch vor. »Dann bin ich übern fence gejumpt und hab dann deinen Benz gerammt«, sang Ulrich Roski, und ich fand das lustig. Ergreifend fand ich dagegen das Lied vom Trödler Abraham, das ein grauenhafter, Trompetenhosen tragender Troubadour namens Wolfgang darbrachte.

Irgendwo dazwischen ließ Reinhard Mey sein Image oszillieren. Er war Bänkelsänger, Faxenmacher, sanfter Sozialkritiker und großer Bruder in einem, so nachdenklich, lausbübisch, nett, burschikos und putzig, daß neben ihm selbst Samson aus der Sesamstraße wie ein Sexmonster gewirkt hätte, doch das war mir egal. Für große Brüder, die anders waren als mein eigener, hatte ich immer ein offenes Ohr.

Reinhard Mey sang und singt von Liebe, Dünen, Meer, Wind, Wein, Freiheit, Fenstern, Pferden, Wolken, Ähren, Bären, Apfelkuchen, Kuckucksuhren und Seifenblasen, und auf der Platte »Ich bin aus jenem Holze« sang er, daß er aus jenem Holze hergestellt sei, aus dem man so ziemlich alles mache, Suppenlöffel, Tabakspfeifen, Kuchenformen, Kinderreifen und Körbe, die man aus Spänen flicht, das alles, nur Kerkertüren nicht. Kerkertüren genossen 1971 keinen guten Ruf, ja, sie waren regelrecht verschrien, falls man Türen verschreien kann, während Liebe, Dünen, Meer, Wind, Wein, Freiheit, Pferde etc. hoch im Kurs standen.

Das waren die Ingredienzen, aus denen sich das wahre Leben zusammensetzen mußte, jedenfalls in der Phantasie der Reinhard Mey-Fans: Freundliche Menschen schlendern durch Dünen, nippen am Rotwein, schmauchen an Tabakspfeifen, sind aus knorrigem Holz geschnitzt, lehnen Kerkertüren ab, lassen sich den Wind durchs Haar streichen, stimmen ihre Wandergitarren, haben einander lieb, empfinden manchmal leichtes Fernweh, aber nicht zu stark, und im übrigen schmunzeln und kichern sie und zwinkern mit den Augen. Noch 1999 hat Reinhard Mey in einem *Spiegel*-Interview das Schmunzeln, das Kichern und das Augenzwinkern ausdrücklich als »ein paar zarte, für diese Region ungewöhnliche Pflänzchen« gepriesen.

Da ich ein Knabe war, der nicht viel Taschengeld zur Verfügung hatte, war der Plattenbestand winzig, der Besitzerstolz groß und die Bereitschaft zur Ausprägung ästhetischer Wertmaßstäbe verschwindend gering. Heute kommt mir das halb schelmische, halb schummrige, auf die Utopievorstellungen des Fähnleins Fieselschweif abgestimmte Liedgut Reinhard Meys zwar nicht mehr so verlockend vor, aber ich ahne, daß die Welt ohne ihn ärmer wäre. Nach allem, was ich weiß, ist er auch in Wirklichkeit so freundlich und liebenswürdig, wie er sich auf seinen Platten anhört, und er hat mir einmal, und so was verbindet, einen Brief geschrieben, der später im Bonner Haus der Geschichte ausgestellt worden ist.

Das kam so: 1995 schrieben der Kollege Günther Willen und ich rund hundert Prominente unserer Wahl an, von denen wir wissen wollten, ob sie 1966 das WM-Finale zwischen England und Deutschland in Wembley gesehen hatten und ob sie glaubten, daß das umstrittene dritte Tor der Engländer wirklich drin gewesen sei. Die Antworten zitierten wir ausführlich in unserem Buch »Drin oder Linie?«, auch die Antwort von Reinhard Mey: »Ich habe ja, wie ich sagte, null Ahnung von Fußball, aber dafür habe ich einen Schwiegervater, Willi Bormann, und der blickt voll durch, war aktiver Fußballer und hat sogar selber zahlreiche Spiele gepfiffen, und so schließe ich mich dem Urteil meines lieben Familienfußballexperten an und sage klipp und klar: Kein Tor!«

Als dann 1998 im Haus der Geschichte eine Ausstellung über »Bilder, die lügen« eingerichtet wurde, widmete man auch dem Wembley-Tor eine kleine Abteilung und garnierte sie u. a. mit jenem Brief von Reinhard Mey. Diese schlichte Erklärung nimmt der Nachricht, daß ein Brief, den Reinhard Mey mir geschrieben hat, im Haus der Geschichte ausgestellt ist, zwar einiges von ihrem Zauber. Aber damit kann ich leben, und ich glaube, Reinhard Mey kann es auch.

Christoph Becker

Meßdiener bei Karstadt

Pink Floyd: »The Dark Side of the Moon«

Ich wuchs in Münster auf: katholisch-konservatives Elternhaus, zuerst Bauklötze, dann Blockflöte, schließlich Cello. In der Woche wurde gearbeitet, samstags mähte mein Vater den Rasen, ich durfte das Auto waschen und danach gemeinsam mit ihm »Sportschau« sehen. Sonntags gingen wir in die Kirche.

Früh lernte ich, was Schizophrenie bedeutet. Während ich in den verordneten 60 Minuten täglich an den Cello-Kompositionen von Camille Saint-Saëns und Johann Sebastian Bach meine Fingerfertigkeit schulte, hörte und liebte ich während der restlichen Zeit anderes – Pop natürlich. Und natürlich scheiterte ich beim Versuch, meinem Cellolehrer die Klasse von Roxy Music näherzubringen.

Ich ging in die innere Emigration. Und unterstütze seitdem die Meinung, daß ein DJ Leben retten kann. Namen wie Mal Sandock, Dave Coleman, Alan Bangs und später dann Karl Lippegaus stehen für viele. Die Hälfte meiner musikalischen Sozialisation entstammt dem Radio. Wichtigstes Organ war der WDR. Die Moderatoren nahmen mich an die Hand und zeigten mir eine Welt jenseits meiner. Anders, erstrebenswert und, Gott sei Dank, jederzeit verfügbar. Anfangs war es die »Schlagerrallye«, später kamen »Nachtrock« und »Pop-Session« dazu. Natürlich liefen die wichtigsten Sendungen spät abends, und der Lautstärkeregler meines Radioweckers hatte einen Wackler. Kaum war nach Minuten die perfekte Lautstärke für nächtliche Musikausflüge gefunden – laut genug, um jeden Ton zu hören, leise genug, um meine leistungssüchtigen Eltern, die auf einen ausgeschlafenen Sohn im morgendlichen Lateinunterricht pochten, nicht aufzuschrecken –, brach irgendein Widerstand zusammen, und das Gerät plärrte ohrenbetäubend los. Nach Wochen verzweifelter, weil musikfreier Nächte entdeckte ich in einem Hifi-Geschäft die Lösung: einen Ohrhörer. Weiß, rauschig, aber unschätzbar wertvoll. So lernte ich früh den Mono-Genuß lieben. Nächtelang klebte ich am

Radio, den Knopf im rechten Ohr, die Augen geschlossen. Aber hellwach.

Dann – in einem Akt milden Erbarmens – schenkten mir meine Eltern zum Geburtstag einen »ITT Schaub-Lorenz SL 58 super«-Kassetten-Player. Hätten sie gewußt, wie dramatisch sich mein Leben mit diesem Gerät veränderte – vermutlich wäre es doch nur ein weiterer Zusatzkasten zu meinem ohnehin opulenten Fischer-Technik-Set geworden. So aber durfte ich meine gesamte Frühteenager-Begeisterung auf den Player und seine Software-Bestückung richten.

Hier kam die katholische Kirche ins Spiel. Fünf Minuten Fußmarsch vom elterlichen Einfamilienhaus entfernt, befand sich, leicht geduckt unterhalb des Glockenturms, die katholische Leihbibliothek. In einem Flachbau saßen ein paar gutgelaunte Ehrenamtliche, die das Gesamtwerk von Jörg Zink und Unmengen Kinderbücher verwalteten. Hinten links in der Ecke stand, verschämt, ein Regal mit Kassetten. Großer Vorteil der Kassette: Sie war diskret. Sehr wichtig angesichts notorisch mißtrauischer Eltern, die im frühen Marius Müller-Westernhagen einen teufelsgleichen Verführer unschuldiger katholischer Jungen vermuteten.

Ewigkeiten verbrachte ich am Sonntagvormittag vor der Kassetten-Wand, beschäftigt mit der wöchentlichen Auswahl. Leihregel: Bis zu drei Kassetten waren pro Sonntag erlaubt. Drei Stück! Die Zeit zwischen Kirchgang und Mittagessen wurde zum Höhepunkt der Woche. Irgendein guter Geist im katholischen Jugendzentrum muß um meine Nöte gewußt haben: Woodstock, Genesis, Bob Marley, sogar Frank Zappa fanden ihren Weg ins katholische Kassettenregal. Zur Tarnung steckte ich einen nutzlosen Schmöker ein und schwebte nach Haus. Der Sonntagnachmittag galt der Sondierung. Der Rest der Woche wurde memoriert. (Noch heute behaupte ich, bei »Wetten, daß ...« gute Chancen zu haben: »Herr Becker aus Münster behauptet, 1000 Popsongs nach drei Sekunden erkennen zu können.«) Am nächsten Wochenende kamen die nächsten Tapes dran.

In der Pfarrbibliothek fand ich auch eine Kassette dreier blonder Männer, die mich ernst, aber nicht unfreundlich anblickten und The Police hießen. Ihr Werk nannte sich »Outlandos D'Amour« und schenkte mir erstmals das erhebende Gefühl, hip zu sein. Denn in meiner Schule konnte ich nun auf die Frage »Und was hörst du im Moment so?« locker antworten: «Police!« Anerkennendes Raunen.

Mein ITT Schaub-Lorenz, ein robustes Gerät mit roter Record-Taste und nicht einrastenden Rück- und Vorspul-Tasten, wurde zum Hochaltar meiner freien Zeit. Eigenartigerweise erzielte der Recorder exquisite Ergebnisse bei Aufnahmen von Pop-Events, die anfangs aus dem Radio, später dann vom Fernsehen aufgezeichnet wurden. Da sich das Mikrophon auf der obenliegenden Fläche befand, mußte das gesamte Gerät gekippt und mit dem Mikrophon nach vorn vor den Lautsprecher gestellt werden. Gebannt saß ich neben dem Fernseher, es lief »Rockpalast«, und ich kriegte einen kleinen Herzinfarkt, wenn mein Vater rücksichtslos den Raum betrat und kundtat, er werde nun ins Bett gehen. Es war 23.45 Uhr, und Alan Bangs hatte gerade erzählt, wie sehr es ihn freuen würde, daß bei der nächsten Band der ehemalige Drummer von Patti Smith mitspielen würde. »Psssst!«, zischelte ich und begann zu begreifen, was meine 13 Jahre ältere Schwester mit Vergangenheitsbewältigung meinte.

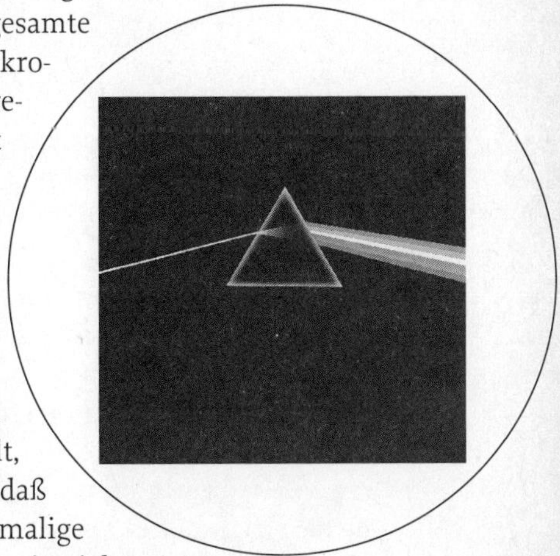

Meine Sozialisation machte einen nächsten, entscheidenden Sprung, als ich von meinem zukünftigen Schwager seinen Dual-Kompakt-Plattenspieler erbte. (Aus meiner Sicht war diese Schenkung eine mehr als ausreichende Mitgift und der Mann somit umgehend berechtigt, meine Schwester zu ehelichen. Was allerdings erst Jahre später geschah.) Endlich schraubte ich mich vom tumben Tape zum stolzen Vinyl hoch. Die Langspielplatte galt als Königsformat. Wer sich zu den LP-Hörern zählen durfte, war angekommen. Gierig nach neuen Klängen, nahm ich mir die Platten meiner Schwester vor und stieß erstmals auf Soul. Als muntere Post-68erin pflegte meine Schwester eine tiefsitzende Afrophilie, die sich vor allem darin äußerte, hin und wieder mit schwarzen Austauschschülern aus Frankreich zu schlafen und Musik von Curtis Mayfield, Isaac Hayes und Marvin Gaye zu hören. Ich bin ihr noch heute dankbar für diese frühe Prägung.

Mein Dual-Plattenspieler besaß eine wichtige Funktion: die Kopfhörerbuchse. So verbrachte ich Nachmittage und Abende auf dem flauschig-gutbürgerlichen Teppichboden meiner Eltern liegend, allein, den Kopfhörer auf dem Kopf. Ich pubertierte mich durch geliehene Beatles-, Stones- und Santana-Platten, schämte mich für meine erste Single. Meine Schwester hatte sie mir gnädig vermacht: »El Condor Pasa« von Simon & Garfunkel. Natürlich war ich einsam und ewig frauenlos.

Pickel und eine angeborene Schüchternheit machten mich empfänglich für sämtliche popmusikalischen Einflüsterungen. Mehr und mehr brauchte ich die Droge aus dem Kopfhörer. »Du bist einer von uns«, zischte Mick Jagger. »Kauf mich«, raunte Santana. Bei mageren fünf Mark Taschengeld im Monat und allenfalls vereinzelten Chancen, als Meßdiener bei Taufen oder Beerdigungen die – je nach Anlaß – mal ausreichend enthusiasmierte, mal genügend verschreckte Verwandtschaft um ein paar Mark zu erleichtern, wird die Zeit bitter lang, bis das Budget für eine Langspielplatte zusammengetragen ist.

In der Zwischenzeit mußte ich zur Entscheidungsfindung gelangen. Welche Platte sollte die erste sein? Ein lebensentscheidender Schritt, dem ersten Sex, dem Führerschein, dem ersten Disco-Besuch gleich. Ich hörte Radio, ich hörte mich unter Schulkollegen um, ich lief immer wieder zu Karstadt. Bald war die Schallplattenabteilung mein zweites Zuhause.

Langsam verdichtete sich die Entscheidung: Ich freute mich über das Klappcover, studierte Hülle und Inneres. Das seltsame Prisma, die Farbstreifen, die wie ein Herzschlag über das schwarze Cover liefen. Die Texte kannte ich natürlich auswendig. Ich wußte, daß Alan Parsons als Tontechniker tätig gewesen war, daß diese Platte zwischen Juni 1972 und Januar 1973 in den Abbey Road Studios in London aufgenommen worden war. Ich wußte, daß im Background Frauen namens Clare Torry und Doris Troy gesungen hatten. Und daß diese Platte auch als Kassette oder Cartridge erhältlich war.

An einem Freitagnachmittag ließ ich die Meßdiener-Gruppenversammlung sausen, setzte mich aufs Fahrrad und fuhr zu Karstadt. Das Geld schlackerte abgezählt in meiner rechten Hosentasche. Die Musikabteilung war gut gefüllt. Ich nahm mir Zeit, fühlte mich wohl, unter Gleichgesinnten. Schließlich nahm ich mein Exemplar, achtete penibel auf ein unverknicktes Cover. Ich schritt zur Kasse, legte die Münzen auf den Tisch. Das gute Stück wurde von der Verkäuferin in eine Plastiktüte gesteckt – etwas zu grob und wenig respektvoll, für meine Begriffe. Ich nahm die Tüte, schwebte gen Ausgang. Lief durch die Luftschleuse und stand in der Fußgängerpassage. Ich stellte mich in eine ruhige Ecke, zog die Platte aus der knisternden Tüte, blickte sie verliebt an und wußte: Ich hatte alles richtig gemacht. In meinen Händen lag: »The Dark Side of the Moon« von Pink Floyd.

Helge Hopp

Erkennen Sie die Melodie?

Franco Corelli: »Die schönsten Arien«

Das ging schon in der Grundschule los. Während der Stunden wurden Listen herumgegeben, auf denen jeder seinen Lieblingssänger notieren sollte. Frauen kamen dabei nur selten vor. Denn die Mädchen schwärmten für irgendwelche Schlagerfuzzis, die auf deutsch sangen, die Jungs wußten noch nicht so recht. Aber Lieblingssängerinnen waren außerhalb jedes Vorstellungsvermögens – das hätte ja bedeutet, Mädchen überhaupt irgendwie interessant zu finden.

Soweit waren wir noch lange nicht. Ich war ein vorlautes »Wunderkind« (pardon, aber so war es), voller Talente, aber etwas undiszipliniert. Ich kann mich leider nicht mehr erinnern, welche Namen von Sängern und Bands die anderen in diesen Jahren (ab 1967) nannten. Aber ich erinnere mich sehr genau, daß ich gar keinen Lieblingssänger hatte. Dank meiner drei sehr viel älteren Geschwister wurde zu Haus gewiß Musik gehört, aber das geschah hinter Zimmertüren, die sich für den Nachkömmling nicht ohne weiteres öffneten. Ja, ich hatte ein paar Plattencover gesehen, wohl waren auch ein paar Takte herausgedrungen, aber besonders beeindruckt hatte mich das nicht. In einer sechsköpfigen Familie wird nicht unbedingt viel zusammen Musik gehört, denn dazu hätte Kompromißfähigkeit gehört. Eine Tugend, die in dieser, meiner Familie nicht gerade enthusiastisch gepflegt wurde.

In meiner Klasse beschlich mich bei jeder neuen Liste – und es gab viele, denn die Favoriten wechselten wöchentlich, manchmal sogar täglich – das sichere Gefühl, ich hätte einen Ruf als interessanter Außenseiter zu verlieren. Also kam es nicht in Frage, sich auf die Seite irgendeines Hitparaden-Königs zu schlagen. Leider hatte ich nicht die geringste Idee. Die Sänger, die zu Hause gehört wurden, schienen mir nicht gerade passend: Georges Moustaki, Reinhard Mey, Udo Jürgens ... Auch wenn wir das Urteil »völlig out« noch nicht im Munde führten – genau darauf, das spürte ich, wäre die Reaktion meiner Mitschüler wohl hinausgelaufen. Denn mochten sie auch beschränkt sein, daß man mit diesen Namen eine Blamage riskierte, war klar.

Bei meinen Eltern war auch nichts zu machen. Keine Schwärmerei, nirgends. Meine Mutter hörte mit Vorliebe Kabarett-Platten, kicherte über Dieter Hildebrandt und Jürgen von Manger, mein Vater war ein stiller, in seinem Inneren jedoch fanatischer Opernliebhaber. Nur beim vierten Kind der Familie, mit dem im Ernst niemand mehr gerechnet hatte, konnte er sich mit einem Namensvorschlag durchsetzen. So wurde ich Helge genannt, nach Helge Roswaenge, einem berühmten schwedischen Opernsänger, was auf meine stimmliche Begabung allerdings keinen Einfluß hatte.

Mein Vater war die einzige Person, dessen musikalischen Vorlieben zu bestimmten Zeiten niemand im ganzen Haus entrinnen konnte. Denn Opernmusik, egal ob sie von der Platte kam oder aus dem Radio, wo Sendungen wie »Große Stimmen« oder »Das Sonntagskonzert« meinen Vater in seinen Sessel zwangen, die wurde nicht so nebenbei gehört. Das war große, echte, wahre Kultur, die genossen und vom väterlichen Zeigefinger, der sich sehr anmutig auf der Sessellehne bewegte, dirigiert werden wollte.

Eine Zeitlang machte sich mein Vater einen Spaß daraus, den Ankündigungsteil zu verpassen und dann zu raten, wer da mit wem was sang. Da am Ende der jeweiligen Arien und Duette eine sehr seriöse Stimme immer noch einmal »Sie hörten ...« sagte, konnte man die Trefferquote meines Vaters präzise kontrollieren. Sie war phänomenal. Oft wußte er sogar den Zeitraum, zu dem die Aufnahme entstanden war, recht gut einzukreisen. Das lag, glaube ich heute, nicht so sehr an seinem Gehör, sondern an seinem Gedächtnis. Hatte er das Werk erkannt, widmete er sich den Stimmen. Hatte er diese erkannt, konnte er in seinem Gedächtnis abrufen, an welchen Opernhäusern diese Interpreten in dieser Oper zusammen aufgetreten waren.

So kam ich auf die Idee, meine Klasse mit Namen berühmter Opernsänger zu schockieren. Ich merkte mir, von wem mein Vater besonders ergriffen war, und legte mir einen gewissen Vorrat an. Es klappte. Es klappte ganz wunderbar. Ich begann mit dem italienischen Startenor Franco Corelli, von dem ich durch ein Foto in der »Hör Zu« wußte, daß er auch noch ziemlich klasse aussah, jedenfalls allemal so gut wie die (langsam begann ich daran zu glauben) komplett lächerlichen Helden meiner Klassenkameraden.

Die Nennung dieses Namens, den keiner je zuvor gehört hatte, löste andächtiges und von tiefem Respekt geprägtes Schweigen aus. Da schlichen sie davon, die armseligen Popwürstchen. Nie hatte einer von ihnen auch nur einen Ton des großen Corelli gehört, also konnte auch niemand an ihm herummäkeln. Und daß er bloß »albern herumhopsen« oder »gar nicht besonders toll singen kann«, das wagte naturgemäß auch niemand zu behaupten.

Durch diesen Erfolg mutig geworden, variierte ich dieses Prinzip, überraschte ich die Klasse mit weiteren, ganz unbekannten Namen: Joseph Schmidt, Jussi Björling, Mario del Monaco. Sogar Frauen konnten sich hier mühelos unterbringen lassen. Renata Tebaldi, Maria Callas ... Von der Callas – und den Namen Caruso – hatten einige schon mal gehört, aber das machte nichts, denn beide galten als echte Stars.

Dieses schöne Erfolgsrezept wurde auf eine harte Probe gestellt, als unsere Lehrerin, die diesen Wettstreit natürlich bemerkt hatte, uns bat, eine Platte unseres Lieblingssängers mit in den Unterricht zu bringen. Dort würden wir diese Musik dann gemeinsam anhören und jeder sollte erklären, was ihm daran so gut gefiel. Das war ein Problem. Denn es schien mir völlig undenkbar, meinen Vater zu bitten, mir eine seiner kostbaren Opernplatten zu überlassen. Also mußte nun eine Corelli-Platte her. Eine Callas-Platte wäre riskant gewesen, denn sie hätte böse, auch mir selbst einleuchtende Kommentare in Richtung »Iiiiih, was für ein Gekreisch!« und somit eine mittelschwere Blamage ausgelöst. Soviel verstand ich immerhin schon von der Oper: Gerade die Frauenstimmen waren nicht jedermanns Geschmack. Es kam nur ein Sänger in Frage.

Meine Situation verschlechterte sich durch den Besuch im örtlichen Fernseh- und Radiogeschäft. Das war ein sehr vorstädtischer Laden, obwohl ich in Berlin (West) aufgewachsen bin, wo es eigentlich dank der Mauer keine Vorstädte hätte geben sollen. Aber meine Eltern lebten in Frohnau. Das ist der winzige, kaum dazugehörig wirkende Zipfel ganz im Norden gewesen, fast vollständig von Grenzanlagen umgeben, nur an einer Seite mit dem Rest der Stadt verbunden. Glauben Sie mir, da war es verdammt vorstädtisch.

Corelli hatten sie nicht. Corelli mußten sie bestellen. Sie hatten nur Prey und Rothenberger. Die konnten, allein schon ihrer langweiligen deutschen Namen wegen, Corelli natürlich nicht ersetzen. Also mußte Corelli bestellt werden. An den Titel erinnere ich mich nicht mehr, es wird ein Vorläufer der »Best of«- oder »Die großen Erfolge«-Reihen gewesen sein: beliebte Melodien, dazu ein paar italienische Volksschnulzen. Was Tenöre eben so sangen.

Das wirklich Dumme aber: Opernplatten waren deutlich teurer als Schlager und Pop, als wäre da ein Hochkultur-Aufschlag mit drin. Egal, Corelli wurde bestellt, geliefert und bezahlt. Corelli wurde sogar von mir gehört, als ich das Haus für einige Minuten fur mich allein hatte. Corelli klang ganz ordentlich. Laut eben, schmetternd. Nicht unbedingt, wie sich nun herausstellte, mein persönlicher Geschmack, aber für die Klasse würde es allemal reichen.

Und so kam es. Ich legte Corelli auf. Die Lehrerin wunderte sich. Keiner lachte. Und am Ende, als ich etwas dazu sagen sollte, habe ich erklärt: »Na, der singt einfach toll.« Es hat keiner widersprochen. Die Platte habe ich nie wieder gehört. Ich weiß nicht, wo sie geblieben ist. Wahrscheinlich habe ich sie später meinem Vater zum Geburtstag oder zu Weihnachten geschenkt. Sehr wahrscheinlich besaß er sie schon, hat sich aber trotzdem gefreut.

Rainer M. Köppl

Eisen auf Eisen

Santana: »Abraxas«

Der erste Blues, den ich je gehört habe, war ein gelangweilter *talking blues*. Er hat sich tief in mein Bewußtsein eingegraben. Stunde um Stunde habe ich ihn gehört, in aller Herrgottsfrüh und spät am Abend. Tag für Tag, Jahr für Jahr schepperte dieser Blues aus großen blechernen Lautsprechertrichtern: »Attnang-Puchheim, Attnang-Puchheim! Anschlußpersonenzug nach Steinach-Irdning über Gmunden – Ebensee – Bad Ischl am Salzkammergut – Bahnsteig links.«

Wahrscheinlich ist das überhaupt der erste Satz, den ich in meinem Leben wahrgenommen habe. Ich bin in Hörweite des Bahnhofs Attnang-Puchheim zur Welt gekommen, auf einem roten Sofa in der Wohnung meiner Eltern. Unbewußt hab ich den Singsang des Bahnhofssprechers wohl am Tag meiner Geburt zum allerersten Mal gehört.

Der kleine Ort Attnang-Puchheim ist ein Bahnknotenpunkt an der Strecke Wien – Salzburg. Hier steigen die »Sommerfrischler«, wie man die Touristen bei uns nennt, ins idyllische Salzkammergut um. Auf den Bahnsteigen treffen sie auf die einheimischen »Schichtler«, Arbeiter, die aus dem Salzkammergut kommen und nach Linz umsteigen, zur Schichtarbeit in die Metall- und Chemiewerke.

Am Attnanger Bahnhof steigt immer irgendwer um, deshalb hat sich kein anderes Geräusch so sehr in mein Gehirn eingefräst wie die lakonische Stimme des Bahnhofssprechers, wenn er sein Zuganschluß-Mantra herunterleierte. »Attnang-Puchheim, Attnang-Puchheim!« steht unangefochten an der Spitze meiner persönlichen Geräuschhitparade.

An zweiter Stelle steht ein Sound, der ebenfalls oft auf Bahnhöfen zu hören ist. Das schmerzhafte Quietschen, das entsteht, wenn ein Zug im Bahnhof abbremst. Die Räder schleifen knirschend über die Schienen: Eisen auf Eisen, ein Geräusch, das durch Mark und Bein geht. Dieses Quietschen ist auch auf meiner ersten Schallplatte zu hören. Das ist einer der Gründe, warum ich meine erste Platte so liebe.

Im Herbst 1968 haben mich meine Eltern ins Internat geschickt: weg vom Bahnhofskiosk mit den Sexheftln, weg vom Bahnhofswirtshaus, weg von den Herumtreibern und Huren.

Internat, das klang in meinen Ohren nach Internierungslager. Mein Internat verstand sich als Eliteschule und trug einen martialischen Namen: Bundeserziehungsanstalt. »Sie wissen ja, wie das ist, auf dem Bahnhof ...«, hörte ich meine Eltern oft zu Verwandten und Bekannten sagen, die schadenfroh vermuteten, ich wäre in ein Heim für schwererziehbare Kinder gesteckt worden. Ein Image, das mir mehr und mehr gefiel.

In der Bundeserziehungsanstalt Saalfelden, 252 Kilometer Bahnstrecke von Attnang entfernt, gab es vieles, was es zu Hause nicht gegeben hatte: sinnlose Verbote, stundenlanges Spazierengehen in Zweierreihen und einen Friseur, der in die Schule kam und allen Schülern, die ihre Haare zu lang trugen, eine Einheits-Kurzhaarfrisur verpaßte. Aber es gab auch Musik! Musik, wie ich sie zu Hause nie gehört hatte. Ausgehungert wie ich war, wurde ich sofort süchtig nach dieser neuen Droge. Wir hatten zu Hause keinen Plattenspieler gehabt, sondern nur ein Radio. Der Apparat stand in der »guten Stube«. Dort herrschte mein Vater über den Luftraum. Er bestimmte, was gehört wurde, obwohl er während der Radiosendungen meistens einschlief.

Im Internat waren Radiogeräte und Plattenspieler für die Zöglinge der unteren Klassen verboten. Aber ein paar Schüler der Oberstufe hatten sich mit ihrer Musik bereits einen eigenen Mikrokosmos aufgebaut. Musik war ein entscheidender Faktor für die Internatshierarchie. Wer die richtige Musik hörte, gehörte dazu. Zum Leidwesen der

Erzieher hatten die schulischen Leistungen keinen Einfluß auf die interne Rangordnung innerhalb der Familien, wie die etwa 20köpfigen Erziehungseinheiten genannt wurden. Die sportlichen Leistungen waren schon eher wichtig für die Hackordnung, aber die Musik hatte einen entscheidenden Vorteil gegenüber der Schulweisheit und dem Sport: Sie gehörte uns ganz allein! Manche Lehrer waren klüger als wir, viele waren sportlicher, aber sie alle haßten unsere Musik. Mit kreischenden E-Gitarren, wummernden Bässen und dumpfen Drums errichteten wir unser eigenes, souveränes Soundimperium. Mit unserer Musik konnten wir den Lehrern und Erziehern ein Schnippchen schlagen: Wir schufen ein Territorium, das von ihnen nicht betreten werden konnte. Eine Welt, in der die Lehrer die Dummen waren.

Wann immer möglich, bin ich zu Freunden aus höheren Klassen, um mir ihre Platten anzuhören und die Plattencover anzuschauen. So bin ich im Frühjahr 1971 auch auf Santana gestoßen. Ein Freund hatte die erste LP dieser Band in die Schule mitgebracht. Auf dem Cover ist ein großer stilisierter Löwenkopf mit mächtiger Mähne: das Symbol von Stärke, Freiheit und Wildheit. Stark, wild und frei – so wollte ich werden in den bevorstehenden Sommerferien. Und eine mächtige Mähne wollte ich mir auch wachsen lassen. Zu Beginn der großen Ferien fuhr ich mit dem Zug zurück nach Attnang-Puchheim. Ich war seit Ostern nicht mehr zu Hause gewesen. Seit damals hatte ich nur eine Nachricht von meiner Familie erhalten, die mich wirklich interessierte: Meine Schwester hatte sich einen Plattenspieler gekauft! »Attnang-Puchheim – Attnang-Puchheim«, sangen die Waggons rhythmisch, als sie über die Schienen polterten, »Attnang-Puchheim – Attnang-Puchheim«. Auf dieser Heimreise wurde mir klar, was ich in Attnang-Puchheim sofort tun mußte: Ich mußte mir diese LP mit dem Löwenkopf kaufen.

Aber in Attnang-Puchheim gab es kein Plattengeschäft, bloß einen Elektrohändler, der auch ein paar Platten hatte. Santana natürlich nicht. Ich hatte noch nie zuvor ein Buch oder eine Platte für mich gekauft. Nicht einmal Jeans oder ein T-Shirt. Als Internatskind hatte ich nie die Möglichkeit gehabt. Jetzt wollte ich eine Platte bestellen, ein großes Abenteuer. Die Verkäuferin war ebenso überfordert wie ich.

Ich (selbstbewußer Teenager): »Ich möchte die Platte von Santana bestellen.«

Die Verkäuferin: »Was willst du?«

Ich (schon etwas leiser): »Die Platte von Santana.«

Die Verkäuferin: »Was soll das sein?«

Ich (schüchtern): »Santana. Ich möchte bitte die Platte von Santana bestellen.«

Die Verkäuferin: »Aha. (...) Bestellen. (...) Was für eine Platte?«

Ich (kleinlaut): »Von Santana!«

Die Verkäuferin: »Von wem?«

Ich (zwischen den Zähnen): »S-nn-t-nn-a!«

Die Verkäuferin: »Satan-was?«

Ich: »Nein, nein. Saan-taa-naaa!«

Pause.

Schließlich schreibe ich S-A-N-T-A-N-A auf einen Zettel und schiebe ihn der Verkäuferin zu.

Die Verkäuferin (lesend): »Aha.« (Pause) »Das wird aber lang dauern« (Pause) »Wenn's das überhaupt gibt!«

Richtig. Es hat lange gedauert. Sehr lange. Immer wieder bin ich ins Elektrogeschäft und habe nachgefragt. Die Platte war nie da. Aber eines Tages war alles anders. Die Verkäuferin schien schon auf mich gewartet zu haben. Sie schaute mich an, als hätte ich in der Kirche laut geflucht. »Da ist deine Platte«, sagte sie und kramte eine LP unter dem Ladentisch hervor. Mir fiel das Herz in die Hose. Ich sah es sofort: das Cover hat die falsche Farbe! Es ist kein Löwenkopf drauf!! Es ist die falsche Platte!!! Ich war verzweifelt und zornig. Meine erste Schallplatte – und dann das.

Mit einem komischen Blick und einem Lächeln, das ich als Entschuldigung mißverstand, hält mir die Verkäuferin die Platte entgegen. Ich schaue auf das Cover. Alles beginnt vor meinen Augen zu verschwimmen. Das Cover erblüht in flirrenden Farben. In einer paradiesischen Landschaft sitzt eine großgewachsene, schlanke schwarze Frau mit schweren Brüsten auf einem Sofa. Wunderschön. Eine dunkle Göttin. Erotisch, selbstsicher, gelassen und verführerisch träge. Frontal dem Betrachter zugewandt, hat sie ein Bein angewinkelt. Ihre Schenkel sind leicht geöffnet. Sie ist splitternackt! Ihre Vagina wird von einer weißen Taube verdeckt.

Links von der schwarzen Göttin schwebt ein geflügelter feuerroter Dämon: ebenfalls völlig nackt und unübersehbar weiblich. Zwischen ihren Schenkeln hat die Dämonin eine Trommel eingeklemmt. Mein

Blick saugt sich an diesem Bild fest. Ich will diese Hülle, ganz gleich, welche Musik auf der Platte ist. Ich schäme mich ein bißchen vor der Verkäuferin.

Erst jetzt erkenne ich die Schrift, die sich kaum vom Farbengewirr des pulsierenden Hintergrunds abhebt. *Abraxas*, buchstabiere ich – und darüber steht: *Santana*.

Mir wird fast schlecht – diesmal vor Freude. Ich hatte im Internat nicht wissen können, daß Santana eine neue LP aufgenommen hatten. Und jetzt hatte ich sie in der Hand – die Neue von Santana!

Zu Hause nehme ich die Platte aus der Hülle und lege sie auf. Ich weiß jetzt, wie mein Paradies ausschaut: eine träge schwarze Göttin und eine rote trommelnde Dämonin. In den nächsten Minuten erfahre ich auch, wie mein neues Paradies klingt: Als hätte jemand tausend Teufelchen losgelassen, die nun durch die Gegend tollen und alles, was sie finden, vergnügt abklopfen. Aberwitzige Rhythmen, geschabt, gepocht, getrommelt und gepfiffen. In diesem brodelnden Teppich sorgt ein Schlagzeug für klare Muster. Der Baß spielt die rhythmischen Figuren so, daß auch wir Mitteleuropäer mit dem Fuß mitwippen müssen. Über diese kochende Lava erhebt sich Carlos Santanas singende Elektrogitarre. Die erste Nummer heißt »Singing Winds / Crying Beasts« – und so klingt sie auch. Dann folgt »Black Magic Woman«. Black Magic Woman, die dunkle Göttin des Plattencovers, die Zauberin, die schwarze Teufelin.

Endlich habe ich meine eigene Schallplatte, meinen eigenen Planeten, mein eigenes Universum. Tagelang liege ich vor dem Plattenspieler meiner Schwester und spiele »Black Magic Woman« und »Oye Como Va«. Sonst nichts. »Black Magic Woman« und »Oye Como Va«. Nur wenn ich zu müde werde, um nach »Oye Como Va« den Tonarm aufzuheben und vor »Black Magic Woman« wieder aufzusetzen, höre ich die ganze A-Seite durch. Tage später erst taste ich mich an die B-Seite heran. »Abraxas« quillt über: phantastische Musik von der ersten bis zur letzten Nummer.

Von all den neuen Sounds, die ich auf dieser LP entdecke, wird ein Geräusch besonders wichtig. Der Song »Black Magic Woman« endet mit einem einzelnen Gitarrenton. Zuerst schmutzig verzerrt, dann immer klarer, schließlich hell und intensiv, mit starken Obertönen, eine kontrollierte Rückkopplung. Der Ton schwillt bedrohlich an, wird unangenehm und bricht abrupt ab. Das Quietschen eines abbremsenden Zugs. Eisen auf Eisen, dann der Stillstand. Einen Herzschlag später beginnt das sanfte Orgel-Motiv von »Oye Como Va«.

Den ganzen Sommer über habe ich »Abraxas« gespielt. Die übersteuerte Gitarre von »Black Magic Woman« ist für mich untrennbar verbunden mit dem Quietschen von Eisenrädern auf Eisenbahnschienen. »Attnang-Puchheim, Attnang-Puchheim.« So verschmilzt das Lied von der schwarzen Göttin mit dem Talking Blues des Bahnhofssprechers.

Im Herbst mußte ich wieder zurück ins Internat. Ich fuhr sehr gerne hin, zu den Freunden, zum Schulsport und vor allem zur Musik. »Abraxas« habe ich als Trophäe meines Sommers in die Bundeserziehungsanstalt mitgenommen. Von nun an wurde ich wirklich schwer erziehbar. Meine erste Schallplatte hatte aus mir einen Halbwüchsigen gemacht: halb Kind, halb Erwachsener. Halb braver Zögling, halb rebellischer Rotzlöffel. Zerrissen – wie es halt so ist in der Pubertät. Ein Teil von mir sehnte sich zurück in die paradiesische Zeit vor der Schule. Zurück zum Geburtssofa, in die Hörweite des Bahnhofs. Der andere Teil lechzte nach dem fremden Kosmos der dunklen nackten Göttin und der feuerroten Dämonin. »Abraxas« war die Fahrkarte in beide Richtungen: Die Musik führte mich auf einen Trip in das flirrende, pulsierende Universum von »Singing Winds« und »Crying Beasts«, in die Welt des Erwachsenwerdens gegen die Erwachsenen. Wenn ich der Bundeserziehungsanstalt jedoch Richtung Kindheit entfliehen wollte, legte ich ebenfalls »Abraxas« auf. Bis heute bringt mich »Black Magic Woman« verläßlich zurück, in die Zeit und an den Ort meiner Kindheit. Wenn sich aus dem verzerrten letzten Ton die bohrende Frequenz der quietschenden Zugräder herausschält, dann höre ich bis heute nicht die Gitarre von Carlos Santana, sondern den vertrauten alten Talking Blues: »Attnang-Puchheim, Attnang-Puchheim! Anschlußpersonenzug nach Steinach-Irdning über Gmunden – Ebensee – Bad Ischl am Salzkammergut – Bahnsteig links.«

Birgit Jaster

Verbotene Liebe

Suzi Quatro: »Suzi Quatro«

Meine erste Platte war verboten. Verboten, weil alles an ihr verkehrt war und sie nicht der Richtung entsprach, in die ich erzogen werden sollte.

1961 geboren, wuchs ich in einer spießigen Neubausiedlung des damals überall entstehenden sozialen Wohnungsbaues auf. In einer Drei-Zimmer-Wohnung in Hannover. 1973, also mit zwölf Jahren, entrann ich knapp der Beaufsichtigung meiner großen Schwester. Sie, elf Jahre älter, teilte mit mir, bis sie auszog, das viel zu klein geratene Kinderzimmer.

Ich pubertierte vor mich hin und erfreute mich der neuen Freiheit, die es mir nun endlich ermöglichte, »Bravo« und »Micky Maus« zu lesen, ohne von meiner Schwester verpetzt zu werden. Comics und »Bravo« waren nämlich genauso verpönt wie der Umgang mit Marion.

Marion, ebenfalls zwölf Jahre alt, war anders. Marion lebte mit ihrer Mutter zusammen – ohne Vater. Alleinerziehend zu sein, ein Zustand, der heute meine Lebenssituation beschreibt und bei mir und vielen meiner Freundinnen normal ist, das war damals noch etwas ganz Besonderes. Etwas, für das ich keinen Namen kannte. Etwas, das in meiner kleinbürgerlichen Welt exotisch anmutete.

Schon deshalb war Marion anders. Schon deshalb war mir der Umgang mit ihr verboten. Und genau deshalb hatte es für mich einen besonderen Reiz, mich mit ihr zu treffen. Heimlich, bei ihr zu Hause. Denn da war tagsüber keiner. Ihre Mutter ging ja schließlich zur Arbeit, irgendwas bei der Bundeswehr. Und diese Stunden konnten wir gut nutzen. Denn außer der besonderen Familiensituation gab es bei Marion noch etwas Besonderes: einen Plattenspieler. Und das Tollste daran war, daß sie ihn benutzen durfte.

Auch bei meinen Eltern hatte zu der Zeit bereits ein Plattenspieler Einzug gehalten. Doch für mich war es strengstens verboten, dieses nahezu heilige Teil zu benutzen. Dieses Recht war meinem Vater für die Egerländer Musikanten und Ernst Mosch vorbehalten. In meinen Ohren quälende Musik, mit der mein Vater mich sonntags morgens wohlgelaunt weckte. Wie anders war die Musik, die ich bei Marion hörte. Rockmusik. Und weil ich nicht verpetzte, daß Marion heimlich rauchte, schenkte sie mir aus ihrer Sammlung eine Langspielplatte: »Suzi Quatro«, mit meinem Lieblingsstück »48 Crash« gleich am Anfang der ersten Seite.

»Suzi Quatro« war meine erste Platte. Eine Platte, die ich zu Hause erst einmal gut verstecken mußte. Denn wie sollte ich erklären, daß mir ein Mädchen, mit dem ich ja eigentlich nichts zu tun haben durfte, so etwas Kostbares wie eine Platte schenkte? Trotz intensiven Grübelns fiel mir keine Lösung ein.

Die Rettung kam in Gestalt meines Großvaters. Er und meine Oma fielen, zum besonderen Entsetzen meiner Mutter, drei- bis viermal pro Jahr bei uns ein. Und weil sie aus dem fernen Dortmund anreisten, blieben sie immer gleich für zwei Wochen. Hätte sich ja sonst nicht gelohnt, die weite Reise. Diese Wochen, für meine Mutter ein Alptraum, waren für mich stets ein Traum. Es wurde zwar verdammt eng in unseren 65 Quadratmetern, aber dafür las mir mein Großvater nahezu jeden Wunsch von den Augen ab. Er zeigte für alles Verständnis, was mich bewegte und bei meinen Eltern Unverständnis hervorrief. Er kaufte mir Pommes, sooft ich wollte, spendierte mir danach Eis und Bluna und verlor keine Silbe über zu erwartende Bauchschmerzen.

Und er machte es mir möglich, das Geheimnis des Schallplattenbesitzes zu lüften. Bisher hatte ich »Suzi Quatro« immer nur heimlich aufgelegt. Dann nämlich, wenn mein Vater noch seine Überstunden im Lebensmittelgroßmarkt machte und meine Mutter in einer Arztpraxis Rechnungen schrieb. Jetzt sollte mein Opa der erste sein, der »Suzi Quatro« zu hören bekam.

Stolz spielte ich ihm die Platte wieder und wieder vor. Wie er sie fand? Nun, heute vermute ich, er fand sie schrecklich. Aber er, der 1890 geboren war und schon 30 Jahre Gelsenkirchener Bergwerks AG mit Arbeit unter Tage und die Schrecken zweier Weltkriege überstanden hatte, meisterte im hohen Alter von immerhin 83 Jahren auch den Schrecken des Musikgeschmackes seiner Enkeltochter. Ganz wunderbar sei diese Musik, wirklich schön, lobte er. Und ich glaubte ihm gerne.

So in der Wahl meines Musikgeschmackes gestärkt, wagte ich nach der Abreise meiner Großeltern den nächsten kühnen Schritt: Ich hängte ein »Bravo«-Poster von Suzi Quatro an die weißgetünchte Rauhfasertapete meines kleines Reiches. Auf diesem Poster trug sie einen schwarzen Lederoverall, dessen geöffneter Reißverschluß den Ansatz ihrer Brüste erahnen ließ. Selbstbewußt die Hände in die Seiten gestemmt, blickte sie in die konservative Welt meines Kinderzimmers. Nicht lange, denn als meine Mutter das Poster sah, verschwand es schneller von der Wand, als ich es aufgehängt hatte.

So fristete das Bild von Suzi Quatro zwar ein Schubladendasein, doch ihre Musik ist selbst heute noch manchmal in meinem Zimmer zu hören. Heute allerdings nicht mehr zum Entsetzen meiner Eltern, sondern zum Entsetzen meines mittlerweile zwölfjährigen Sohnes. Der kann überhaupt nicht verstehen, was ich als Zwölfjährige an dieser Musik so begeisternd fand.

Frank Lamers

Shät päck. Jäck kräck. Pät säck

The Lords: »The best of The Lords«

Es muß 1969 gewesen sein. Oder 1970. Jedenfalls war ich zehn Jahre alt, und wir waren umgezogen, aber ich erinnere mich, daß ich das Lied, den Song (die Musik, hätte ich damals wahrscheinlich gesagt) gehört habe, bevor wir umgezogen sind, auf der Straße, beim Spielen, nein, beim Rumhängen. Wenn wir nicht Fußball gespielt haben, hingen wir rum, auf den Treppen, kalten Treppen, acht, neun Stufen, die zu Hauseingängen führten, aus denen immer derselbe Geruch strömte. Kohle und Kohl. Fleisch in schwerem Fett.

Wahrscheinlich ist, daß einer von den großen Jungs, das heißt, von den Jungs, die älter waren als ich, ein Radio, ein Kofferradio dabeihatte, aufgestellt auf der oberen Treppenstufe, mit weit ausgefahrener Antenne, einem silbernen Stab, der mal in die eine, mal in die andere Richtung gedreht wurde und manchmal die Stimmen von irgendwoher klar auffing und sie manchmal in einem Rauschen verschwinden ließ. Wahrscheinlich ist, daß ich auf der untersten Treppenstufe gesessen habe und Angst hatte, daß die älteren Jungs sich über mich lustig machen würden oder daß sie mich wegschicken würden.

Ich weiß, daß ich diese Angst hatte, wenn ich mit den großen Jungs zusammen war. Ich habe gedacht, daß sie Dinge tun, von denen ich keine Ahnung habe, und daß sie über Dinge reden, von denen ich keine Ahnung habe, und daß sie wirklich nichts anfangen können mit mir.

Und dann der Song, die Musik. Die Melodie schlägt sich durch das Rauschen des Radios und nimmt Form an, eine kantige Form, schnörkellos, anders. Eine Stimme, hell, gezackt, dringt in meinen Rücken ein, mit rhythmischen, schnellen, dünnen Stichen. Ich stehe auf, weil ich es nicht ertragen kann zu sitzen.

Ich bin der Junge, der alles verbergen will, aber nicht weiß, was er verbergen will, und nicht weiß, daß er etwas verbergen will. Ich bin der Junge, der nicht viel erzählt, aber der in seinem Kopf mit den anderen redet, als würde er zu ihnen gehören. Ich bin aufgeregt, ich kann mich bewegen, ich muß mich bewegen, ich werde bewegt. Das, was mich wie eine unsichtbare Hülle umschließt, verschwindet. Ich weiß, daß ich die Dinge, die anderen, in diesem Moment berühren könnte, nichts hindert mich mehr. Wenn ich es wollte, ich könnte mich wehren. Gegen alles. Ich weiß nicht, gegen was. Shät päck. Jäck kräck. Pät säck.

Ich habe diese Musik einmal gehört, auf den Treppenstufen sitzend, stehend, vor den anderen. Wahrscheinlich ist, daß ich versucht habe, nicht zu zeigen, daß mir die Musik etwas bedeutet hat, daß ich versucht habe, die Aufregung zu überspielen. Vielleicht habe ich nach dem Fahrtenmesser gegriffen, es aus der Lederscheide gezogen, versucht, die Klinge in den festgestampften Erdboden zu schleudern. Oder vielleicht habe ich gegen die schmierige Häuserwand getreten, so hoch ich konnte, bis der Abdruck der Schuhsohle sich in den Ruß eingeprägt hatte, ermutigt von der Musik, getragen von ihr. Und ich habe gesungen. Shät päck. Jäck kräck. Wenn ich Fußball gespielt habe, wenn ich den Ball am Fuß geführt habe, wenn ich die Bewegung brauchte. Wenn ich zu Hause war, wenn ich mich hinter den Ofen gelegt habe, wenn ich mich nicht bewegt habe, nur im Kopf. Wenn ich zur Schule gegangen bin. Manchmal sind mir die Worte über die Lippen getropft. Jäck präck tu bi tscha jäck präck. Und ich habe mich umgesehen, ich habe die Hitze gespürt, wie sie in mir hochstieg, weil ich gesungen hatte.

Ich wußte, daß es andere Sprachen gab. Ich wußte, daß die Sprache, die ich gehört hatte, in der Musik, Englisch war. Ich glaube nicht, daß ich gewußt habe, daß diese Wörter eine Bedeutung hatten, daß ich hätte verstehen können, was die Sprache in der Musik bedeutete. Es war mir auch gleichgültig. Ich habe mich nicht danach gefragt, was die Wörter bedeuten könnten. Ich habe sie gesungen, weil sie mir den Rhythmus immer und immer wieder zurückgeholt haben. Wir sind dann umgezogen, und ich bin auf eine andere Schule gekommen, auf ein Gymnasium, und ich habe bei den anderen, als sie sich über Musik unterhalten haben, über Bands, einen Namen aufgeschnappt. Bietels. Ich habe gehört, wie die anderen über die Bietels geredet haben, und ich habe gedacht, daß nur diese Band diese Musik, die ich in meinem Kopf hatte, obwohl es ein, zwei Jahre her war, daß ich sie gehört hatte, gemacht haben konnten.

Ich habe gekämpft um einen Plattenspieler, mit den Mitteln, die mir zur Verfügung standen. Mit Trotz. Mit Tränen. Mit einem Lachen mehr. Die anderen redeten von Dual, ich ging mit meiner Mutter in ein Geschäft, und wir kauften Bruns. Der Plattenspieler war groß, schwer, mit Holz eingefaßt. Die Lautsprecher, die Boxen waren groß. Sie machten was her. Ich habe später gehört, Bruns sei eine Firma aus der DDR, der damaligen. Es hat mich gestört. Ich habe nicht erwähnt, daß mein Plattenspieler, diese großen Boxen, in der DDR hergestellt worden sind, und die anderen kannten Bruns nicht, sie sahen nur den großen Plattenspieler und die großen Boxen. (Viel später habe ich dann gern von meinem ersten Plattenspieler erzählt, dem aus der DDR. Das war doch was anderes als diese ewige Dual-Geschichte. Da war mir sozusagen der gerechte Sozialismus in mein Zimmer – in meine Zimmerhälfte – geweht worden. Natürlich ohne daß ich zu diesem Zeitpunkt schon über die richtige Gesinnung verfügt hätte, aber zumindest als Zeichen konnte ich es deuten. Plattenspieler aus der DDR. Arbeiterklasse unterstützt. Nach ein paar Gläschen Pils, mit angemessen selbstironischem Tonfall.)

Die Musik im Kopf, den Namen der Band erfahren, den Plattenspieler aufgebaut – alle Voraussetzungen für eine ungebrochene Erfolgsgeschichte waren gegeben. Ich kann mich kaum noch daran erinnern, warum es dann doch schiefging, wie es genau schiefging. Ich kann es mir nur vorstellen. Daß der Junge, der ich war, nicht wußte, wo Platten zu kaufen waren. Daß der Junge seine Eltern nicht fragen wollte, weil er seine Eltern nur fragte, wenn er keinen, aber wirklich keinen anderen Weg zu einem bedeutenden Ziel sah, als seine Frage, seine in jedem Fall erniedrigende, unerträgliche Abhängigkeit erzeugende Frage zu stellen. Daß der Junge sich nicht getraut hat, anderen Jungen einzugestehen, daß er keine Ahnung vom Plattenkaufen, vom Scheibenkaufen hatte, weil er befürchtete, daß die anderen ihn von oben herab behandeln könnten, was sein Selbstvertrauen für Tage hätte einbrechen lassen, was ihn für Tage lebensunfähig gemacht hätte.

Ich stelle mir den Jungen vor, wie er durch die Stadt läuft, wie er schnell entdeckt, wo es Schallplatten zu kaufen gibt, bei Radio Taube oder bei Radio Baldow oder bei Radio Wasweißich. Ich stelle mir vor, wie er um die Läden herumschleicht, wie er es nicht wagt, einen Laden zu betreten, wie der Druck des Habenwollens, des Besitzenwollens größer und größer wird und er seine paar Mark in der Hosentasche wendet und wendet, wie er mit dem Geld spielt, bis seine Hände schwitzig werden und er den Schmutz des Geldes in seinem Schweiß fühlen kann. Den Schmutz dieses Geldes, dieses Gegendrucks. Soviel Geld. Und muß nicht gespart werden, zu Hause? Wird nicht über Geld gesprochen, wird nicht über Geld gestritten? Und hat er es überhaupt verdient, eine Schallplatte zu kaufen? Steht er nicht in der Schule am Rande des Abgrunds? Unterschreibt er nicht katastrophal schlechte Klassenarbeiten anstelle seiner Eltern, weil sie nie, nie erfahren dürfen, was für ein verachtenswerter Versager er ist?

Ich habe es dann doch geschafft, einen Plattenladen zu betreten. Lothringer Ecke Marktstraße. City-Radio. Direkt hinter dem Eingang Platten, dichtgedrängt in nach oben offenen Regalen. Tausende von Platten. Ich hätte heulen können, ich hätte sagen können, daß ich die Platte der Bietels kaufen wollte, aber ich war nicht fähig dazu, diesen Namen auszusprechen, diesen englischen Namen. Tausende von Plattencovern, dichtgedrängt, an der Theke saßen Männer, Erwachsene, die hellgraue Hörer an ihre Ohren hielten und mit den Beinen wippten, hinter der Theke standen Frauen, junge Frauen mit langen Haaren, schöne Frauen, die mich ansahen. Ich habe mich umgedreht und angefangen, mit meinen schwitzigen Fingern Covers hochzuziehen, nicht herauszuziehen, nur hochzuziehen. Ich habe mit vorgebeugtem Körper und verrenktem, fast auf den Covern liegendem Kopf die Bilder angeschaut, die Fotos auf den Covern, nein, die Bilder und die Fotos auf den Plattenhüllen. Ich hatte das Wort Cover noch nicht. Auf einer Plattenhülle habe ich Männer gesehen, die Frisuren trugen wie Prinz Eisenherz oder wie meine Mutter (was ich damals so nicht beschrieben hätte), einer der Männer trug einen hellblauen Rollkragenpullover. »Lords« stand auf der Plattenhülle, nicht Bietels, aber ich habe sie herausgezogen. (Ich sehe, wie ich die Plattenhülle herausziehe, wie sich die Lücke zwischen den Hüllen schließt. Ich weiß jetzt, während des Schreibens, daß ich die Hülle nicht mehr zurückschieben konnte, weil sich die Lücke geschlossen hatte. Jahrelang habe ich gedacht, ich hätte die Hülle nicht zurückgeschoben, weil ich dachte, daß so die Bietels aussehen müßten und »Lords« ja der Titel einer Platte der Bietels hätte sein können.)

Ich bin nach Hause gegangen und habe das Klebeblättchen, das die Verkäuferin über der Öffnung der Hülle angebracht hatte, abgezogen. (Ein Klebeblättchen! Damit ich die Scheibe zurückbringen konnte, wenn's doch nicht die richtige war! Und der Name der Band war nicht richtig. Und kein Titel eines Songs ließ sich auch nur annähernd Jäck präck oder Shät päck sprechen. Und ich mußte gewußt haben, daß ich das verdammte viele Geld für eine verdammte falsche Scheibe ausgegeben hatte. Und ich weiß nicht, warum es mich noch heute so trifft.)

Ich habe also das Blättchen abgezogen und sehr vorsichtig die Schallplatte aufgelegt und auf das Wunder gewartet. Die Musik, die mich verändern konnte, mit der ich meinem Leben die Richtung weisen konnte. Die Musik, die ich in meinem Kopf hatte, die ich andere hören lassen konnte, meine Musik. Ich. Diese Musik ist in mir. Diese Musik bin ich. In Wirklichkeit. In Wahrheit. Ihr könnt es nur noch nicht sehen. Es kam »Poor Boy«, was irgendwie akzeptabel war. Es kam »Gloryland«, was irgendwie nach Western klang. Es kam »Que Sera«, was Doris Day und – damals – schlimm war. Und nichts hatte den richtigen Ton. Nichts wühlte in mir. Nichts sirrte. Nichts machte mich stärker. Nichts formte, nichts bewegte mich.

Im Pressedienst »Unterhaltung« der Electrola aus den sechziger Jahren lese ich unter der Überschrift »Ein dufter irrer Haufen – THE LORDS« unter anderem: »Zur High-Society des Beat gehört auch – und dies sei mit einer Extraportion Nationalstolz vermerkt – die deutsche Band: THE LORDS. Unverkennbar, unverwechselbar! Berliner Jungs, die richtig sind. Unsere LORDS! Diese fünf kessen und stets gutgelaunten Spree-Athener dürfen stolz von sich behaupten, der Bundesrepublik ungekrönte Beat-Könige zu sein.»

Nationalstolz, keß, gut gelaunt, Spree-Athener, Beat-Könige. Ich habe lange versucht, die Lords als das ganz Besondere zu verkaufen, habe Hingabe geheuchelt vor den anderen, schließlich hatte die Scheibe eine Menge feuchtes Geld gekostet. Dann habe ich mir irgendwann »Get Back« von den Beatles geleistet; den Ton, den ich hören wollte, hatten zu dieser Zeit aber die Rolling Stones.

Götz Alsmann

Strandjungs auf Latein

The Beach Boys: »The Beach Boys' Christmas Album«

Meine erste Langspielplatte erwarb ich zwischen Weihnachten und Neujahr 1968. Damals war ich elf Jahre alt und glaubte, der größte Beach Boys-Fan unter der Sonne zu sein. Das Problem war nur, daß ich eigentlich gar nichts über die Beach Boys wußte, keine Platte von ihnen besaß und lediglich von einem unbestimmten Gefühl durchdrungen war, daß die Stimmen dieser Buben das Tollste waren, das ich je in meinem Leben gehört hatte (außer Louis Armstrong natürlich).

Mit zwanzig Mark Weihnachtsgeld im Portemonnaie (damals gab es noch keine Billig-LPs zum Dumping-Preis) ging ich in ein lokales Radiogeschäft mit Schallplattenabteilung. In der Kiste mit der Aufschrift »Beat« standen die Beatles, die Rolling Stones, die Kinks und die Lords. Eine Kiste weiter hieß die Überschrift »Amerika«. Dort fanden sich Langspielplatten von Roy Orbison, Frank Sinatra, den Everly Brothers und etliche LPs der Beach Boys.

Ich war überwältigt. Alle (mir bis dato unbekannten) klassischen LPs wie »Surfin' Safari«, »All Summer Long«, »Litte Deuce Coupe«, »Surfin' USA« oder »Shut Down Vol. 2«, auch schon erste Ergebnisse von Brian Wilsons genialer Verschrobenheit in LP-Form – zuviel für einen kleinen Jungen (damals war man mit elf definitiv noch ein kleiner Junge!). Man muß sich das vergegenwärtigen: Die Beach Boys brachten in ihren großen Zeiten bis zu vier LPs im Jahr heraus! Was hier bei »Radio Sundrup« in der Amerika-Kiste stand, belief sich locker auf anderthalb Dutzend LPs, denn da standen neben den amtlichen Beach Boys-Platten auch noch »Ihre großen Erfolge« aus Holland, England und – »Eine echte HÖR ZU-Platte« – Deutschland.

Zuviel! Was sollte ich nehmen? Erst mal durchhören. Bei der vierten oder fünften LP sagte der Verkäufer energisch: »Schluß jetzt.« Ich wußte ohnehin nicht mehr, was ich gehört hatte. Gut, es mußten also nicht-musikalische Maßstäbe her. Ein paar der LPs fielen jetzt nach meinen Spontankriterien durch, weil auf dem Cover ein Beach Boy abgebildet war, der auf den »Greatest Hits«-Covern nicht vorkam (wie ich später erfuhr, war das der Rhythmusgitarrist David Marks, der immerhin auf den ersten vier Alben mitgemacht hatte) und der auch keine langen Haare hatte (aber ganz ehrlich: 1962/63 hatte niemand in Amerika lange Haare). Dann fielen die Platten durchs Raster, deren Titel ich nicht verstehen konnte. »Pet Sounds«? »Smiley Smile«? »Wild Honey«? Leute – ich war Lateinschüler! Die Krux war nur, daß mir die Platten, die jetzt noch übrig waren, vom Cover her nicht gefielen. Schwierig.

»Wir schließen in zwanzig Minuten!« Mist! Eine Entscheidung mußte her. Jetzt. Vielleicht die mit dem Wellenreiter auf dem Cover? Die, wo alle fünf am Pool-Rand sitzen und ihre lustigen bunten Pullover anhaben? Die mit dem gemalten Cover? Oder etwa die, wo die Beach Boys an Bord eines Schiffes ins Blaue schauen? Nein, die geht nicht, denn da sind nur vier abgebildet (auf der Rückseite des Covers war dieser Tatbestand aufgeklärt, aber, wie gesagt: Ich konnte nur Latein, und das auch nicht wirklich).

Die nehm ich! Ich weiß auch nicht, warum. Aber die mußte es sein: »The Beach Boys' Christmas Album.« Weihnachten war zwar vorbei, aber erst seit ein paar Tagen. Es handelte sich offenbar um eine ältere LP, denn noch trugen die Beach Boys die Haare kurz, aber Al Jardine war schon dabei. Außerdem hatten sie alle ihre Pullover an, sahen also zumindest echt aus. Her damit. Bezahlt. Raus.

Zu Hause: Die LP wird aufgelegt, ich bin begeistert. »Little Saint Nick« – genau das wollte ich hören. Tolle Vokalharmonien, typischer Beach Boys-Gesang, so wie ich ihn mir vorgestellt hatte. Und jetzt die B-Seite. Choräle, Orchester, »I'm dreaming of a White Christmas«. Was soll das denn? Das klang eher nach der 1968er-WDR-Glückwunschsendung als nach den Beach Boys. Wäre ich nur kein Lateinschüler gewesen – alles stand detailliert auf dem Cover: »Here for the first time you'll hear the Beach Boys accompanied by a sonorous forty-piece orchestra, with special arrangements written just for this album by Dick Reynolds.«

Das hätte da auch in Mandarin stehen können. Andererseits ... ein echter Rock-Fan war ich auch damals nicht, und so gewöhnte ich mich schnell an diese anderen Beach Boys. Ich fand sogar Spaß an Brian Wilsons Solo »Blue Christmas«. Noch heute gefällt mir »Santa Claus is coming to town« von den Beach Boys besser als von Bing Crosby. Und dann am Ende der LP, wenn die Jungs »Auld Lang Syne« a cappella singen und Brian Wilson die Weihnachts- und Neujahrswünsche spricht ... da bekam ich glatt Schluckbeschwerden, so schön waren diese Momente. Nur eben anders als »Barbara Ann«.

Überflüssig zu erwähnen, daß ich mich auf Parties, die durch den Soundtrack erster Deep Purple-Platten und »Woodstock«-Dreifach-LPs bestimmt wurden, in den nächsten zwei Jahren mit meinem »Beach Boys' Christmas Album« absolut lächerlich machte. Ich hielt das aus. Wußte ich doch: Ich hatte recht!

Bernd Oehler

Pater Brecheisens Kleinkredit

Colin Wilkie & Shirley Hart: »We travel the road«

Der Mann auf dem Cover hat einen Ziegenbart. Das ist aber auch schon das Modernste an dem Foto. Die Dame im Anorak, der Mann im blauen Pulli, der Koppelzaun dazwischen, die Wiese und erst recht die Gitarre, die der Mann auf dem Rücken trägt, Hals nach unten – all das signalisiert: Folksänger. Lieder zur Wandergitarre. Meine erste LP hieß »We Travel The Road«, und die beiden auf dem Foto sind Colin Wilkie und Shirley Hart.

Wo kam eigentlich die Musik her? Es geht hier in etwa um das Jahr 1967. Um eine Zeit also, in der an Pop-Wellen in Radiosendern noch gar nicht gedacht wurde. In Läden, die erst viel später zu Supermärkten wurden, wären Personal wie Kunden in Ohnmacht gefallen, wenn plötzlich Musik erklungen wäre – die für solche Örtlichkeiten extra erfundene Muzak hatte den Sprung über den Atlantik noch längst nicht geschafft. Musik im Fernsehen à la MTV oder VIVA wäre wahrscheinlich grundgesetzwidrig gewesen, eine halbe Stunde »Beatclub« pro Woche sorgte schon für genügend zerrüttete Familien. Live gab es – und nun kommt auch die Geographie ins Spiel, in diesem Fall eine Kleinstadt im mittleren Schwarzwald – als musikalische Darbietung allenfalls die örtliche Blasmusikkapelle bei der Fronleichnamsprozession und beim alljährlichen Musikfest auf einer Wiese mitten im Wald. Und dann gab es noch eine Art Grabbelkiste im Radiogeschäft, in der sich ein, zwei Dutzend Singles verloren: deutsche und internationale Schlager, Beatles oder auch schon mal Rolling Stones, »Yesterday« oder »Paint It Black«.

Da war es schon eine Sensation, als der Südwestfunk eines Tages ankündigte, zwanzig Minuten Sendezeit für Popmusik abzuzweigen: Der »Pop-Shop« war geboren, eines Tages um 17 Uhr 20. Später entpuppte sich die vermeintlich hinterwäldlerische Lage auch als vorteilhaft, denn im hohen Schwarzwald war über eine ganz normale Antenne auch Ö3 zu empfangen. Die Mutter aller Popwellen reichte von Österreich bis zu uns und entführte in die Welt des Blues und Folk und Rock weit jenseits von Beatles oder Hitparaden.

Davor aber gab es noch einen weiteren Lichtblick. Die Ingenieurschule brachte fremdes Volk in unser Städtchen, Dozenten und vor allem Studenten. Auch an den braven, eher technokratisch geprägten angehenden Ingenieuren (angehende Ingenieurinnen waren quasi nicht existent) gingen die wilden Sechziger nicht ganz vorbei. Und so stellten sich auf der Bühne der Aula dieser Ingenieurschule merkwürdige Musikanten ein. Ich erinnere mich an drei Konzerte. Eines mit einer zu Recht vergessenen Dame, die Küchenlieder sang. In Küchenliedern sitzt Mariechen weinend im Garten wegen eines treuen Husaren, oder ein Anarchist verübt ein Attentat auf einen deutschen König. In einem weiteren Konzert traten zwei sehr langhaarige Männer – waren das nun die berühmten Hippies oder gar Gammler?? – als »Flute & Voice« auf, »Voice« spielte auch Gitarre.

Schließlich gab es noch einen Auftritt, zu dem ausländische Musiker angekündigt wurden: englische, irische und amerikanische Folksongs mit Colin Wilkie und Shirley Hart. Es traten dann auf: ein bärtiger, zottelmähniger Seemann und seine kleine Seemannsbraut, die mit ihren tiefschwarzen Haaren und unordentlichen Kleidern ein wenig nach Zigeunerin aussah. »Bum-a-diddle-dah! Ring-tye-ah! Fightin' in the wars of America!« Das war ein bitterer Antikriegssong, daneben gab es, von Colin Wilkie in charmant gebrochenem Deutsch angesagt, weitere Balladen und Songs, auch eigene über das Leben als trampende Musikanten auf den Straßen Europas und ähnliche hippieromantische Geschichten. Bum-a-diddle-dah! Nach dem Auftritt verkauften die beiden Schallplatten, richtige Langspielplatten, die sie aufgenommen hatten! Für 17 Mark! Das war viel Geld, aber noch gab es in Deutschland-West die Preisbindung für Schallplatten, fünf Mark die Single und 20 Mark die LP waren ehernes Gesetz.

Und hier lockte ein Sonderangebot. Die Auskunft meines Geldbeutels war gleichwohl niederschmetternd, doch zum Glück kam mir der Organisator des Abends zu Hilfe, ein Pater Brecheisen, der – womöglich just zu der Zeit – auch mein Religionslehrer war und mein ebenso zögerliches wie verlangendes Herumstreichen um das Musikerduo bemerkt hatte. Dank Pater Brecheisens Kleinkredit in Höhe von fünf Mark konnte ich mir jedenfalls meine erste Langspielplatte kaufen.

Wie es sich gehört, signierten Colin Wilkie und Shirley Hart ihre

Platten, und Shirley Hart malte neben ihre Unterschrift noch das Zeichen der Atomwaffengegner: Peace! Mit dem Kringel war unvermittelt die weite Welt des internationalen Protestes gegen Atomwaffen und Krieg in mein Leben getreten. Diffus verband ich das Zeichen mit fast allem, was es in der Kleinstadt nicht gab: lange Haare, Hippies, Gammler, Protest, ungezügeltes Leben als Tramper, die Kumpanei aller Sanges- und Trinkbrüder. Und noch viel mehr, was ich nur ahnen, mir aber überhaupt nicht vorstellen konnte. Vielleicht Freiheit oder so was? »I've been on the road, so long…«, sangen Colin und Shirley, den Song von Alex Campbell, mit dem später auch Hannes Wader tingelte. Dazu paßte als Lektüre natürlich Kerouacs »On The Road«, alsbald bei rororo als Taschenbuch erschienen und für 3,80 Mark recht wohlfeil zu haben.

Das Absurdeste an meiner ersten LP ist ihre Innenhülle. Diese hatte Polydor nämlich komplett mit Werbung für weitere Platten bedruckt: Schreiend bunt präsentierte man »Das große Operettenwunschkonzert«, »Traditions-Märsche Vol. 6«, »Wenn am Sonntagabend die Dorfmusik spielt«, »Die feucht-fröhliche Bier-Party« (unter anderem mit Willy Millowitsch, Peter Alexander, Medium-Terzett) und Freddy, aber auch »Hammond à gogo« mit James Last und sogar das Oscar Peterson Trio und Erroll Garner waren vertreten. Ein unglaublicher Stilmix, der dem Folk-Freund da entgegensprang. Und dann war auf der Innenhülle auch Platz für eine Mitteilung, die damals auf keiner Platte fehlen durfte: »Diese Schallplatte ist mit jedem modernen leichten Tonabnehmer abspielbar. Die Wiedergabe von Stereo-Platten ist auch mit einem Mono-Abspielgerät möglich. Der Stereo-Effekt ergibt sich jedoch nur bei Verwendung eines Stereo-Abspielgerätes.« Ich hielt dies so lange für eine deutsche Marotte, bis ich mir in England LPs kaufte, auf denen außerdem zu lesen war, daß Plastikhüllen für kleine Kinder gefährlich sein können.

Auch auf dem äußeren Cover, auf der Rückseite, warb Polydor für andere Künstler. Dort waren Abbildungen von Platten mit Folksongs aus 14 Ländern mit Hai und Topsy, Songs und Balladen mit Knut, Hartmut und Sigrun Kiesewetter sowie Landstreicherballaden mit Peter Rohland und Schobert Schulz (später ein Teil von Schobert & Black). Die abgebildeten Platten waren alle genau so gestaltet wie die LP von Wilkie & Hart, offensichtlich handelte es sich um die Folk-Reihe von Polydor.

Ich habe mir später noch eine zweite LP von Wilkie/Hart gekauft. Darauf singen sie – zusammen mit einem Stuttgarter Studentenchor – Shanties. Von dieser Platte weiß ich nicht einmal, ob sie noch im Keller vergammelt oder schon im Müll gelandet ist. »We Travel The Road« hat eindeutig dazu beigetragen, daß ich mich für handgemachte, akustische Musik interessierte. Und daß ich, sobald ich endlich durfte, nach England trampte. Was die Musik angeht, so wurden mir allerdings recht bald die Sendungen von Ö3 wichtiger. Aber das ist – wie etwa auch die Frage nach dem ersten »richtigen« HiFi-Plattenspieler – ein ganz anderes Kapitel.

Jesus Christ, Superstar! – Schriftsteller über ihre erste Platte

103 **Ingo Schulze**
Schriftsteller

104 **Birgit Vanderbeke**
Schriftstellerin

105 **Susanne Fischer**
Schriftstellerin

106 **Andreas Neumeister**
Schriftsteller

107 **Hera Lind**
Schriftstellerin

108 **Diedrich Diederichsen**
Schriftsteller und Pop-Papst

109 **Richard Rogler**
Kabarettist

110 **Georg Schramm**
Kabarettist

Ingo Schulze

Schriftsteller

»Oldies but Goldies« – eine DDR Platte mit den besten Stücken der Beatles. Ich besitze sie heute nicht mehr. Doch daß »Ticket to ride« darauf vertreten war, das weiß ich noch.

Birgit Vanderbeke

Schriftstellerin

Der Haushalt, in dem ich aufgewachsen bin, enthielt drei Geräte, aus denen Musik rauszuholen war: das klassische Grundig-Tonband mit dem grünen Auge, ein winziges Mittelwelle-Radio, das in der Küche stand und meistens Ostsender von sich gab, sowie ein altes Transistorradio, mit dem niemand etwas anzufangen wußte. Es konnte nachts unter meiner Bettdecke sehr schön Jazz spielen.

Ebendiesen Jazz kannte auch ein Schulfreund, der zudem noch sehr viel mehr von Musik wußte, weil er einen großen Bruder hatte. Also wünschte er sich zum Geburtstag eine Elpi, wo etwas drauf sein sollte, das ich von heute her als Mischung aus buddhistisch und psychedelisch beschreiben würde, damals versagte mir meine Andacht jegliche Interpretation. Ich also los, einen Plattenladen betreten (ungefähr wie ein Atheist eine Kirche) und das Werk erfragt und erstanden und verpackt und eine Schleife drum.

So weit so schön. Jetzt noch eine Geburtstagskarte schreiben und dann auf die Party. In der Eile ist keine Schreibunterlage zu finden, aber da ist ja die Platte. Mit Kugelschreiber. Fest aufgedrückt. Dies war die erste Langspielplatte, die ich in der Hand hatte und die einzige, die ich hörbar signiert habe.

Die erste, die mir dann wirklich gehörte, war eine mit Chansons von Hanna Hegerova, einer wunderbaren tschechischen Sängerin. Ich hatte sie bei einem anderen Schulfreund gehört, das war mit 16, also hat er sie mir geschenkt. Danach habe ich sie viele Jahre nicht mehr gehört, weil mein nächtliches Jazzradio Hanna Hegerova nicht kannte und ich mit 18, auch noch mit 22 anderes zu tun hatte, als einen Plattenspieler zu kaufen.

Susanne Fischer

Schriftstellerin

Meine erste Langspielplatte? Lachen Sie nicht: es muß eine LP von Wolfgang gewesen sein. Der hatte zwei Hits Anfang der 70er Jahre. Einer hieß »Hey Leute, kauft beim Trödler Abraham« und der andere »Wir sind die Meiers«. Und genau so hieß, glaube ich, auch die ganze LP.

Andreas Neumeister

Schriftsteller

Ich hatte gleich zwei erste LPs – gleichzeitig an einem Tag erstanden. Die eine war »The Slider« von T. Rex, die andere »Machine Head« von Deep Purple. Ich finde, man hätte schlechter anfangen können …

Hera Lind
Schriftstellerin

Die erste Platte, an die ich mich erinnern kann, war Rudolf Schock mit dem Ausruf: »Oooh Margarethe! Dir zu Füßen lieg ich hier!« Das habe ich als 13jährige etwa hundertmal gehört und wurde so zum absoluten Rudolf Schock-Fan, aber die Platte gehörte meiner Mutter.

Meine erste eigene Platte war »Jesus Christ Superstar«, da muß ich 14 gewesen sein. Ich war nämlich in London im Musical gewesen, war völlig hingerissen und tränenüberströmt. Ein Klassenkamerad namens »Gogo« gab mir dann auch am selben Abend den ersten Kuß meines Lebens, den ich feucht und unangenehm in Erinnerung habe.

Nichtsdestotrotz kaufte ich mir dann die Platte, hörte sie ungefähr 600mal, kann noch heute jedes Wort und jeden Ton auswendig und hüte sie wie einen Augapfel. »Gogo« habe ich übrigens vor kurzem wiedergesehen, er ist Taxifahrer in Bielefeld, und ich stieg ausgerechnet in sein Taxi, als ich zu einer Lesung mußte. Wir haben während der ganzen Fahrt »I don't know how to love him« gesungen …

Die zweite Platte war übrigens von Maxime le Forestier, lauter tolle französische Chansons. Auch diese Lieder kann ich heute noch auswendig, leider hab ich die Platte verliehen und nie wiedergekriegt. Wenn jemand »Comme une arbre dans la vie« hat oder sonstwas von Maxime le Forestier, würde ich es ihm nie vergessen, wenn er es mir überspielt und zukommen läßt!! Diese Platte stand in Verbindung zu einem Frankreich-Sprachurlaub in Paris und zu einem Klassenkameraden namens Martin! Dieser ist inzwischen Architekt in Kassel. Natürlich habe ich ihn bei einer Lesung dort wiedergesehen …

Die dritte Platte war dann … aber meine Romane verlegt der Fischer Verlag.

Diedrich Diederichsen

Schriftsteller und Pop-Papst

Meine erste Platte gehörte mir nur zur Hälfte – mein Bruder und ich haben »The Beatles: Greatest« gemeinsam geschenkt bekommen. Die erste selbst gekaufte LP gehörte dann mir alleine: »Led Zeppelin II«, das Album mit »Whole lotta love«.

Richard Rogler
Kabarettist

Meine erste Langspielplatte war »Child is father to the man«, die erste Veröffentlichung von Blood, Sweat & Tears. Im Rückblick muß ich sagen: keine schlechte Wahl.

Georg Schramm

Kabarettist

Die erste LP meines Lebens war eine von Fats Domino, an den Titel erinnere ich mich leider nicht.

Bekommen habe ich sie von meinem Bruder, der ein fanatischer Rock 'n' Roller war. Nicht nur, daß er beim örtlichen Ted Herold-Fanclub das Amt des Schriftführers bekleidete. Er war zudem im Besitz eines echten Elvis-Autogramms aus dessen Zeit als Soldat in Deutschland.

Let's see action

Peter Unfried

Brille, Bahnhof, Bertelsmann

Deep Purple: »Made in Japan«

1 Hier ist Berlin

»Telefone, Schreibmaschinen, Nadelstiche, finst're Mienen.« Dies ist jene unsterbliche Zeile, die mir heute noch gelegentlich im Kopf wütet, und von der mittlerweile geschichtlich gesichert angenommen wird, es sei die erste gewesen. »Keiner hat mehr Zeit, die Welt zu seh'n.« Nun gut, nichts Besonderes; nur die bekannte alte Geschichte. Erst kam die Badewanne, denn es war Samstag. Nicht irgendein Samstag, allerdings. Ein ganz bestimmter Samstag, 19.30 und siebenundzwanzig Sekunden. Hier ... iiiist ... Beeer-lihihiiin. Platz fünf war Severine (»Ja, der Eiffelturm«), vier Teddy Parker (»Du, ich habe mein Herz verloren«), drei Manfred Morgan (»Zuerst kam die Sonne«). Dann kam Heino: »Mohikana Shalali« war die zweite Indianerin, mit der ich bekannt gemacht wurde (die erste ist selbstredend Nschotschi gewesen). Und eins: »Hab' ich dir heute schon gesagt, daß ich dich liebe.« Es sang: der Chris, der Roberts.

Ob das Wasser zu heiß war, damals, ist schwer zu rekonstruieren: jedenfalls blieb dieser Abend prägend, und seine güldenen Töne fielen schwer auf eine arme Kinderseele nieder.

2 Am Lake Geneva

Wenn man im hintersten Winkel der Sammlung jene welche findet, ihr aufklappbares Cover aufklappt und die Nase zwischen schiebt, ist es, als könne man noch erahnen, wie die Platte damals roch. Es ist ziemlich sicher, daß es auch der Geruch war, der letztlich den Verkaufsabschluß perfekt machte.

Es war Sommer oder Winter oder sonstwas, als dieser Junge mit der blöden Brille die Rheinelektra betrat. Jedenfalls war es Nachmittag. Die Schule war zu Ende, die blöde Brille wie immer die 20 Minuten zum Bahnhof getrottet, 12.49 Uhr eingestiegen, danach mit dem Fahrrad nach Hause. Zwei Stunden später wieder mit dem Fahrrad zum Bahnhof, mit dem Zug in die Stadt gefahren, dann zur Rheinelektra gerannt. Die Brille wußte nichts. Vielleicht rannte die deshalb immer. Ging nie. Rannte immer. Wußte nichts. Nicht mal, daß es so was wie »Musik-Express« gab. Von »Sounds« gar nicht zu reden. Hatte nie Plattenkritiken gelesen. Wenn die etwas wußte, dann daß Roberts abgehakt war. Und wenn etwas im Kopf summte, dann war es das, was bei Wutz lief.

Wutz hatte eine Grundig-Kompaktanlage. Bei der war das Kassettendeck zwar miserabel, doch das wurde von dem abenteuerlich gebogenen Arm des Plattenspielers mehr als wettgemacht. Wutz hatte auch zwei Schwestern: eine war älter, die andere noch älter. Früher hatten die »Ein Student aus Uppsala« gehört, eines Tages aber nicht mehr. Wutz hatte sich daraufhin auch schleunigst umorientiert. Im wesentlichen spielte der drei Platten: Er hatte »Watch« von Manfred Mann's Earth Band, er besaß »Long live Rock 'n' Roll«. Dennoch war Wutz so selbstkritisch, freimütig zu berichten, daß Rainbow das ganz Wahre nicht, Ritchie Blackmore früher noch viel besser gewesen sei.

Jetzt war also wieder Samstag abend, und da war dieses seltsame Gefühl. Irgend etwas spannte. Spannte ganz fürchterlich. Irgend etwas wollte hinaus. Da war nun die Kompaktanlage nicht das richtig Befreiende, aber: besser als nichts. Und so legte Wutz seine dritte Platte auf. Das war »Machine Head«. Und es lief: »Highway Star.« Und es lief: »Smoke on the Water.«

Es lief auch dazwischen noch »Never before«, doch das waren Feinheiten. Was hing, war: »Da, da, da – da, da, da, da – da, da, da – da, da.«

So ist es im nachhinein betrachtet ziemlich logisch, daß dieser Junge mit der blöden Brille zwar zunächst einmal mit großer Spannung sich an den Rheinelektra-Plattenkisten von A bis Z vorarbeitete. Und dann noch einmal. Und natürlich den Chef vom Laden nichts fragte. Und hin und her überlegte. Und schließlich bei T eine Platte herausgriff. »Recorded Live« hieß die. Der Name der Band war Ten Years After. Die blöde Brille wußte nicht viel über diese Band, nur daß der Gitarrist ziemlich schnell war, wenn er »I'm going home« spielte. »I'm going home« gehörte zum Bestand der Wutz-Schwestern. Weil die blöde Brille von Ten Years After nur das eine Stück kannte, von Deep Purple aber mindestens zwei, wanderte »Recorded Live« noch einmal zurück in die Kiste. Und heraus kam ein goldenes Teil, das irgendwie gut zur Rheinelektra paßte.

Nun: Rheinelektra, in bester Geschäftslage auf der Marienstraße gelegen, verkaufte eigentlich hauptsächlich Kompaktanlagen zu der Zeit. Grundig-Kompaktanlagen. Weniger Platten. Es war der einzige Plattenladen in dieser Stadt.

22,90 Mark kostete »Made in Japan«. Ziemlich teuer. Na, erstens war es ein Doppelalbum, zweitens waren das Rheinelektra-Preise. »Made in Japan« war nicht gerade die neueste und auch nicht die heißeste Platte. Aber wer wußte das? Sie roch jedenfalls umwerfend. Irgendwie nach Welt.

Die Brille hatte »Made in Japan« in der Rheinelektra-Tüte, als sie zurück zum Bahnhof rannte! Man muß sich das mal vorstellen. Und ein Problem: Brille hatte keinen Plattenspieler. Mußte ins Wohnzimmer gehen. Da stand einer. War eingequetscht von Literatur. Naja, Literatur? Bertelsmann. Kein Wunder, daß der grausam klang. Hundsmiserabel. Aufdrehen durfte man auch nicht.

Wie soll einer im Wohnzimmer mit Bertelsmann »Smoke on the Water« hören? Brille verhandelte, und schließlich wurde ein zweiter Plattenspieler angeschafft. Tragbar. Rot. Null Watt. Egal. Der stand oben im Zimmer. Den stellte er laut. Lauschte Musik, die live aufgenommen war, zum Beispiel in Osaka, Japan. Verstand nie die Geschichte, wie Deep Purple in Montreux am Genfer See eine Platte aufnahmen und alles furchtbar schiefging. Kapierte nur: »Da, da, da – da, da, da, da.«

Unten klopfte die Mutter. In der Küche klopfte die mit dem Messer gegen das Wasserrohr. Das hörte man oben am Waschbecken. Nicht allerdings, wenn Deep Purple lief.

»Hiehiehiehie, hiehiehiehiehie ...«

Brille war der Älteste. »A fire in the sky!« Noch hatte diese Mutter keine Ahnung. Schickte die Brille in der Gegend rum und Sonntag früh noch in die Kirche.

»Lazy, I stay in bed.«

Die hatte keine Ahnung, was da auf sie zukam. Nun mußte sie die Treppe hochrennen, die Tür aufreißen, und immer noch war ihr Geschrei kaum zu verstehen.

»Ooooh, I'm a killermachine.«

Die machte eine finst're Miene und hörte immer noch Chris Roberts, wenn überhaupt. Alles, was die von der Welt kannte, war »Derrick«. Vielleicht noch Harry. Die hatte keine Ahnung.

Die blöde Brille auch nicht.

Arne Willander

Schuld und Rache

Elvis Costello: »Punch the clock«

Die Tage schienen endlos damals, als ich in der 7. Klasse war und mir das Leben noch bevorstand. Denn natürlich war die Schule nicht das Leben, und vom Abenteuer ahnte ich nur etwas, wenn ich vor dem Unterricht, auf dem Weg zum Schulhof, mit meinem Begleiter Schnuti eine Zigarette qualmte. Schnuti schaffte es aber nicht, er mußte die Schule verlassen – er sei ein Raufbold und ein Taugenichts, hieß es. Dabei hatte Schnuti nur ein problematisches Elternhaus, war nicht sehr gescheit und schaute zu viele Bruce Lee-Filme. Wir spielten auf dem Balkon Rommé um Geld und was sonst einen Wert hatte, und nachts, als Schnutis Eltern nicht da waren, guckten wir das inkriminierte »Thriller»-Video von John Landis, in dem Michael Jackson zum Werwolf mutierte. Wir wußten noch nicht, daß Jackson sich später auch in der Wirklichkeit sehr verändern sollte.

Mädchen kamen in dieser Welt noch nicht vor, wir trauten uns nicht. Im Herbst 1983 aber las ich in der Musikzeitschrift »Musikexpress/Sounds«, die ein Bernd Gockel leitete, die Besprechung einer Platte von Elvis Costello, »Punch The Clock«. Viel verstand ich nicht, doch von Bläsersätzen war die Rede und von Sex und von Soul (Motown!) und von einem Trompeter namens Chet Baker. Das las ich vor der Schule in der Bahn, und nach der Schule ging ich in den Plattenladen, der für mich ein mystischer Ort war – und da lag die Platte. Vorn drauf ein schlaues Gesicht mit Brille und einer Mütze. Hinten drauf Costello im Mantel und mit den Attractions, seiner Begleit-Band, sehr intellektuell und cool und, wie ich fand, jung. Und jung war ich ja selbst.

Es erstaunte mich damals, wie gut mir die Platte gefiel und wie oft ich sie hörte, immer wieder, noch im nächsten Urlaub auf einer überspielten Kassette. Bald hatte ich auch Jackson Brownes »Lawyers In Love«, das war aber nicht dasselbe. Ich hörte viel lieber und öfter »Punch The Clock«. Was hatte wohl »Everyday I Write The Book«

zu bedeuten, fragte ich mich. Eine unfaßbare Aussage! Jeden Tag ein Buch! Ungeheuerlich. Da kam ein Mädchen vor, und Costello näselte dräuend: »When you find strange hands in your sweater …« Nein, es war eine Verheißung, Costello *versprach* diese Hände. Und jeden Tag ein Buch, »chapter 2: then I fell in love with you«.

Am allerliebsten war mir ein ganz kleiner Song auf der zweiten Seite, »The Invisible Man«. Ein Lied mit unbändigem Drang nach außen: »I wanna get out while I still can / I wanna be like Harry Houdini / Now I'm the invisible man.« Es kam darauf an, *wie* Costello das sang. Heraus wollte ich auch. Die Melodie wuchs und wuchs. The Attractions! Die hatten einen Schwung. Und dann »Shipbuilding«, ein Kommentar zum Falkland-Krieg, wie ich im »Musikexpress« gelesen hatte, und der alte Chet Baker spielte seine Trompete, gestopft, und Costello sang, gestopft – »We will be shipbuilding / Diving for pearls«, und dann ein letztes Mal diese melancholische Trompete. Bei »Pills and Soap«, einem vielgelobten Song der Platte, die vorher schon als Single erschienen war, ging es um Politiker, Betrug und Tierversuche, sehr kompliziert, ich konnte den Text nicht begreifen. Aber das Klavier von Steve Nieve sagte mir: Da ist was im Busch. Gefahr. Später hat Greil Marcus es mir so ähnlich erklärt.

Zu »Let Them All Talk«, »The Greatest Thing« und »The World And His Wife« hätte ich gern getanzt, doch tanzen konnte ich noch nicht, außerdem war es albern. Als ich zwei Jahre später an einem Tanzkurs teilnehmen mußte, wurden keine Songs von Costello gespielt, ich hatte eine Freundin, und Costellos neue Platte war »King Of America«, ein frühgreises Alterswerk mit Musikern von Elvis Presley. Die Freundin fand es langweilig, schwieg jedoch mir zuliebe. Claudia hat es nie verstanden.

»T. K. O. (Boxing Day)« war vielleicht der entscheidende Song auf »Punch The Clock«. »I will … knock you … ouuuut.« So hatte ich mir das Jungsein vorgestellt. Aber ich bekam immer nur auf den Kopf, das Prügeln lag mir nicht, und während der Pubertät haute niemand wirklich auf die Glocke. Alle behaupteten es nur.

Aber ich hatte Costello, die anderen entdeckten ihn erst mit 17. Wenn überhaupt je. Schuld und Rache hätten ihn getrieben, hörte ich später von Elvis Costello.

Ich wußte, daß ich es richtig gemacht hatte.

Werner Herpell

Rock mit Ausrufezeichen

Status Quo: »On the Level«

Das war sie also: die Platte, die meine Eltern ärgern, die Schulkumpels beeindrucken und bei den Mädchen das erwünschte »Igitt«-Gefühl hervorrufen sollte. Typen mit Haaren (fast) bis zum Hintern, grimmige Mienen, Jeans- und Nietenjacken auf nackter Haut, Hosen mit Elefanten-Schlag. Ich konnte mich gar nicht sattsehen an dem Plattencover mit vier entschlossen dreinblickenden Burschen vor einer billigen Pappmaché-Kulisse. Das sah doch schon mal nach Rock aus – Rock mit Ausrufezeichen.

Mit vor Aufregung feuchten Fingern zog ich die schwarze Scheibe aus der Hülle und legte sie auf meinen nagelneuen Dual 1228-Plattenspieler. Zuerst Seite zwei. Deren erster Song war der Grund, weshalb ich mir nach einigen Singles nun erstmals von meinem Taschengeld eine LP gekauft hatte. »Down Down« war in England auf Platz eins der Single-Charts, und ich liebte das auch bei uns oft im Radio gespielte Stück. Simpler Rhythmus, schnörkelloser Gesang zum Mitgrölen, Gitarren ohne Ende. Fünfeinhalb Minuten zum Mähneschütteln und Luftgitarrespielen, bestens geeignet, die nächste Mathe-Klausur zu verdrängen. Das war Rock – Rock mit drei Ausrufezeichen.

Auch der Rest von Seite zwei enttäuschte nicht. Zugegeben, die Ballade (damals hieß das »Klammer-Blues«) mit dem Titel »Where I Am« war natürlich fehl am Platze auf einer Rock-Platte. Dafür entschädigte »Bye Bye Johnny«, ein Klassiker von Chuck Berry in der bewährten Status-Quo-Behandlung: Simpler Rhythmus, schnörkelloser Gesang zum Mitgrölen, Gitarren ohne Ende. Erste Sahne! Das war nun wirklich Rock – mit einem ganzen Dutzend Ausrufezeichen.

Mit »Little Lady« hatten Francis Rossi (Gitarre, Gesang), Rick Parfitt (Gitarre), Alan Lancaster (Baß) und John Coghlan (Schlagzeug) gleich noch ein »recht ähnliches« Stück am Anfang von Seite eins untergebracht (als eines von vielen Selbstplagiaten erkannte ich den Song erst mit einigem Abstand). Danach ließen die vier es etwas ruhiger angehen, prima Krach machte aber auch der Rest der Scheibe. Nach drei, vier Durchläufen bei gemäßigter Lautstärke ging ich daran, meine Mutter dem Härtetest zu unterziehen. Sie war nicht gerade bekannt für übergroße Toleranz in puncto »Hippie-Musik« und würde sich über meine Errungenschaft ordentlich aufregen …

Noch heute frage ich mich, ob sie meine böse Absicht geahnt und geschickt durchkreuzt hat oder ob ihr wirklich gefiel, was da plötzlich ohne Ankündigung auf sie eindröhnte. Jedenfalls endete der Schock-Angriff auf die Ohren meiner Mutter ernüchternd. »Guter Rhythmus, hat wenigstens Schwung. Jedenfalls besser als das Gejaule, das du sonst hörst«, sagte sie, und ich mochte es kaum glauben. Nie wieder habe ich danach versucht, meine nächste Umgebung bewußt mit meiner Musik zu reizen (mit New Wave und den abgedrehteren Sachen von »Prince« gelang mir das einige Jahre später ohne Probleme).

War meine Mutter als Status-Quo-Opfer nun schon mal ausgefallen, so blieb immerhin der Imponier-Faktor in der Schule – dachte ich. »Ganz okay, aber Slade und Sweet sind besser«, ließen mich meine Freunde kühl abblitzen. Auch in dieser Runde also wenig Euphorie für »On the Level«. Weil ich danach gar nicht erst versuchte, Mädchen aus meiner Klasse von ihren David Cassidy- und Donny Osmond-Platten wegzulocken, blieb die Außenwirkung meiner Lieblingsscheibe begrenzt.

All diese Entäuschungen hinderten mich natürlich nicht daran, die Platte im stillen Kämmerlein weiterhin gebührend zu verehren. Ernsthafte Zweifel hegte ich nicht – wahre Meisterwerke werden halt immer nur von wenigen Eingeweihten sofort, von der trägen Masse dagegen erst mit großer Verspätung erkannt. Ich war mit meinem Geschmack im reinen – bis zu dem Tag, an dem eine schwer respektierte Cousine mein musikalisches Weltbild zum Einsturz brachte.

Als 16jähriges Mädchen »aus der Stadt« hatte Gaby für meine damaligen Begriffe eine natürliche Kompetenz in allen bedeutsamen Fragen des Teenager-Daseins. An diesem Abend spielte sie ihre Überlegenheit gegenüber dem 14jährigen »Landei« voll aus. »Was hörst du denn so zur Zeit?« fragte sie – arglos oder hinterhältig, ich weiß es bis heute nicht. Nach der Antwort kam ich nicht mal mehr dazu, die Wahl meines LP-Favoriten zu begründen. Verächtlich hochgezogene Augenbrauen und ein erschüttertes Schnauben waren Gabys spontane Reaktion. Sie hielt sich erst gar nicht damit auf, mir das Ausmaß meiner Geschmacksverirrung darzustellen. »Heute steht man doch auf Pink Floyd! Noch nie ›Wish You Were Here‹ gehört? Oder zumindest was von Deep Purple? Oder Led Zeppelin?«

Das waren für mich tatsächlich böhmische Dörfer, doch ich wagte es nicht, das zuzugeben. Und ich war wohl auch zu trotzig dafür. Mit dem unerwünschten Zuspruch meiner Mutter und dem Desinteresse meiner Freunde konnte ich umgehen, aber jetzt war Widerspruch gefragt. Also unterdrückte ich alle Zweifel und begründete, warum die zeitlose Qualität von Status Quo Gabys modernem Zeugs haushoch überlegen sein mußte. Am nächsten Tag rannte ich in den Plattenladen meiner Wahl und erwarb die drei jüngsten Pink-Floyd-Platten. Die Moderne war in meine Musikwelt eingebrochen.

»On the Level« fristete fortan ein Schattendasein in meiner Sammlung und wurde Jahre später bei einem Flohmarkt verramscht. Um meine Erinnerungen aufzufrischen, habe ich kürzlich nach langer Suche in einem Second-Hand-Plattenladen in Hannover ein zerknittertes Exemplar ergattert. Über das geschmacklose 70er-Jahre-Cover mußte ich herzlich lachen, der dumpfe Klang der Vinylscheibe schockte meine CD-verwöhnten Ohren. Die Musik: na ja, es gibt Schlimmeres. Simple Gitarrenriffs, monotones Schlagzeug, Gesang ohne Nuancen. Dampfhammer-Rock, wie ihn Status Quo so ähnlich schon fünf Jahre vorher und auch noch zehn Jahre später gespielt haben. Nichts, wofür man sich schämen muß. Und wer als Kind der Siebziger behauptet, seine erste Platte sei das »Weiße Album« der Beatles oder »Pet Sounds« von den Beach Boys gewesen, der schummelt vermutlich sowieso.

Stephan Brünjes

Krachmusik im Lesesaal

The Beatles: »1962 – 1966« (das »Rote Album«)

Meine erste Platte hieß »U-Mus/Beat I-1971«. So stand's auf einem Zettel, den ich immer bei mir hatte. Mit diesem Zettel ging ich fast jeden Nachmittag in die Stadtbücherei. Denn dort konnte man nicht nur Lederstrumpf, Kalle Blomquist und den Kicker-Almanach ausleihen, sondern auch LPs hören. Wie zum Beispiel »U-Mus/Beat I-1971«.

Immer wenn ich der Bibliothekarin diese Signatur zeigte, war's wie ein Geheimcode zwischen uns. Sie wußte gleich, welche Platte ich wollte, legte sie nebenan im Phono-Raum auf den Plattenspieler und gab mir das Cover nach draußen, wo ich schon ungeduldig unterm Kopfhörer wartete.

Vorne auf dem Cover, da waren sie drauf, meine Idole – alle vier in adrette braune Anzüge gezwängt, grinsten sie in ein Hochhaustreppenhaus herunter. Links unten in der Cover-Ecke, da wo Ringo grinste, hatte die Bücherei eine postkartengroße Plastiktasche hingeklebt. Darin steckte eine weiße Karteikarte, und drauf standen vier Zeilen, die wohl nur gefühllose deutsche Bibliothekare über diese wunderbare Platte niedertippen können:

»U-Mus / Beat I-1971,
Beatles, The: 1962 – 1966, singen und spielen.
Brit. Vocal-Quartett d. Beat-Bewegung.
33 UpM / Stereo.«

Warum haben sie das dahingeschrieben, habe ich mich oft gefragt, warum steht da nicht einfach »Das rote Album«?

Die Nadel knisterte durch die Einlaufrille, und da war sie wieder, John Lennons zerrende Mundharmonika auf »Love me do« und »Please please me«. Am liebsten wäre ich mitten in der Bibliothek ausgerastet, so *groovy* fand ich diesen Sound damals, aber schon leises Getrommel auf dem Tisch vor mir hatte laute Beschwerden von erwachsenen Leseratten zur Folge. Die eine, die mit dem Knoten im

Haar, höre ich noch zur Bibliothekarin sagen: »Dies ist ja wohl kein Beatschuppen, sondern immer noch ein Lesesaal!«

Also hörte ich leise weiter und las dabei: »All my lovin'« – eine Biographie über die Beatles. Die wichtigsten Sachen schrieb ich raus: Geburtstage von John, Paul, George und Ringo, eine kleine Chronologie ihrer Karriere, alle Plattentitel – das und mehr stand in winzig kleiner Bleistift-Krakelschrift auf einigen rausgerissenen Rechenheft-Blättern. Denn meine Eltern durften so was nicht finden. »Beatle« – das war zu Hause ein Schimpfwort für alle, deren Haare über die Ohren und darüber hinaus wucherten.

Um so größer war der Schreck, als eines Tages meine Tante in der Bücherei aufkreuzte. Ich lauschte gerade verzückt dem metallischen Gitarren-Intro von »Ticket to Ride«, da stand sie vor mir und lachte mich an. Nun kommt's raus, schoß es mir sofort durch den Kopf. Doch bevor ich den Kopfhörer verlegen von den rotglühenden Ohren geschoben hatte, war sie schon bei den Kinderbüchern verschwunden.

Natürlich habe ich auch mal andere Platten ausprobiert, aber meist bin ich vorzeitig ausgestiegen – es mußte immer wieder »U-Mus/Beat I-1971« sein. Weil alle 27 Songs einmalige Pop-Perlen sind. Weil »Yesterday«, »And I love her« und »Michelle« garantiert jedesmal Gänsehaut auf den Rücken zaubern. Weil »Can't buy me love«, »Hard days night« und »Help« so wild und ausgeflippt sind. Weil »Eleonor Rigby« und »Norwegian Wood« schön erzählte Pop-Kurzgeschichten sind, und weil's keinen besseren vertonten Comic gibt als das pumpende, schnaufende, klingelnde »Yellow Submarine«.

Ende 1972 war's soweit: Das beinahe tägliche Pilgern zu »U-Mus/Beat I-1971« genügte nicht mehr, ich mußte »Das Rote Album« selbst besitzen. Das Geld hatte ich, bloß keinen Plattenspieler. Was blieb, war also nur die Nußbaum-Musiktruhe meiner Eltern. Selbst wenn sie's mir erlaubten, spätestens bei Johns tierischem Schrei in »Can't buy me love« wäre Schluß – soviel war klar. Vorher schon würde mein Vater wohl das Cover in die Hand nehmen, die hohe Stirn runzeln und fragen, ob »Day Tripper« 'ne ansteckende Krankheit sei.

Trotzdem, ich fuhr an diesem Samstagmorgen los. Eine halbe Stunde dauert es mit dem 32er Bus in die Stadt. Genug Zeit, um Argumente zu überlegen, für die zu erwartende Generaldebatte über langhaariges Gesocks und Krachmusik, nachher zu Hause beim Mittagessen. Daß die Beatles mal kurze Haare hatten, könnte ich sagen, und als Beweis das Frontcover des »Roten Albums« zeigen. Aber die »Krachmusik«, die konnte ich nicht entkräften, vor allem mangels Kompetenz – schließlich hatte ich in Musik nur eine Vier. Aber hatte da nicht neulich, wer war's noch gleich – richtig: Yehudi Menuhin war's, er hatte Lennon/Mc Cartney in eine Reihe gestellt mit Beethoven und Gershwin. Menuhin war anerkannt, auch bei uns zu Hause, das könnte also ziehen.

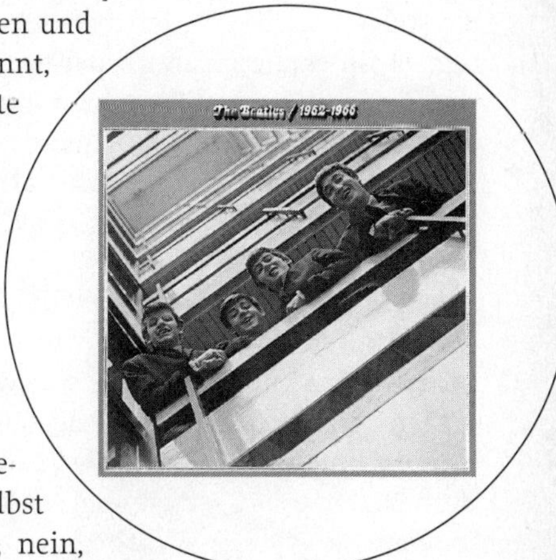

Noch zwei Haltestellen bis zu Karstadt, da durchzuckte es mich: Was, wenn meine Eltern wissen, daß die Beatles gehascht haben und daß viele ihrer Songs auch so klingen? Mist, auch das noch! Ich könnte meiner Mutter ins Gesicht schleudern, daß sie selbst schließlich auch raucht. Nein, nein, unmöglich, das würde mit »Werd' bloß nicht frech« ausgekontert, ein mittleres Gewitter wäre die Folge. Schlechte Voraussetzungen, um das elterliche Wohnzimmer vom elterlichen Plattenspieler aus mit »Krachmusik« zu beschallen.

Karstadt-Schallplattenabteilung: Immer noch ohne Argument gegen den möglichen Hasch-Vorwurf ging ich mit weichen Knien durchs Drehkreuz. Sie hatten kein eigenes Fach für die Beatles. Unmöglich! Radio Röger hatte eines. Aber da kostete das »Rote Album« drei Mark mehr, und die hatte ich nicht. Also wühlte ich bei Karstadt durchs »B-Regal«: Bachman-Turner-Overdrive, Baez, Beach Boys, Beatles! Das »Rote Album«. Gleich würde es mein »Rotes Album« sein. Genaugenommen ist es ja ein Doppelalbum. Ich holte es raus und zog die erste der beiden Platten in ihrer weißen Papierhülle aus dem Cover, fuhr mit der Hand so in die Papierhülle, daß mein Mittelfinger im Loch der Platte hängenblieb und holte die schwarze Scheibe raus. Es knisterte – ein gutes Zeichen. Trotzdem hielt ich sie fachmännisch gegen's Licht, wegen möglicher Kratzer. Auch Platte Nummer zwei überstand diesen Test.

Nun war das Cover dran: Mein Fingernagel-Check bewies sofort: Der blöde »Nice Price«-Sonderangebots-Aufkleber ging nicht ab, dann noch oben rechts ein Eselsohr und zwei angenagte Ecken, da mußte ein schöneres Cover her. Weil die Blonde an der Kasse mit der Suzi Quatro-Frisur und der Schlaghose gerade Kundschaft hatte, ging mein Austauschmanöver schnell.

Noch einmal steckte ich mein »Rotes Album« zurück ins Regal, als letztes hinter alle anderen. Noch einmal verließ ich die Schallplatten-Abteilung und schlenderte eine letzte Runde durchs Kaufhaus, immer noch auf der Suche nach dem Geistesblitz zur Haschfrage. Weil mir nach ziellosem Gebummel durch »Damenoberbekleidung«, »Spielwaren« und »Elektro« nichts Besseres einfiel, beschloß ich, die Kifferei der Beatles einfach doof zu finden und nahm mir vor, im Ernstfall meinen Eltern gegenüber zu behaupten, das habe rein gar nichts mit ihrer Musik zu tun. In der Hoffnung, daß zu Hause noch niemand was von »Lucy in the sky with diamonds« gehört hatte.

Dann ging alles ganz schnell: 16 Mark 90 abgezählt in der Hand, Kurzprüfung am Regal (ist das letzte auch wirklich mein »Rotes Album«?), bezahlen, rein in die Tüte, ab zum Bus. Zu Hause ließ ich meine erste Platte erst mal oben im Kleiderschrank verschwinden. Für die Präsentation mußte ein günstiger Augenblick abgewartet werden. Die Stimmung beim Mittagessen schien gut: »Äh, ich hab' mir 'ne Schallplatte gekauft …« Da war er, der Eröffnungssatz. »Sooo, was denn?« Das war meine Mutter – mit der entscheidenden Frage. Mein Herz schlug bis zum Hals, die Kehle schnürte sich zu, nur zwei Wörter paßten durch: »Die Beatles.«

Nun war's raus, nun war alles egal, jetzt kam's nur noch auf sie an. Womit würden sie zuerst kontern? Lange Haare, Krachmusik oder Drogen? Laute Entrüstung oder leises Entsetzen? Schon drei Sekunden waren vergangen und immer noch nichts. Wieso fiel niemandem eine Gabel aus der Hand, warum verschluckte sich keiner, wieso sagten sie rein gar nichts, wieso saßen sie einfach nur da und mümmelten weiter ihren Steckrübeneintopf? Jetzt hatte meine Mutter runtergeschluckt und sagte endlich was: »Für so was gibst du dein Geld aus – na ja, mußt du selber wissen.« Wieder Stille, Besteckgeklapper, Kaugeräusche. Sollte es das gewesen sein? Kein Streit, keine Empörung? Kaum zu glauben. Aber da machte mein kleiner Bruder den Mund auf und die Sache noch mal spannend: »Mami, was sind denn Beatles?« »Äh, die machen Musik«, sagte ich schnell. Für meinen Vater offensichtlich eine sachlich nicht ganz korrekte Aussage: »Beatles und Musik – das kann auch nur einer behaupten, der in Musik 'ne Vier hat.«

Trotzdem: Ich durfte sie hören, meine erste Platte. Zweimal die Woche abends, im Wohnzimmer. Aus der Nordmende-Musik-Kommode jaulte »Love me do«, rasselte »We can work it out« und schnaufte das »Yellow Submarine«. Manchmal haben wir uns dabei sogar unterhalten, ja, meine Eltern und ich über das »Rote Album«.

Und natürlich dauerte es nicht lange, da lag auch das »Blaue Album« auf dem Plattenteller. Aber das ist eine andere Geschichte – von meiner zweiten Platte und meinem ersten Plattenspieler.

Thomas C. Breuer

Weiße Flecken und Mißverständnisse

Lovin' Spoonful: »Hums of the Lovin' Spoonful«

Die Augen habe ich von meiner Mutter, das Kinn von meinem Vater, die Socken von meinem Bruder – und das waren nicht die einzigen Kleidungsstücke. Auch die erste Schallplatte, wenn man mal vom Hohensteiner Kasper (Tri-Tra-Tralala) absieht, erbte ich von meinem Bruder. Nicht etwa eine popelige Single, sondern gleich eine ausgewachsene LP: »Hums Of The Lovin' Spoonful.«

Die Lovin' Spoonful habe ich nie über bekommen. John Sebastian hat mich über zwei Drittel meines Lebens begleitet. Gut, in den letzten zwei Dekaden war er nicht mehr so relevant, aber wenigstens im Internet hat er es zu einer Reihe Eintragungen gebracht. John Sebastian paßt nicht schlecht zu jemandem, der in der gleichen Stadt geboren ist wie Johann Sebastian Bach. Wobei die »Brandenburgischen Konzerte« kein Feuer in mir zu entfachen vermochten, wohl aber »Summer In The City«. Erste verzweifelte Versuche am Luftschlagzeug erfuhren indes frühe Limits – aus mir ist nie ein Drummer geworden, ich kann bis heute nur mit Mühe snair und hi-hat auseinanderhalten. »Summer In The City« – mit der City konnte nur New York gemeint sein, eine Stadt, in der ich mich bestens auskannte dank Jerry Cotton und Werner Baecker vom NDR. Ich kannte damals jeden einzelnen Gully in Manhattan und konnte auf den Block genau vorhersagen, wo der nächste Hydrant loszischen würde. Die Lovin' Spoonful katapultierten mich in diese andere Welt, dankenswerterweise. Bei uns zu Hause war es nicht direkt spaßig, vor allem im Sommer nicht, obwohl ich in jenem Jahr erstmals auch während der Saison über ein eigenes Zimmer verfügen durfte, stolze sechs Quadratmeter. In all den Jahren zuvor hatte ich die Kemenate immer zugunsten irgendwelcher Angestellter räumen müssen, die sich im Betrieb meiner Eltern als Köche oder Kellner verdingt hatten.

Ein eigenes Zimmer brauchte ich dringend, und keinesfalls nur, um in Ruhe die Schularbeiten erledigen zu können. Mein Leben als

Erwachsener konnte praktisch jeden Augenblick losgehen! Es gab nicht nur die erste Platte, sondern eine lange Reihe von Deflorationen, die sich nur teilweise weniger traumatisch gestalteten als meine Erstkommunion drei Jahre zuvor. »What a day for a daydream, what a day for a daydreamin' boy ...« Ohne diese Tagträume hätte ich jene Zeit wohl nicht überlebt. Ich brauchte ein Versteck für Tempotaschentücher und ein Refugium für meinen persönlichen Soundtrack zum Leben.

Gott sei Dank verfügte ich über einen Plattenspieler, ein Koffergerät, das den Lautsprecher im Deckel eingebaut hatte. Ein ähnliches Modell schleppte unser Französischlehrer immer in den Unterricht. Das Teil bestritt etwa 95 Prozent davon, weil der Mann nicht eine Silbe dieser Sprache beherrschte. Dafür gab es schließlich Schallplatten. Der Mann war ein virtuoser Plattenumdreher vor dem Herrn, und generell ist ihm nichts vorzuwerfen, da er einen nicht weiter behelligte, sondern einfach nur rumsaß, die Bildzeitung studierte und Sarottischokolade in sich hineinsteckte.

Komisch, daß vor allem »Daydream« einen Platz in meinem Herzen behalten hat, obwohl es mich an eine Zeit gemahnt, an die ich lieber nicht erinnert werden möchte, und mir Oldies als Weltanschauung im allgemeinen eher Beklemmungen verursachen. Meine Kindheit war alles andere als behütet. Behütet hätte ohnehin nichts genützt, ich hätte schon behelmt sein müssen. Vor allem der Kontakt zum anderen Geschlecht gestaltete sich in jenen Tagen schwierig. Die einzige Frau, auf die man sich verlassen konnte, hieß Andrea Rau und besuchte einen einmal im Monat mit der neuesten Ausgabe von »Pardon«. Nicht, daß unser Etablissement über Mangel an Damenbesuch zu klagen gehabt hätte. Aber zwischen Frl. Rau und jenem Mannequin, das gelegentlich mittwochsnachmittags im Auftrag der »Hansa-Moden« aus Bremen-Vegesack Kleider für die vollschlanke

Dame vorführte, lagen doch Welten. Die vollschlanken Damen kamen denn auch in Scharen und sorgten mit hohen Dosen Schwarzwälder Kirschtorte dafür, daß sie ihren Status auch beibehalten konnten. Tagträume waren schon von daher für einen Vierzehnjährigen unabdingbar. (Den vollständigen Text von »Daydream« finden Sie übrigens unter home.inforamp.net/~jpeters/music/lyrics/Daydream/html.)

Sechs, sieben Jahre später erlebte der Song übrigens eine Renaissance bei einem nicht sonderlich gravierenden und ohnehin verjährten Verstoß gegen das Betäubungsmittelgesetz. Ich sehe ihn noch vor mir, Randy, an jedem Wochenende rauschte er von seinem Ausbildungsplatz in irgendeinem Labor des Chemiekonzerns Bayer in Leverkusen zum Heimatbesuch an, wobei er sich immer ein bißchen Arbeit mit nach Hause brachte. Wir gingen ihm willig zur Hand, es war die Zeit von »Jugend forscht«, und so experimentierten wir denn ganze Nächte hindurch mit erstaunlichen Substanzen. Und eines Sonntagmorgens sehe ich Randy auf der Lahnuferpromenade, trotz seines Polioknickfußes mit einem Bein auf dem Bürgersteig, dem anderen im Rinnstein, und er pfiff dieses Lied, die Hände in den Taschen, ein Auf und Ab im Gegenlicht (denn es war Sommer!), die Sonne kam soeben hoch hinter der Silhouette der Russischen Kirche, ja, so etwas gibt es in Bad Ems, etwa 100 Jahre vorher wäre einem hier wahrscheinlich der Dichter Dostojewski begegnet, auf dem Heimweg vom Spielcasino, verzweifelt, verschwitzt, adrenalin- und alkoholdurchtränkt, aber frei von chemischen Zusätzen. Aber was interessierten uns die Russen – einen Song wie »Daydream« hat keiner von ihnen je zustande gebracht.

Mir ist heute noch nicht klar, was der Name »Lovin' Spoonful« bedeutete, aber mit einem Teelöffel Liebe schluckten wir jede Medizin. Sicher hatte es etwas mit dem alten Bluesklassiker »Spoonful« zu tun, egal. Die Welt war damals voller weißer Flecken und Mißverständnisse, der Text von »A Whiter Shade of Pale« ist bis heute nicht entschlüsselt, nicht mal von Gary Brooker selbst, und kein Mensch konnte mir wenig später sagen, warum Janis Joplin immerzu von »Take another little piece of my haarnadel, baby« singen mußte, unter anderem in Woodstock. Da war es übrigens, wo wir uns wiedersahen, John Sebastian und ich. Das heißt: Eigentlich sah nur ich ihn, wie überhaupt unsere Beziehung bisher eher einseitig verlaufen ist.

Ein Freund von mir hat es tatsächlich bis nach Woodstock geschafft. Fred, der damals mit Freunden im VW-Bus dem »Summer In The City« entflohen war. Smarterweise hatte er sein Fahrrad zugepackt, und als der Bully dann im legendären Woodstock-Stau steckenblieb, aus dem sie sogar Joni Mitchell per Helikopter zum Auftritt holen mußten, packte Fred sein Bike und sagte: »Sorry, folks, I gotta go!« Zur Belohnung durfte er John Sebastian, den NettenJungenNächstcTür, live bei der Verlesung der Standesamtlichen Bekanntmachungen erleben: »There was a baby born last night...« Ich hoffe, er ist wenigstens Patenonkel geworden.

Ich hab sie nicht mehr, meine erste Platte, muß ich zu meiner Schande gestehen. Wenn ich nur wüßte, was aus ihr geworden ist! Ich erinnere mich dunkel, mal einer Freundin bei der Trennung sämtliche 142 LPs überlassen zu haben, nur um sie nicht mehr sehen zu müssen bei etwaiger Abholung – und um mein schlechtes Gewissen geringfügig zu beruhigen. Funktionierte natürlich nicht. Noch dazu hat die Frau diese Schätze wahrscheinlich nicht annähernd zu würdigen gewußt. Immerhin weiß ich jetzt, warum mir mein Bruder »Hums« überhaupt vermacht hatte, 30 Jahre später rückte er mit der schonungslosen Wahrheit heraus: der letzte Titel auf der B-Seite hatte wohl einen veritablen Kratzer gehabt. Sicher war die Platte voller authentischer Knistergeräusche, wie man sie heute gerne mal für teuer Geld manchen CD-Produktionen drunterzieht.

Ich habe übrigens versucht, mit John Sebastian in Kontakt zu treten, um ihn nach seiner ersten Schallplatte zu fragen. Sein Manager David Bendett teilte mir mit: »Johns erste Platte war der ›Muleskinner Blues‹. Irrtümlicherweise hatte er angenommen, es habe sich um eine Johnny Cash-Platte gehandelt – es stellte sich aber heraus, daß sie gar nicht von Cash war, sondern von einem Haufen anderer Leute. Er lernte daraus: vor dem Kauf immer das Kleingedruckte lesen! Heute besitzt er die Platte nicht mehr.«

Es ist Winter und bitterkalt, da diese Zeilen entstehen, und Lovin' Spoonful summen auch 30 Jahre nach ihrer Auflösung unvermindert. Gerade ein Titel hat in solchen Zeiten als Sehnsuchtsträger nichts von seiner Gültigkeit verloren, wie es so schön heißt: »Coconut Grove.« Ach, herrje...

Holger Gayer

Die Schmach von Bad Füssing

Udo Jürgens und die deutsche Fußballnationalmannschaft: »Buenos Dias, Argentina«

Es sind oft merkwürdige Zufälle, die Dinge zusammenführen, die scheinbar nichts miteinander zu tun haben, Leidenschaften begründen, die einen Menschen nicht mehr loslassen, und Orte wichtig machen, die man besser nie gekannt hätte. Aber daß es ausgerechnet Bad Füssing, Udo Jürgens und die deutsche Fußballnationalmannschaft sein mußten?

Meine Eltern hatten schon lange beschlossen, ihre spärliche Freizeit vorzugsweise in jener niederbayerischen Gemeinde zu verbringen, die irgendwann später als Geburtsstadt der Amigos in die Geschichte eingehen sollte und den Ministerpräsidenten Max Streibl sein Amt gekostet hat. Aber das ist eine andere Geschichte, die hier nicht erzählt werden muß.

Festzuhalten bleibt indes, daß es keine besonderen Vorkommnisse zu vermelden gab während dieses Frühjahrsurlaubs im Jahre 1978. Mein Onkel, der auch dabei war, beschäftigte mich zuweilen mit dem Würfelspiel »Kniffel«, und auch der Rest meiner Tage verlief meist langweilig. In der Werbung sang Udo Jürgens und riet den potentiellen Käufern, seine neue Langspielplatte zu erwerben, die er zusammen mit der deutschen Fußballnationalmannschaft aufgenommen hatte. Meine Tante, die Gattin des »Kniffel«-Onkels, fragte, was ich mir zum Geburtstag wünschte, der bald anstand. Ich antwortete: Udo Jürgens und die deutsche Fußballnationalmannschaft.

Jetzt liegt das Album wieder vor mir. »Buenos Dias Argentina – Udo Jürgens und die deutsche Fußballnationalmannschaft für die WM '78«. Der blaue Rand, der das Frontcover umgibt, ist angefressen. Aber am meisten fällt mir das alte Ariola-Zeichen auf, das der Grafiker in der Mitte plaziert hat. Es hat den Charme aus einer anderen Zeit. Erinnern Sie sich an das frühere Emblem der ARD, diese zwei Spiralen, die ineinander verwoben sind wie eine Acht und aussehen wie die Schaubilder aus der Mengenlehre, die wir im Mathematikunterricht der siebziger Jahre verwendet haben? Dann wissen Sie, was ich meine.

Plötzlich denke ich an das alte Spiel, das ich so oft gespielt habe mit dieser Platte. Heiteres Köpferaten. Wer ist wer? Mal schauen, von links nach rechts: Hannes Bongartz, Klaus Fischer, der dritte fällt mir nicht ein, Bernard Dietz, Dieter Müller (könnte aber auch Heinz Flohe sein), Berti Vogts, Bernd Hölzenbein, Sepp Maier, Udo Jürgens, Manni Kaltz, Georg Volkert, Rudi Kargus, keine Ahnung (vielleicht Jupp Tenhagen?), Kalle Rummenigge, Rainer Bonhof, mein Lieblingsspieler Erich Beer, Rolf Rüssmann und der Bundestrainer Helmut Schön.

Auf der Rückseite ist es einfacher: Neben dem Gruppenbild steht ein Schattenriß, auf dem Nummern verzeichnet sind. Daneben die Auflösung: von 1 (Rüdiger Abramczik) bis 25 (Jupp Derwall). Ach, und darunter wenden sich die Ehrenspielführer an den Fan, der noch gar nicht weiß, daß er einer ist. »Früher wurde unter Fußballern wahrscheinlich mehr gesungen als heute. Aber unsere Nationalmannschaft beweist, daß sie den Gesang nicht verlernt hat«, schreibt Fritz Walter. Und Uwe Seeler ergänzt: »Auch im Kreis der Fußballnationalmannschaft darf gelacht und gesungen werden. Ernst ist ohnehin so viel – wie es in einem der Lieder auf dieser Platte heißt.«

Oh, hättet ihr nur besser Fußball gespielt als gesungen! Vieles wäre mir erspart geblieben, und vielleicht wäre ich heute Beamter bei der Bahn, wie mein Vater einer war, oder Jurist, wie mein Bruder einer ist. Nein, Schreiber bin ich geworden, einer, der Sport zum Thema hat, und, fürwahr, ich mußte lange über Fußball berichten, um das Trauma zu überwinden.

Es geschah wieder in Bad Füssing, wieder mit meinen Eltern, Onkel und Tante. Weit weg, in Cordoba, kickte Deutschland gegen Österreich. Das Fernsehen übertrug live in unser Zwei-Zimmer-

Ferien-Appartement. Es war das erste Spiel, an das ich mich bewußt erinnern kann: Krankl. Zwei Tore. 2:3. Verloren.

Am Tag danach sind wir nach Salzburg gefahren. An der Grenze grinste der Zöllner und spottete: »Verlierer dürfen durchfahren.« Danach war nichts mehr wie zuvor.

Zum ersten Mal nahm ich die Platte aus dem Cover, legte sie auf den Teller und hörte sie an, Lied für Lied. Ein heiterer Willkommensgruß, »Buenos Dias Argentina« – ha, da waren wir schon längst zu Hause! Die Angst des Schützen beim »Elfmeter« – o Mann, hätten wir doch wenigstens einen gekriegt! »Wer hat das Tor so klein gemacht« – das kannste laut sagen! »Aber bitte mit Sahne« – ach, hör' doch auf! »Wer spricht schon vom Verlierer« – keiner, ich sag's euch! »Das Fußball-Ballett« – der Österreicher, oder was? »Das Spiel ist aus« – wohl wahr, wohl wahr! »Er hält den Ball« – wer, Sepp Maier? »Denk' an mich, kleines Mädchen« – verdammt, wen interessieren Mädchen? »Wer hat schon solche Beine?« – frag' nach bei Berti Vogts! »Der Teufel hat den Schnaps gemacht« – und die Nationalmannschaft sorgt für den Kater! »Ein Fußballstar kennt keinen Schmerz« – aber ein Fan! »Der Mann mit der Mütze« – ja, der ist dann nach Haus gegangen.

Es stimmt, es ist ja alles gut geworden. Die Nationalmannschaft wurde zwei Jahre später Europameister, Udo Jürgens sang weiter, Bad Füssing steht noch. Und diese Platte? Ja, ich habe sie aufbewahrt – so, wie der Enterich Dagobert Duck seinen ersten Taler aufbewahrt hat. Sorgsam gehütet. Jetzt steht sie im Regal zwischen dem in Japan aufgenommenen Bootleg der Rolling Stones und dem DDR-Sampler zum Festival des politischen Liedes. Den hab' ich irgendwann in Ostberlin gekauft, als die Mauer noch stand und die 25 Mark aus Zwangsumtausch ausgegeben werden mußten. Raritäten, ja. Aber muß der gleich verrückt sein, der so was sammelt? Hey, was soll das? Ich frage Sie doch auch nicht nach Ihren Trieben!

Übrigens: Ein zweites Udo-Jürgens-Album besitze ich nicht. Das ist auch nicht notwendig. Er hat nie eine bessere Platte gemacht als »Buenos Dias Argentina«.

Ralf Sotscheck

Mit Gottes Hilfe

The Electric Prunes: »Mass in F Minor«

Hans war erstaunlich geduldig. Der Besitzer des kleinen Plattenladens in der Berliner Uhlandstraße begrüßte mich wie einen Stammkunden. Sicher, ich kam jeden zweiten Tag in seinen Laden, um mir die neuesten Scheiben anzuhören, aber gekauft hatte ich bisher noch keine einzige. Ich besaß nämlich ein Tonbandgerät, was Ende der sechziger Jahre keine Selbstverständlichkeit war – eine klobige Grundig-Maschine mit einem magischen Auge für die Aussteuerung. Jeder Pfennig Taschengeld ging für neue Bänder drauf, um die »Schlager der Woche« aufzunehmen – jeden Donnerstag mit höchster Konzentration, um den Zeitpunkt nicht zu verpassen, wenn der verdammte Disc Jockey in den Song hineinquatschte. Manchmal sang er sogar den Refrain mit, dann half nur noch hektisches Zurückspulen zum Beginn des verhunzten Liedes, um es zu überspielen.

Besser waren Langspielplatten, die man sich von Freunden und Klassenkameraden leihen konnte. Beatles und Stones – das war eine Glaubensfrage, wenn es um den Plattenkauf ging. Als Tonbandgerätbesitzer war ich weniger festgelegt und borgte die Scheiben aus beiden Lagern. Wir hatten eine jener damals modernen Schrankradioanlagen in Nußbaum, passend zum Mobiliar, bei der man die obere Hälfte der Vorderwand anheben und nach hinten schieben mußte. Dahinter kam das Radio zum Vorschein. Und hinter der unteren Klappe war der Plattenspieler – ein Zehn-Platten-Wechsler, dessen Tonarm nervös in der Luft herumfuchtelte, um mit Hilfe eines Häkchens zu ermitteln, ob eine weitere Platte oben auf dem Metallstift wartete. Obwohl die Anlage schon recht betagt war, hatte sie eine Anschlußbuchse für das Tonbandgerät.

Irgendwann kam der Zeitpunkt, an dem auch die gutmütigsten Freunde ihre Platten nicht mehr herausrücken wollten, wenn man nichts im Gegenzug zu bieten hatte. Ein Plattenkauf wurde unumgänglich. Es mußte eine Scheibe mit hohem Tauschwert sein, also von einer Band, die etwas obskur war, andererseits aber nicht völlig unbekannt, sonst hätte sich niemand dafür interessiert. Die Entscheidung wollte gut überlegt sein.

Hans war hellauf begeistert, als ich mit einem Geldschein vor ihm stand. Er kramte offenbar die Kiste mit den Ladenhütern hervor und legte eine Platte nach der anderen auf. Stunden später hatte ich die Auswahl auf zwei Stück eingegrenzt: die »Messe in F-moll« der Electric Prunes oder »Renaissance« von Vanilla Fudge. Nachdem ich mir Dutzende merkwürdiger Platten per Kopfhörer zu Gemüte geführt hatte, war mein aurales Urteilsvermögen stark beeinträchtigt. Aber das Cover der elektrischen Backpflaumen machte mehr her, lila mit einem silbernen Kreuz auf einem Kissen. »Die christliche Gottesverehrung hat ebensoviele Formen wie die Kreativität des Menschen«, behauptet ein Stan Cornyn auf dem Album-Cover, »die Messe in F-moll ist eine davon.« Die Entscheidung war mit Gottes Hilfe gefallen.

Als ich die Scheibe zu Hause auflegte und die geballte Rock-Seligkeit durch die Wohnung dröhnte, befürchteten meine Eltern, ich sei einer besonders raffinierten religiösen Sekte in die Hände gefallen. »Sanctus, Sanctus, Sanctus«, quäkte es aus dem Musikschrank, »Dominus Deus Sabaoth, Pleni sunt coeli et terra gloria Tua, Osanna in excelsis.« Ich mußte verrückt geworden sein. Latein war mir in der Schule stets ein Greuel gewesen. Hätte ich bloß die Vanilla Fudge-Scheibe genommen.

Wer waren überhaupt die Musiker? In den Musikzeitschriften war man sich über die Besetzung nicht einig. Fest stand nur, daß David Axelrod alle sechs Hymnen komponiert und Dave Hassinger die Scheibe produziert hatte. Später hörte ich, daß Axelrod an einer Rock-Version des »Faust« arbeitete, Hassinger plante eine psychedelische »Madame Butterfly«. Zum Glück lösten sich die elektrischen Backpflaumen 1969 auf, bevor die Pläne umgesetzt werden konnten und ich weiteren Spott meiner Freunde wegen meines seltsamen Musikgeschmacks über mich ergehen lassen mußte.

Es dauerte Jahre, bis ich die »Messe in F-moll« bei einem jugendlichen Dylan-Fan – Onkel Bob hatte zum Glück gerade seine religiöse Phase – gegen eine Pink Floyd-Scheibe eintauschen konnte. Dann, 1990, wurde die Prunes-Messe als CD neu aufgelegt. Ich war so verblüfft, daß ich sie ein zweites Mal kaufte.

Lutz Debus

Im Blumenschiff übern Eriesee

Katja Ebstein: »Wunder gibt es immer wieder«

Meine erste Platte? Meine erste Platte war von den Rolling Stones, »Sticky Fingers«. Nein? War sie nicht? Gelogen? Stimmt, war sie nicht, gelogen. Aber es wäre eine schöne erste Platte gewesen. Meine erste Platte war von Charlie Mingus, »Live in Stuttgart«. Nein, nicht so richtig meine erste Platte, aber zumindest meine erste richtige Jazzplatte. Meine erste Platte war dann wohl von Wolf Biermann, seine »Liebeslieder«. Nein? Nein! Auch nicht Leonard Cohen, »Songs from a room«. Alles schöne Lügen. Aber das führt jetzt ja nicht weiter.

Meine wirklich allererste Platte versteckt sich zwischen »Easy Rider – Der Soundtrack« und Hanns Eislers »Kuhle Wampe«. Soll ich sie mal rausnehmen? Schon allein der Geruch, der aus dem reichlich zerknickten Cover dringt, erzählt Geschichten. Es riecht förmlich nach 1970.

Oh, welch eine Zeit! In jenem Jahr kam ich aufs Gymnasium. Vor der Tafel stand das 50jährige Fräulein Münch, eine hagere Gestalt mit aschblondem Haar, hellgrünem, also in etwa seifenfarbenem Kostüm und einer kleinen Brosche, die an ein gewisses Parteiabzeichen erinnerte. War aber wirklich nur 'ne Brosche. Trotzdem dozierte sie mit Begeisterung über die Ostgebiete. Frisches Haff und Kurisches Haff, Kurische Nehrung und Frische Nehrung, Birkenwälder und Kiefernwälder soweit das Auge reicht, und zum Sonnenwendfest ein riesiges Lagerfeuer am Ostseestrand, wir BdM-Mädel den ersten Abend mit den Buben von der HJ. Schöne Zeit. Der Sonnenaufgang über der Danziger Bucht. Ach, und Danzig …

Ich saß in der dritten Reihe am Fenster und beschäftigte mich gerade mit dem anderen Ende ihres Großdeutschen Reiches. Auch ich hatte den Diercke-Weltatlas aufgeschlagen, war mit meiner Nase allerdings nicht rechts über Ostpreußen, zur Zeit unter polnischer Verwaltung und noch etwas weiter rechts oben unter sowjetischer

Verwaltung, wie es da tatsächlich noch stand. Nein, ich schaute mir ganz links auf der Karte das bißchen Wasser zwischen Dover und Calais an. Mit einem halben Ohr hörte ich von den heldenhaften Sprüngen übers prasselnde Lagerfeuer, mit allem anderen von mir war ich auf dem Weg nach England. Mit Hovercraft, versteht sich. Ich stellte mir einen riesiggroßen Klopfstaubsauger vor, der über die Wellen jagt. Und dann wollte ich zu Scotland Yard. Neblig war es sicherlich. Und in Soho, aus einem düsteren Hinterhof drang ein gellender Schrei. Ich, der ich inzwischen aussah wie Joachim Fuchsberger, schmiß mich gegen eine Tür, die krachend aufflog, streckte mit zwei Faustschlägen den Gangster nieder und befreite das wimmernd-blonde Gift.

»Lutz, nenne mir bitte die Hauptstadt von Ostpreußen.«

Im Sommer zuvor war mein zehnter Geburtstag gewesen. Tante Cornelia hatte mir damals eine Schallplatte geschenkt. Von meinen Eltern aber bekam ich mein langersehntes, heißgewünschtes Bonanza-Rad. Es sah nicht aus wie ein Fahrrad, eher wie eine Harley-Davidson mit Pedalen dran. Und damit fuhr ich den ganzen Tag durchs Dorf. Kuhweiden verwandelte ich in Prärie, eine abgesoffene Baugrube in den Eriesee, und die Hauptstraße wurde zum Broadway. So begann meine erste Schallplatte ihr Leben bei mir – mit einem Winterschlaf mitten im Sommer.

Als dann die dunkle, kalte Nieselregenzeit begann, wurde die Welt wieder kleiner, wurde zu einem Tischtenniskeller und zwei Kinderzimmern. Mein Bruder lötete sein erstes Radio zusammen, ein paar bunte, fitzlig-kleine, drahtige Bauteile freischwebend in einem Sperrholzkasten, ich langweilte mich. Die Plüschtiere waren mir über den Sommer zu sehr geschrumpft, die immer gleichen Verfolgungsszenen mit meinen Matchbox-Autos zwischen Stuhlbeinen und Sofakissen ödeten mich mit der Zeit auch an. So begann ich einen Streifzug durch die entlegeneren Winkel meines Zimmers. In einer Schublade hatte ich Fuchsienblüten getrocknet, in einer anderen sammelte ich Kronkorken. Donald Duck und Franz Gans, alles schon tausendmal gelesen, ich suchte weiter. Da stieß ich auf die Schallplatte. Der mit graublauem Stoff bespannte Neckermann-Plattenspieler mit dem Lautsprecher im Deckel war schnell rausgekramt. Bisher hatte ich nur Kinderhörspiele darauf gehört. Bei »Lok 14-14 auf großer Fahrt« stellte ich immer eine kleine Plastiklokomotive auf das Etikett der Platte. Dann schaltete ich die Geschwindigkeit auf 78, und die Eisenbahn wirbelte von der Platte, nahm den Tonarm mit.

Nun aber nahm ich ehrfurchtsvoll meine erste Schallplatte mit Musik aus der Hülle. Ich fühlte mich so gut wie erwachsen, als ich sie auf den Plattenteller legte. Ich lag auf dem Bauch vor dem Plattenspieler, sah die langbeinige Katja auf dem Cover und hörte. Mir war, als tauchte ich in eine neue Welt ein. Mein Gegenüber war nicht mehr eine Comic-Figur, sondern eine junge Frau. Diese verzauberte mich mit ihrem Gesang. Ich war nicht mehr der Desperado, sondern ... ich wußte nicht mehr, wer ich war.

Täglich legte ich nun meine Platte auf. Ein Lied hörte ich mir immer wieder an: »Das Blumenschiff«:

Es kommt ein Schiff gefahren
Ein Schiff von Blumen schwer
Das fährt seit tausend Jahren
Im Meere hin und her
Das Schiff, es hat geladen
Das Glück, das Glück
Für jedermann ein Stück
Doch naht es sich Gestaden
Dann schickt man es zurück

Fahr weiter Schiff, fahr weiter
Und lade hier nicht aus
Das Glück, so hell und heiter,
Hier ist es nicht zu Haus
Hier ist ein Krieg gewesen
Und der, und der
Ist lange schon nicht mehr
Wir müssen erst genesen
Von vielen Wunden schwer

Das Schiff sucht andre Ufer
Doch wo das Schiff auch fährt
Da steht ein andrer Rufer
Und ruft: »Du fährst verkehrt!«
Man schafft an allen Küsten
Fürs Brot, fürs Brot
Und Blumen tun nicht not
Zur Weiterfahrt muß rüsten
Das bunte Blumenboot

Wann fährt das Schiff zu Lande?
Wo hat es sein Zuhaus?
An welchem fernen Strande
Lädt es die Blumen aus?
Es findet keine Brücke
Im Meer, im Meer
Da fährt es hin und her
Beladen mit dem Glücke
Ein Schiff von Blumen schwer

Meine Mutter war Geschichtslehrerin und hatte einen dicken Bildband über den Zweiten Weltkrieg. Schon als kleiner Junge schaute ich mir wie gebannt die Fotos an, obwohl oder gerade weil meine Eltern sagten, daß das noch nichts für mich sei. Und nun hatte ich ein Lied dazu gefunden. An Bord des Blumenschiffes war ich sicher, konnte all die Ufer ansteuern, sie durch mein Fernrohr betrachten, wie sie sich mir in diesem Bildband offenbarten. Da stand der Soldat mit seinem Gewehr, der auf die Mutter mit Kind im Arm anlegte. Da hielt der kleine Junge mit Schiebermütze seine Hände hoch, und ein feister Soldat grinste im Hintergrund. Da ragten Ruinen in einen wolkenlosen Himmel. So ahnte ich den Grund der seltsam versteckten Traurigkeit meiner Eltern, lange bevor ich Antworten auf meine Fragen bekam.

Die Trümmer von Berlin, mein Vater sah sie als Fünfzehnjähriger. Katja Ebstein, damals hieß sie möglicherweise noch ein wenig anders, wurde in sie hineingeboren. Und ich, wieder fünfzehn Jahre jünger, sah sie von weitem von meinem Blumenschiff aus. Doch dieses »Hier ist ein Krieg gewesen« lag noch immer in der Luft wie kalter Brandgeruch am Morgen nach dem großen Feuer. Ich erinnere mich gut an den entsetzten Aufschrei vieler, als der Kanzler vor dem Mahnmal des Warschauer Ghettos kniete. Fasziniert sah ich die Fernsehbilder von diesem knienden guten Onkel. Eine Geste, so menschlich, so würdevoll, und sie teilte die familiäre Kaffeetafel in zwei Fraktionen. Die schrebergärtnernden Großeltern mit ihren ach so gesunden Boskop-Äppeln gegen meine damals noch recht jungen Eltern.

Da war so viel Bitterkeit und Haß in den Worten meines Großvaters. Das einzige, was ihn freuen ließ, war ein kräftiger Kursanstieg seiner VW-Aktien. Wirtschaftlich hatte sich Deutschland schon wieder rehabilitiert, war wieder die Nummer drei in der Welt. Aber kulturell war für meinen Großvater Nacht über Deutschland hereingebrochen. Der Iwan hinterm Eisernen Vorhang, schlimm schlimm! Aber selbst hier, im ach so freien Westen, nur noch Beat-Musik und lange Haare. Alles von den Amis, keine deutsche Kultur mehr. Und da passierte es: Deutschland wurde auch kulturell die Nummer Drei, bekam den dritten Platz beim Grand Prix Eurovision de la Chanson. Korrekterweise muß ich sagen, es war nicht ganz Deutschland, das da gewann, es war eine 25jährige Sängerin, es war Katja Ebstein. Dieses Land wollte wieder ein richtiges Land sein, wollte anerkannt sein. Und das gelang nicht mit Marschmusik und Tschingderassa-Peng, das gelang mit den zarten Worten des Trostes. Wunder gibt es immer wieder.

Habe ich schon berichtet, daß ich mich in Katja Ebstein verliebte, als ich staunend vor meinem Plattenspieler lag? Ich weiß gar nicht, hätt ich gern einen Gute-Nacht-Kuß von ihr bekommen oder einen guten Kuß in der Nacht? Ach, das Leben als Zehnjähriger, der eine Fünfundzwanzigjährige liebt, ist nicht einfach. So unerreichbar fern war sie und ich, wie so oft, ein viel zu kleiner Junge. Ich hätte sie gern vor Piraten oder Indianern beschützt, aber die gab es ja nicht. Und auch vor diesem alten Salonlöwen, der da am Klavier ihre Lieder begleitete und sie später heiratete, konnte ich sie nicht beschützen. Fraglich sowieso, ob sie in dieser Beziehung von mir beschützt werden wollte.

Sie sang: »Er belügt mich, er betrügt mich.« Damit war ich sicherlich nicht gemeint, denn ich betrog sie ja nicht. Das mußte also ihr Mann sein, das Schwein. Aber wenn sie zwei Zeilen später sang: »Ich will ihn und keinen andern«, dann tat das schon ganz schön weh. Oft hörte ich mir dieses Lied auf der Platte nicht an, übersprang es lieber. Und wenn ich es hörte, dann nur in der Gewißheit, daß es da ja auch das Lied vom Abschied am Bahnsteig gab. Ja, trenn dich von ihm, er taugt nichts, ist nichts für dich.

Die Lieder, die von der glücklichen Liebe erzählten, bezog ich je nach Laune auf mich oder meinen Konkurrenten. Wurde ich von Fräulein Münch mal wieder des Träumens überführt, vor der ganzen Klasse der Lächerlichkeit preisgegeben, da war ich mir dann auch sicher, daß sie ihn meinte mit »Dann kommt der eine, der, der dich liebt.« Wenn ich eine Zeitlang von Schicksalsschlägen verschont blieb, in meinen Phantasiewelten genügend Siege errungen hatte, dann war ich mir auch dabei sicher: Sie meint mich. Ich weiß nicht, wie es ausgesehen hätte, wenn ich auf meinem Bonanza-Rad den Kudamm entlang geradelt wär, bei Kempinski meine Maschine abgestellt und sie in der Empfangshalle in meine Arme geschlossen hätte. Ich wär einen oder zwei Köpfe kleiner gewesen als sie. Ich glaube, es hätte lustig ausgesehen. Vielleicht auch anrührend oder gar traurig. Für mich war es trotz aller Wünsche schwerer vorzustellen als ein Ritt um den Eriesee.

Nun, knapp dreißig Jahre später, hör ich mir diese Platte noch einmal an und entdecke eine Schatzkiste. Ich habe gar keine schönen Lügen nötig. Katja Ebsteins »Wunder gibt es immer wieder« ist die Vorwegnahme all meiner Lieblingsmusik. Das Poetische von Cohen, das Politische von Biermann, das Jazzige von Mingus und die wilden Pferde der Stones, alles kann ich mit gespitzten Ohren zwischen diesen Rillen entdecken. Meine erste Platte erscheint mir als ein Schlüssel. Danke, Frau Ebstein!

Burkhard Spinnen

Blauäugig, vor Jahren

Frank Sinatra: »Strangers in the night«

Meine erste Platte? – Was soll ich dazu sagen? Eigentlich müßte ich sagen: ich hatte gar keine. Oder: nicht wirklich. Jedenfalls nicht so, daß ich davon erzählen könnte, wie man von so was erzählt. Platten, nein, die hatten immer die anderen.

Und wie die welche hatten!

Egon zum Beispiel. Seine standen alphabetisch geordnet in einem extra tiefen und extra stabilen Regal. Egon legte Wert darauf, daß nie mehr als eine herausgenommen und daß dabei die rechte Nachbarin ein wenig hervorgezogen wurde, damit beim Zurückstellen keine Fehler vorkamen. Außerdem war Vorschrift, daß die inneren Hüllen, auch wenn sie vollkommen unbedruckt waren, nicht vertauscht werden durften.

Oder Rainer. Seine standen auf dem Boden, zwischen dem Plattenspieler und dem hölzernen Rahmen, den er für seine Matratzen gebaut hatte. Man kniete davor, nein – man lag beinahe, den Kopf schief gehalten, wenn man eine aussuchte. Rainer hatte die Angewohnheit, nach Betreten seines Zimmers so lange eine Platte nach der anderen aufzulegen und kurz hineinzuhören, bis er die gefunden hatte, die zu seiner Stimmung paßte. Das mußte schnell gehen, sonst war seine Laune verdorben. Lief dann die richtige Platte, so nutzte er die Gelegenheit und staubte die anderen vorsichtig ab.

Ich selbst aber habe niemals in nennenswerter Zahl Platten besessen. Ich habe zwar viele Stunden lang die Platten anderer gehört. Und die Zeremonie, eine auszusuchen und aufzulegen, gehörte lange zum Vorrat dessen, was mir vollkommen selbstverständlich und zugleich der genaue Ausdruck meiner Zeit und meiner Generation schien. Doch niemals habe ich es geschafft, an dieser Zeitgenossenschaft wirklichen Anteil zu nehmen. Nie habe ich wirklich Platten besessen – es war alles ein Dabeisein, ein Mittun und Mitreden. Und ein Zuhören allemal.

Doch ich muß ehrlich sein. Es hat einen sehr frühen Moment gegeben, von dem alles hätte viel besser, wie soll ich sagen: viel lebendiger und viel eigentlicher werden können. Denn tatsächlich kaufte ich mir bzw. ließ ich mir meine erste Platte kaufen, als ich gerade neun Jahre alt war, irgendwann im Jahr 1966. Es war eine Single; auf dem Cover war Frank Sinatra als kolorierte Zeichnung zu sehen, und auf der A-Seite sang er »Strangers in the Night«. Ich hatte das Lied im Radio gehört, und was immer an diesem im Grunde damals schon erkennbar antiquierten, orchesterumrauschten Routine-Schlager mich als den Neunjährigen, der doch noch die Chance hatte, ein Beatles-Fan zu werden, in den Bann zog – es war jedenfalls stark genug, daß ich darum bat, man solle mir die Platte kaufen.

Eine Single kostete damals, wenn ich mich recht erinnere, 4,95 DM. Es wird aber weniger der Preis gewesen sein, der meine Eltern eine Zeitlang zögern ließ, als vielmehr ein etwas ungewöhnlicher Begleitumstand meiner Bitte: wir besaßen nämlich keinen Plattenspieler! Was um aller Welt wollte ich also mit der Platte?

Ganz einfach: ich wollte sie besitzen. Denn ich wußte ja schon, daß die Songs im Radio kamen und gingen, daß sie in der Hitparade stiegen und fielen – aber Frank Sinatras »Strangers in the Night« wollte ich eben auf gar keinen Fall irgendwann einmal nicht mehr hören können; und was würde mir später ein Plattenspieler nutzen, wenn dazu die Musik, die ich hören wollte, fehlte?

Also wurde die Platte gekauft. Der Schlager lief derweil weiter im Radio, und bald kannte ich, der ich kein Englisch konnte, den Text auswendig. Ich sang ihn bei jeder Gelegenheit laut vor mich hin; und mein Vater, der auch kein Englisch konnte, schämte sich meiner. Die deutsche Fassung von Peter Beil, »Fremde in der Nacht«, fand ich unerträglich. Als ich drei oder vier Jahre später Englisch zu lernen begann, tauchten, eine nach der anderen, die Vokabeln aus dem Schlager wieder auf, und an manchen konnte man sogar etwas Wichtiges üben: »exchanging glances« = »Blicke austauschend«.

Übrigens sprach sich die Sache in dem ländlichen Vorort, in dem ich geboren und aufgewachsen bin, ziemlich schnell herum. Der kleine Rothaarige aus 134 hat eine Platte, aber keinen Plattenspieler. Dat jlöffse net. Und so wurde ich schließlich an die Großmutter eines Schulfreundes vermittelt, eine sehr betagte Bauerswitwe, die im ersten Stockwerk des Haupthauses zwei altdeutsch möblierte Zimmer bewohnte – und einen sehr urtümlichen, riesigen Grammophonschrank besaß. Dort also saßen wir dann, die alte Bäuerin in ihrem schwarzen Witwenkleid mit weißem Kragen, ihr Enkel, ein stämmiger, pausbackiger Junge, und ich, ein Frank-Sinatra-Fan von neun Jahren; und wir hörten jedesmal zweimal die A-Seite von Frankieboys Welthit – »before the night is through«.

Vom Umstand dieser Besuche wiederum erfuhr schließlich Herr Fischer, ein lebenslustiger junger Mann mit langen schwarzen Koteletten, der vor ein paar Jahren als Offizier der DDR-Grenztruppen in den Westen geflohen war und den mein Vater in seiner Abteilung zum Stellvertreter gemacht hatte. »Ein richtiger Fan«, sagte dieser Herr Fischer darauf, den müsse er sehen; und bei seinem nächsten Besuch schenkte er mir einen tragbaren Plattenspieler in Form einer Reisetasche, dessen Deckel man wie die Haube eines Kofferraumes öffnete und der an jeder Seite einen Lautsprecher hatte. Ich war begeistert.

Doch trotz solch zauberhaften Beginnens ist alles nicht gut ausgegangen. Und das lag wesentlich daran, daß mein erstes richtiges Idol, ein 54jähriger amerikanischer Sänger, der zu aller Erstaunen gerade seine werweißwievielte Karriere startete, sich noch im Jahr des weltweiten Nummer-Eins-Hits »Strangers in the Night« von seiner Frau scheiden ließ, um die Schauspielerin Mia Farrow zu heiraten, die etwa so alt war wie seine älteste Tochter Nancy, nämlich 21.

Ich erfuhr davon aus einer Zeitschrift, die beim Friseur auslag. Und ich war schockiert. Der Mann war also, und zum wiederholten Male, geschieden! Das galt, soviel wußte ich, in unserem ländlichen Vorort als Generalmakel schlechthin. Mein Onkel Fritz, der Schulfreund meines Vaters, war geschieden; und regelmäßig mußte ihm dafür Absolution durch die Aufzählung der Unerträglichkeiten seiner Ex-

Ehefrau, der weiland Tante Inge, erteilt werden. Außerdem heiratete mein Idol eine Frau, die jünger war als meine einzige Kusine Renate.

Ich nahm mir das alles sehr zu Herzen. Was war das für ein Mann? Wie lebte der? Und worauf hatte ich mich da eingelassen? Was sollte ich sagen, wenn man mich zu meinen Vorlieben fragte? Wie einen solchen Lebenswandel verteidigen? Und wenn schon dieser seriös wirkende, beileibe nicht mehr junge Mann dermaßen zügellos und allen Anstand vergessend lebte, wie würden sich dann in ihrer Freizeit die Beatles verhalten oder die Rolling Stones? Oder gar die Troggs, deren »Wild Thing« als zweite Platte anzuschaffen ich gerade erwog?

Nein, die Sache war nicht zu halten. Und als dann noch Herr Fischer mit seinem ganz neuen roten, zweisitzigen Fiat gegen einen Baum fuhr und das nicht überlebte, da zog ich mich als aktiver Konsument populärer Musik völlig zurück. Das heißt, ich blieb Zuhörer. Und keineswegs möchte ich das Radio missen, aus dem ich seit über 30 Jahren – meist ohne Namen und Titel zu erfahren – den Populärklang der Gegenwart vernehme. Den moralischen Rigorismus, der mich mit Neun vor Frankieboy zurückschrecken ließ, habe ich wahrscheinlich mit 14 abgelegt; aber zu einem vorbehaltlosen Mittun und insbesondere zu einem finanziellen Beitrag zur Popmusik über die Rundfunkgebühren hinaus ist es trotzdem niemals wirklich gekommen. Das war manchmal traurig, stellte oft an den Rand, sparte viel Geld und hielt das Leid über das Ende der Plattenkultur bei Null.

Soviel, besser: so wenig zu meiner ersten Platte. Ich hoffe, andere binden an die ihre schönere Erinnerungen.

Ulli Engelbrecht

Zwerg mit Eisenfuß

Amon Düül II: »Tanz der Lemminge«

Schon wundersam, wenn die erste Platte, die du dir in deinem Leben kaufst, mehr experimentellen Lärm als durchstrukturierte Musik birgt; und du dich dann auch noch mit Texten über die Glasaugen-Liga oder einen Zwerg mit Eisenfuß beschäftigen mußt. So erging es mir mit vierzehn, als ich »Tanz der Lemminge« erstand, eine Doppel-LP für 29 Mark. Die Gruppe nannte sich Amon Düül II, kam aus München und war in den frühen Siebzigern die deutsche Psychedelic-Band schlechthin.

Ich kannte weder die Gruppe noch wußte ich, was die spielen. Und was Psychedelic-Musik ist, davon hatte ich Knirps erst recht keine Ahnung. Daß ich dennoch ausgerechnet diese LP haben wollte, lag einzig an dem aufwendig-auffälligen Klapp-Cover. Bislang hatte ich nämlich so was Irritierendes noch nie gesehen: Die rot eingefärbte Collage zeigt eine undefinierbare Röntgenaufnahme, in der sich Nebelbänke, fliegende Pferde, die Turbine eines Düsenjets und ein germanischer oder römischer Krieger aufhalten. Am unteren Bildrand stehen elisabethanische Figuren Spalier. Die Fotomontage auf der Rückseite, eine Mitten-Spiegelung, zeigt einen Baum und ein ausgefranstes Sofa, auf dem eine Person mit Hut, Umhang und Pferdekopf-Skelett Platz genommen hat. Schlägt man das Cover auf, findet man sich im Cockpit eines Raumschiffes wieder, das auf seiner Reise durchs All beinahe mit einer altägyptischen Büste kollidiert.

Nun hielt ich also endlich meine erste LP, und gleich eine Doppel-LP, in Händen und – beschnupperte zunächst den Karton. Ja, tatsächlich, ich schnupperte an meinen Platten. Die Vinyl-Scheiben rochen nämlich komisch. Es war ein eigentümlicher, leicht süßlicher Geruch, der sich auch im Klapp-Cover festgesetzt hatte. Und obwohl die Platte sicherlich schon eine Weile im Fenster gelegen hatte, verströmte der bunte Karton trotzdem den Duft einer wilden Frische, so, als ob das Cover gerade eben erst aus der Druckerpresse herausgefahren worden wäre.

Riechen und staunen, lesen und wiederum riechen und lesen. Komische Titel: »Dehypnoticed Toothpaste«, »A Short Stop At The Transsylvanian Brain Surgery«, »Telephonecomplex«, »Riding On A Cloud«, »Race From Here To Your Ear«. Verwegene Titel allesamt: Längst nicht so griffig wie »Yummy Yummy« oder »Ob-La-Di Ob-La-Da«.

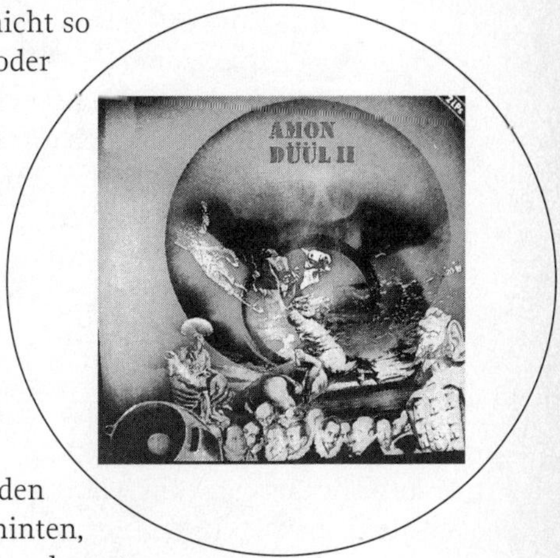

Vorsichtig zog ich Scheibe Nummer eins aus der Plastik-Schutzhülle, pustete ein paar Staubkrümel ins Licht und drückte die Platte sanft auf den Teller meines mausgrauen Acht-Watt-Monospielers (Philips automatic mit Zehnplattenwechsler-Einrichtung und Ersatznadel), hob den Arm, bog ihn zum Start nach hinten, dann wieder zurück nach vorn und setzte die Nadel in die Rille: Es knisterte im Deckel-Lautsprecher.

Und dann ging's los: Schrille Geigenklänge, abgehackte Finger-Pickings auf der akustischen Gitarre, quietschende Orgelsounds, brummelnde Bässe und ein augenscheinlich leidender Sänger: mein Gott, wie der die Melodien herunterleiert ... Auf einmal, mitten im Stück – Stille. Eine halbe Minute? Eine Dreiviertel Minute? Keine Ahnung. Auf jeden Fall rummste es plötzlich los, fürchterlich schleppende Schlagzeug-Figuren und brutale E-Gitarren-Riffs überrumpelten mich, und ich war mir im gleichen Moment sicher, daß die alle gar nicht spielen konnten. Daß das alles ein Witz war.

So ein Reinfall. Dieses wirre und irre klingende Zeug hatte weder Form noch Stil oder gar einen roten Faden. Nur Gedröhn und Gezirpe. Ich setzte die Nadel ein Stück weiter. Kaum ein Unterschied. Ich kramte Platte Nummer zwei aus dem Cover und konnte es nicht glauben: So viele Klänge, so viel Töne und doch keine Musik. Oder war es doch Musik?

Mit den Hits aus den Top Ten kannte ich mich aus: Strophe, Refrain, zweite Strophe, Solo, dritte Strophe, Refrain, Schluß. Oder mit Rocksongs. Nämlich die von Ten Years After, Uriah Heep, Black Sabbath. Durchschaubare, verständliche Songs. Aber diese Klanggebilde? War das vielleicht was ganz Neues? War das akustischer Müll? Es machte mich auf jeden Fall neugierig.

Ich verzichtete also für eine Zeit auf meine Lieblings-Radiosendungen und hörte mir Amon Düül II intensiver an. Das Neue war so fremd, aber auch so spannend. Und nach ein paar Tagen hatte es mir die 18minütige Improvisation »The Marylin Monroe Memorial Church« besonders angetan. Es war eine Komposition, die irgendwie mit Sphärenklängen begann und irgendwann mit Sphärenklängen aufhörte. Dazwischen fetzten die Jungs und eine Frau (von denen ich nie wußte, wie sie aussahen, da die Mini-Fotos im Klapp-Cover kaum zu erkennen waren, weil sie künstlerisch und mit vielen Farbtupfern verfremdet waren) schrill-schräge Gitarrenläufe und zwirbelten mengenweise exotische Tönchen aus ihrem reichhaltigen Equipment, zu dem neben den üblichen Rock-Instrumenten auch eine Sitar, ein Mellotron, mehrere Orgeln, eine Geige und tonnenweise Perkussions-Instrumente gehörten.

Musik und Text schienen wohl eine Einheit zu bilden. Also bemühte ich mich darum, nachdem ich die Klangstrukturen einigermaßen verdaut hatte, die Texte zu entschlüsseln. Da saß ich also mit meinem Wörterbuch vor dem Lautsprecher und versuchte, hinter das Geheimnis der Worte zu kommen:

»Reiß' deine Maske herunter, Wolf im Schafspelz!
Du hast den Zwerg mit dem Eisenfuß gefressen.
Die Glasaugen-Liga jedoch vermißt ihn.

Es ist wirklich eine beschämende Situation.
Ein Dollar pro Tag hält dir die Bullen vom Hals.

Aber der Wolf hat immer noch Angst ... «

Huch, was war denn das? Zwerg mit dem Eisenfuß ... Glasaugen-Liga ... das ergab doch keinen Sinn. »Goin' Home«, »Lady In Black«, »Paranoid« – diese Songs waren inhaltlich klar, da mußte nichts gedeutet werden. Aber dies hier?

Ich kümmerte mich einfach nicht weiter um die Textinhalte, sondern achtete auf den Rhythmus der Worte, auf die Melodie des Versmaßes. Und: Ich schloß fast über Nacht diese flatterhaften Kompositionen immer mehr ins Herz, liebte diese merkwürdigen Melodien, die eine geheimnisvolle Atmosphäre verbreiteten. Besonders nachts, wenn ich vorsichtig mit meinem Plattenspieler hantieren mußte, da meine Eltern direkt neben meinem Zimmer schliefen. Nachts verhalf mir diese Musik sogar zu einer anderen Sicht der Dinge. Meine Träume wurden bunter. Und aufregender.

In den stillen Stunden nach den Schularbeiten spielte ich immer häufiger meine Düüls. Legte mich dazu auf die Couch, schloß die Augen und träumte: Glasaugen-Liga ..., Wolf im Schafspelz ... und – platsch ! – hockte ich plötzlich mittendrin in der enthypnotisierten Zahnpasta und rutschte auf einer endlosen Zahnbürste hin und her. Ein rasanter Spaß. Wahnsinn ...

Bald genügte mir das Studium der Platte nicht mehr, ich wollte mehr wissen über Macher und Musiker, wurde immer süchtiger nach Text- und Toncollagen Düülscher Art und nach all den Dingen, die sich um Psychedelic-Musik rankten. Ich sog die Schlagworte auf, ohne sie so recht zu begreifen: Bewußtseinserweiterung, LSD (wie lange hatte ich gebraucht, bis mir Lysergsäurediäthylamid locker über die Lippen ging – ohne allerdings so richtig zu wissen, was das ist, was es bewirkt), Van-Nelle-Tabak, Farbrausch, Afri-Cola, Timothy Leary, das Zeitalter des Wassermanns. Patschuli-Düfte, Räucherstäbchen.

Man las John C. Lillys »Im Zentrum des Zyklons« (Thema: Wie trainiert man unter Drogeneinfluß Bewußtseinserweiterung in einem geschlossenen Wassertank? Oder so ähnlich). Man pappte Alufolien an die Wand, schraubte Schwarzlichtbirnen in Lampenfassungen, nannte das psychedelische Hörraum-Atmosphäre. Man beschäftigte sich mit Telepathie, Telekinese, Traumdeutungen, mit dem Freiburger Parapsychologen Professor Bender, mit Erich von Däniken. Alle Welt argwöhnte Geheimnisvolles im Bermuda-Dreieck und bewunderte Uri Geller, einen sympathischen Löffelverbieger aus Israel, der in Wim Thoelkes »3 x 9«-Show eine magische Deutschland-Premiere feierte.

Ich erinnere mich auf jeden Fall gern zurück an jene Samstagnachmittage, wenn auch ich mir eine psychedelische Hörraum-Atmosphäre zurechtbastelte. Ich zerknitterte die Alu-Folie und nagelte fünf anderthalb Meter lange Bögen an die Wand übers Bett. Rechts und links daneben drapierte ich die fluoreszierenden Poster von Jimi Hendrix und dem Mädchen mit Afro-Tolle und Joint. In die Nachttischlampe schraubte ich die Schwarzlichtbirne ein, stellte die Funzel auf den Bettkasten, genau mittig zwischen die zwei Poster. Ich knipste das große Licht aus, die kleine Lampe an – und war begeistert: Jimis Zähne strahlten im satten Blendax-Weiß, der Joint glühte. Ich zog die dicken Fenstervorhänge zu, knuddelte mir meinen knallroten Knautschlack-Sitzsack zurecht und legte vorsichtig, ganz vorsichtig den »Tanz der Lemminge« auf. Hockte mich im Schneidersitz auf das Kissen, zündete eine Kerze an ...

O Mann, lang ist's her, und plötzlich fiel mir all dies wieder ein, als ich vor ein paar Tagen Zeit hatte, meine Plattensammlung durchzusehen. »Tanz der Lemminge« habe ich tatsächlich immer noch, und die Platte hat die Jahrzehnte der Ruhe gut überstanden. Kaum zu glauben: Im Klapp-Cover war sogar dieser süßliche Geruch konserviert!

Und als ich die Platte in Händen hielt, wollte ich es wissen, ob die Magie der frühen Jahren heute noch funktioniert. Allerdings ohne Alu-Folien und Räucherstäbchen und Psychedelic-Brimborium. Ich verdunkelte also nur den Raum.

Und zog Scheibe Nummer eins aus der Hülle, pustete ein paar Staubkrümel ins Licht und drückte sie sanft auf den Teller. Hob den Arm, bog ihn zum Start nach hinten, dann wieder zurück nach vorn und setzte die Nadel in die Rille: Es knisterte im Lautsprecher. Und dann ging's los: Flirrende Geigenklänge, sanfte Pickings auf der akustischen Gitarre, mollig-fließende Orgelsounds, sanfte Bässe, elfengleicher Gesang. Und dann schwebten sie wieder an mir vorbei ... elisabethanische Wölfe ..., ... Figuren im Schafspelz ..., ... Pferde mit Glasaugen. Und plötzlich – schwupps ! – platschte ich in die enthypnotisierte Zahnpasta und rutschte auf einer endlosen Zahnbürste hin und her. Wahnsinn ...

Help! – Politiker über ihre erste Platte

155 **Edelgard Bulmahn**
Bundesministerin für Bildung und Forschung

156 **Angela Merkel**
Generalsekretärin der CDU

157 **Diether Dehm**
Stellvertretender Vorsitzender der PDS

159 **Gregor Gysi**
Vorsitzender der Bundestagsfraktion der PDS

160 **Dieter Wiefelspütz**
Innenpolitischer Sprecher der SPD-Bundestagsfraktion

Edelgard Bulmahn

Bundesministerin für Bildung und Forschung

Ich war 16 und ging aufs Gymnasium. Wir Mädchen waren alle begeistert von den Beatles. Ich wollte unbedingt »Help« haben. Natürlich mußte ich mir die Platte selbst kaufen. Von meinen Eltern hätte ich sie damals nicht bekommen. Ich war natürlich riesig stolz, endlich meine Lieblingsplatte zu haben. Meine beste Freundin und ich haben die Musik dann stundenlang zu Hause gehört und den Text auswendig gelernt.

Angela Merkel

Generalsekretärin der CDU

Meine erste Platte war keine Langspielplatte, sondern eine auf Folie gepreßte russische Single. Im Alter von 14 Jahren war ich mit einem sogenannten Freundschaftszug in Moskau und brachte von dort dieses Exemplar mit, denn darauf waren zwei Songs von den Beatles, einer davon das Lied »Yellow Submarine«.

In der DDR gab es zu diesem Zeitpunkt keine Beatles-Platten zu kaufen, und ein Import aus dem »Mutterland des Kommunismus« erschien mir politisch tragbar …

Diether Dehm

Stellvertretender Vorsitzender der PDS

Wie bei so vielen, war bei mir die erste LP die erste (ich glaube »Love me do«) von den Beatles. Ich hatte vorher zwar eine sogenannte EP (eine Single mit 33 Umdrehungen) von Enrico Caruso gehabt, da war ich 13, aber so was geht als echte Langspielplatte ja nicht durch.

Jede Generation imprägniert ihren Musikgeschmack gegen die nächst ältere. So weit, so schlecht. (Ich versuche heute, indem ich mir »Lässigkeit« auferlege, meinem Sohn die Freude an dieser Kluft in Grenzen zu halten.) Aber was damals mit »A hard day's night« und »She loves you« in meiner Generation einschlug, ist vielleicht doch nicht so ein normaler Altersdissens.

Nicht nur, daß hier junge Männer »weibisch« gekämmt waren, sie sangen mit Kopfstimmen und so sexy, knabenhaft, daß die schnatternden Spießer gleich mehrere klassische Hetero-Geschlechterrollen durcheinanderpurzeln sahen. Vielleicht schoben die Feminisierung der Lohnarbeit, das Überflüssigwerden männlicher Arbeitsmuskeln per Robotisierung, nur sinnliche Wellen voraus. Vielleicht war es spezifisch in Westdeutschland der Beginn eines großen Aufatmens im Ablösen von der stickigen Adenauer-Ära, das sich mit begrenzten Regelverstößen und mit frischem Wind unmittelbarer Körperlichkeit lautmalerisch ankündigen wollte?

So definierte sich meine Beatles-Musik nicht nur gegen meine Eltern und Lehrer, gegen die Beil-Koteletten tragenden Sekundaner in den zwei Klassen drüber, die vergeblich mit dem machistisch-tiefen Brunft-Gegurre ihres Elvis dagegenzuhalten versuchten. Die Feste, die ich als Schulsprecher und dann als Vorsitzender der frisch gegründeten Sozialistischen Schülergemeinschaft in Frankfurt organisierte, gerieten mit den Beatles wohl immer mehr auch zum fröhlichen Mitsingen gegen Notstandsgesetze und militaristischen Muff. »Revolution«, »Bungalow Bill«, »Yellow Submarine« folgten.

Ich frage mich heute ernsthaft, wenn ich die Beatles im Radio höre, ob nur meine Generation und ich heute noch im »Yeah, yeah, yeah!« dieses ausufernde Aufatmen spüren.

Gregor Gysi

Vorsitzender der Bundestagsfraktion der PDS

Meine erste LP bekam ich Anfang der 60er Jahre geschenkt, und zwar von meiner in Paris lebenden Großmutter. Es handelte sich um eine Beatles-LP. Den Titel weiß ich leider nicht mehr genau. Aber ich weiß, daß ich dadurch ungeheuer an Bedeutung in meiner Schule gewann, weil ich der einzige war, der eine solche LP besaß. Und ich war stolz, dieses Stück westliche Welt mein eigen nennen zu können.

Dieter Wiefelspütz

Innenpolitischer Sprecher der SPD-Bundestagsfraktion

Jede Generation hat ihren eigenen Sound. Als ich 20 Jahre alt war, im Jahre 1966, waren das die Beatles, die Stones, für mich vor allem aber und über viele Jahre Bob Dylan. Ich kannte bereits seine Folk-Songs, aber dauerhaft gepackt hat mich Bob Dylan, als er seine Gitarre an einen Elektroverstärker anschloß und zum Rock überging.

»Blonde on Blonde«, das erste Doppel-Album Dylans aus dem Jahre 1966, war meine erste LP. Die extrem verschlüsselten Texte habe ich nie verstanden. Das war auch nicht entscheidend. Die Musik entsprach meinem Lebensgefühl, und darauf kam es an. Die künstlerische Kraft und die Stimme, die »klingt, als käme sie über die Mauern eines Tuberkulose-Sanatoriums«, hatten es mir angetan.

Somewhere over the rainbow

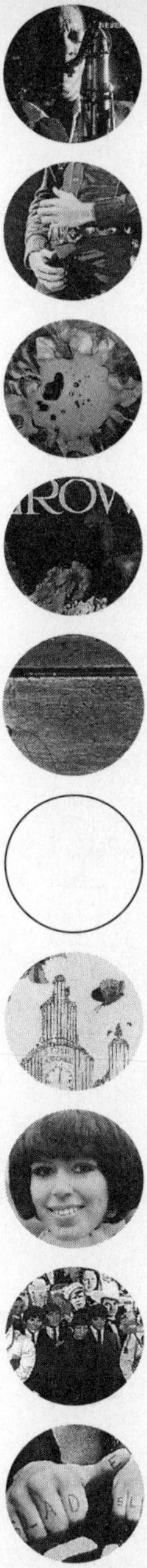

Harald Justin

Tollschock für die Nerven

John Coltrane: »Live in Seattle«

Alles fängt mit einem Geheimnis an. Und mit einer Single, im Herbst 1965. Und mit meinem doofen Cousin Walter, der mich, den damals Neunjährigen, unter die Bettdecke lockte, um mich in das Geheimnis von »Satisfaction« einzuweihen. Das bestand dann darin, daß er das Gitarrenfuzzriff der neuesten Rolling Stones-Single furzenderweise nachahmen zu können glaubte! Die Übung ging ziemlich nach hinten los. Gleichwohl rief sie nach Satisfaktion – und fortan wollte ich alle supertollen Singles der Welt haben.

Dem Mief der frühen sechziger Jahre entkam ich allerdings mit fünf Mark Taschengeld im Monat nicht. Das reichte gerade einmal für eine Single und, wahlweise, für einen Comic, eine »Bravo«, ein Matchbox-Auto. Trotzdem war ich bald ein Single-König in meinem Universum, mit schicken Single-Alben und erstklassigem Stoff von den Beatles und den Rolling Stones, von Canned Heat und den Kinks, den Who, Jimi Hendrix und den Beach Boys. Und ich bin meinem Uropa Paul lebenslang dafür dankbar, daß sein Tod und eine klitzekleine Erbschaft es ermöglichten, gleichzeitig »Let's spend the night together« und »Paint it black« von den Rolling Stones kaufen zu können.

Die Sache mit den Singles ging so lange gut, bis ich merkte, daß das Preis-Leistungs-Verhältnis bei LPs eigentlich besser war. Singles kosteten knapp fünf Mark, eine LP mit verhältnismäßig mehr Musik aber nur 18 Mark. Zudem besaß ich mittlerweile einen eigenen, tragbaren roten Telefunken-Schallplattenspieler, ein eigenes Zimmer und war nicht mehr auf den Zehn-Schallplatten-Wechsler meiner Eltern angewiesen. Und: die Musikszene hatte sich verändert. Die Sprengung der Songstrukturen war angesagt, und die Musik, die so entstand, sprengte auch das Singleformat. Lang andauernde Improvisationen gaben den Ton an, beim Rock, beim Jazz und an den Orten, wo man als Gymnasiast die Morgende verbrachte, in den Parks, rauchend und knutschend, oder in den diversen, der antiautoritären Bewegung angegliederten Begegnungsorten der politischen und zwischenmenschlichen Bildung. Make Love and Peace, vor allem mit dem anderen Geschlecht.

Und während ich in der »Bravo« die Aufklärungsserie verfolgte, las ich andererseits in dem einzigen in meiner Geburtsstadt Oberhausen erhältlichen Jazzbuch nach, wer denn dieser Coltrane war, von dem alle redeten. J. E. Berendt zitierte mir 1968 die richtigen Gewährsmänner, um neugierig zu machen: »Trane ist orientalisch-östlich (...) – eine Friedenssprache (...) Dies ist Musik der zeitgenössischen schwarzen Kultur. Die Leute, die diese Musik machen, sind Intellektuelle oder Mystiker oder beides. Schwarze rhythmische Energie, Blues-Feeling und schwarze Sensibilität werden auf die Ebene der Reflexion projiziert.« Und: »Wir mögen diese Musiker, die sich ›Die wunderschönen Kämpfer‹ oder Zauber-Männer oder Ju-Ju-Leute nennen ... Magier der Seele. Wenn sie spielen, führen sie eine Geisterbeschwörung von Seelen und Imaginationen auf. Wenn du nicht innerlich bereit bist für die Länder des surrealen Dadas à la Harlem, für South Philadelphia oder schwarze Georgia-Nächte und nächtliche Mau-Mau-Attacken, für dunkle Schatten auf fliegenden Untertassen (...), dann magst du die Erfahrung, John Coltrane, Archie Shepp oder Albert Ayler zuzuhören, nicht überleben. Diese Leute sind gefährlich, und eines Tages mögen sie töten, indem sie schwache Herzen und korrupte Gewissen dazu bringen, zum Fenster herauszuspringen oder schreiend durch ihre zerstörte Traumwelt zu fliehen. ... Diese Musik enthält Schmerz und Zorn und Hoffnung ... die Vision einer besseren Welt jenseits der gegenwärtigen.« Eigentlich verstand ich von diesen Worten wenig, aber, ja, ich war trotzdem bereit für surrealen Dada, fliegende Untertassen, für Schmerz und Hoffnung und Liebe. All das wollte ich auch! Wer konnte das nicht wollen, wer wollte kein »wunderschöner Kämpfer« werden, zumindest hörenderweise?

Natürlich gab es im weiten Umkreis kein Schallplattengeschäft mit dieser Musik. Der Jazzbestand belief sich auf einige Armstrong-Scheiben, die obligatorischen Mahalia Jackson-Weihnachtsgospel-LPs und einige Glenn Miller- und Benny Goodman-Sachen. Das nächste Fachgeschäft lag schon in einer anderen Stadt. In Mülheim, Essen oder Duisburg. Dort gab es dann neben dem Standardprogramm ebenfalls keine LPs der Ju-Ju-Seelen-Magier. Höchstens Hampton, Bechet oder Ellington. Aber keinen Ayler, Shepp, Coltrane. Es folgte eine jahrelange Odyssee durch die Plattenläden der näheren Umgebung. Aus irgendwelchen Gründen wurde ich nie fündig. Möglicherweise hatten andere mehr Glück, möglicherweise wartete auch nur irgendwo *meine* Coltrane-LP auf mich.

Irgendwann zur Sommerszeit passierte es dann, im Bahnhof von Duisburg. Weil es noch einige Zeit dauerte, bis der Zug nach Irgendwo kam, stoberte ich in einem Plattenladen, der sich im mysteriösen Dunkel des Bahnhofstunnels befand. Hier gab es vor allem Tonwaren für die ausländischen Durchreisenden; hier standen Schallplatten aus Frankreich und Afrika, Asien und Amerika, Italien und Spanien. Seltsame, mirakulöse Produkte der Tonkunst aus aller Welt und mittendrin: »John Coltrane featuring Pharoah Sanders: Live in Seattle«! Coltrane mit seinem goldig schimmernden Tenorsaxophon auf dem ansonsten dunklen Cover. Groß und riesig. Dazu ein kleineres Bild von Sanders. Ziemlich schwarz, auch die Rückseite. Außerdem war es eine Doppel-LP. Aufgenommen am 30. September 1965, mit Sanders (s), McCoy Tyner (p), Donald Garrett (b-cl), Jimmy Garrison (b), Elvin Jones (dr). Eine Aufnahme aus der wilden Spätphase des Meisters, mit Titeln, die halt nur auf LPs und nicht auf Singles zu bekommen waren. »Evolution« war auf zwei Seiten verteilt, und bot knapp 45 Minuten extremer Musik. Wahnsinn!

Entsprechend war der Preis: 38 deutsche Mark! Acht-und-dreißig! Und ich stand gerade abreisefertig auf einem Bahnhof, wollte mit ca. 150 Mark in Scheinen und Hartgeld mehrere Wochen lang die Weiten der benachbarten Welt durchreisen. So war die Wahl der Qual nicht gegeben. Zu Hause bleiben ging nicht, und es blieb nur eine Möglichkeit: Wegfahren, sparen und hoffen, daß bei der Rückkehr die LP noch dort stand, wo ich sie im Laden versteckt hatte, nämlich inmitten bajuwarischer Blasmusik-Alben …

Mit der John Coltrane-LP vor Augen waren es entbehrungsreiche Urlaubswochen. Ich wurde ziemlich schlank, und es gibt heute noch durchaus glaubwürdige Zeugen, die behaupten, ich hätte einen prima verwahrlosten, langhaarigen und beidseitig beinamputierten Bettler in einigen Touristenvierteln abgegeben. Mag wohl sein, aber heiligt der Zweck nicht alle Mittel? Schließlich ging es um Coltrane, den großen Mystiker des Free Jazz. Sich ihm zuliebe eine gewisse, leicht zu erlernende Beinhaltung anzugewöhnen, das war doch kein wirkliches Opfer. Das war ein auf zwei kräftigen Armen und mit verschränkten Beinen ausgeführter Spaß, der das Geld in meinem Brustbeutel einer gewissen, bald in Duisburg zu bezahlenden Summe entgegenwachsen ließ.

Wochen später kam ich mit einem Rucksack dreckiger Wäsche und einer Doppel-LP, glücklich und dünner, um Erfahrungen reicher und finanziell ärmer, zu Hause an. »Guten Tag, Mama! Guten Tag, Papa!«, und schon tönten aus dem roten Lautsprecher die ersten Töne heftigen Saxophonblasens. Wow. WOW! Meine erste LP. Ein Tollschock für die Nerven, für Hirn und Herz, ein akustischer Befreiungsschlag gegen alles Böse. Laut. Extrem. Wild. Free. Meine Eltern waren entsetzt und reagierten heftig auf frühmorgendliches oder gar nächtliches Abspielen jenseits der Zimmerlautstärke.

Alle weiteren LPs, die danach den persönlichen Besitzstand mehrten, reichten nicht an dieses Initiationserlebnis heran. Auf alles Wilde und Extreme dieser Welt war ich seitdem vorbereitet. Nichts Menschliches war mir danach noch fremd. Kürzlich las ich, quasi als nachträgliche Bestätigung, zu dieser LP die treffenden Worte: »Coltrane experts know that 1965 was the year that his music became quite atonal and with the addition of Sanders, often very violent. (…) This is innovative and difficult music that makes today's young lions (not to mention the pop saxophonists) sound very old-fashioned in comparison.« Richtig, und wann immer mir Freunde in den vergangenen dreißig Jahren mit wilder und extremer Musik drohten, zog ich meine Coltrane-Trumpfkarte. Vor allem, weil er nicht nur atonal und quietschig-gewalttätig blasen konnte. Sondern vor allem, weil seine Musik von einer Spiritualität erfüllt ist, die jeden Ton nicht nur mit unglaublicher Energie erfüllt, sondern ihn zugleich in ein Konzept der spirituellen Sinnsuche mit einbindet.

Eigentlich war mit dem Erwerb dieses Tonträgers die Jazzgeschichte für mich abgeschlossen. Was sollte danach noch kommen? Was sollte davor schon gewesen sein? Trotzdem häuften sich bald auf unerklärliche Weise Hunderte schwarzer Vinylscheiben in meinem Zimmer an, und meinem Lebensweg als Redakteur einer Jazz-Zeitschrift stand nichts mehr im Wege. Dabei blieb mir mein Erstlingswerk immer lieb und teuer.

Bis zum Zeitpunkt der Recherche für diesen Beitrag, als die Entdeckung, daß »Live in Seattle« erst im Jahr 1972 erschienen war, mir einige Illusionen bezuglich meines autobiographischen Hörens nahm. Denn mit Sicherheit besaß ich vor diesem einen Album »Sgt. Pepper« von den Beatles (1967), »Let it bleed« (1969) von den Rolling Stones, die erste Johnny Winter-LP (1969), Taj Mahals Debut (1968), Roland Kirks »Volunteered Slavery« (1969) und je eine »Greatest Hits«-Zusammenstellung von Muddy Waters, John Lee Hooker, B. B. King und Howlin' Wolf. Aber: an den Erwerb dieser Alben erinnere ich mich nicht! Oder andersrum: Wenn ich mich an »Live In Seattle« erinnere, dann trügt mich meine Erinnerung. Und die mit dem Album verbundenen programmatischen Aussagen werden in der Rückschau wichtiger als die vermeintliche Wahrheit. So fördert die Arbeit im Steinbruch der Erinnerungen offensichtlich Trouvaillen trügerischer Herkunft ans Tageslicht.

Als solche funktioniert Coltranes Album im Dienste nachträglich beschriebener Selbstfindung und Selbststilisierung vorzüglich. Es ist ein Artefakt eines autobiographischen Hörens mit kulturhistorisch relevanter Dichte. Denn es zeigt, wo es zum Geschichtenerzählen einlädt, ein Stück Alltagskultur der sechziger Jahre auf, als die Suche nach der richtigen Musik noch der nach dem heiligen Gral gleichkam und das Finden eher am Mangel und weniger an einem Überangebot an Tonträgern scheiterte. Gleichzeitig funktioniert das Fundstück im wahrsten Sinne des Wortes als Medium: Es vermittelt Einblicke in die privaten Techniken der Kulturaneignung und offenbart, wie – in der privaten Alltagsheroik, den kleinen Fluchten, dem Sammeln und Jagen, dem Gebrauch als Dissidenz-Ausweis oder dem als Status-Symbol – Musik tatsächlich in den Hörenden ankommt und wahr wird. In diesem Sinne kam Coltranes »Live in Seattle« als erste LP in meinem Leben an. Sie wurde wahr in mir.

Aber eine Archäologie des Hörens fragt nicht nur nach dem, was symbolisch wahr ist. Gilt ihr Interesse den echten Fundstücken, so muß in diesem Fall die Antwort leider lauten, daß meine erste LP leider wohl eine längst vergessene Zusammenstellung britischer Top-Ten-Hits war, allesamt nachgespielt von einer Gruppe unbekannter Musiker, deren Bandname ganz klein auf der Rückseite des Covers vermerkt war. Für diesen LP-Fehlkauf schämte ich mich dermaßen, daß ich ihn richtiggehend vergaß, ihn ins Ungewußte verdrängte. Das gelang auch deshalb so gut, weil die LP bereits nach einigen Wochen seltsamerweise verschwand. Heute gestehe ich: Ich verkaufte sie. An wen? Natürlich an meinen doofen Cousin. Und damit ist das Geheimnis gelüftet.

Petra Höfer

Doc D., Pucki und ich

Neil Diamond: »Hot August Night«

Bis Dezember 1996 hatte ich es nie öffentlich zugegeben. Oder nur gegenüber Menschen, bei denen ich sicher sein konnte, daß sie mich gut genug kennen. Oder daß ihnen Popmusik völlig gleichgültig ist. Dezember 1996 aber war ich in einem Plattenladen in Santa Barbara, Kalifornien. Mein Schatz und ein paar echt coole Surfer, Freaks und Leute aus der Gegend stöberten da nach 60er-Jahre-Vinyl-Platten. Der Besitzer hieß »Doc D.«, haßte Ordnung, seine Ex-Frau und den Vietnam-Krieg (in dieser Reihenfolge). Der Laden war wirklich klasse. Ich hielt mich eher schüchtern im Hintergrund, blätterte ein wenig ziellos durch die klebrigen Plattenhüllen, während draußen der Regen in Sturzbächen niederging.

Und fand plötzlich einen Haufen Neil Diamond-Platten. Ich dachte gerade darüber nach, ob ich die Blamage riskieren könnte, mich bei all den wunderbaren Raritäten, nach denen die anderen suchten, ausgerechnet für Neil Diamond zu interessieren, da flüsterte mir mein Schatz, der den inneren Konflikt ahnte, ins Ohr: »Doc ist ein noch größerer Neil Diamond-Fan als du.« Einen verregneten Vormittag lang erzählte Doc D. mir dann von allen Neil Diamond-Konzerten, den Unterschieden zwischen verschiedenen Pressungen sämtlicher Diamond-Alben und schickte mich schließlich mit »Beautiful Noise« hinaus in den Regen (die LP war mir mal auf einer Klassenfete abhanden gekommen). Seither fällt es mir viel leichter. Meine ersten LPs waren zeitgleich die Neil Diamond-Alben »Neil Diamond Gold« und »Hot August Night« (fünf LPs in zwei Hüllen zu einem sensationellen Preis, an den ich mich nicht mehr erinnere).

Ich habe sie Ende 1973, also mit zehn, bei Karstadt in Dortmund gekauft. Naja, nicht wirklich selbst bezahlt, aber als Weihnachtsgeschenk ausgesucht. Damals hatten sie bei Karstadt noch diese zwei Kopfhörer, die an Telefonhörer erinnern. Man zog sie aus dem Regal und hielt sich an jedes Ohr einen. Ich habe mir zwei Stunden lang

Platten anhören dürfen und bin irgendwann bei Diamond gelandet. Meine Mutter war bei meinem ersten LP-Kauf natürlich dabei. Sie mußte schließlich zahlen und war wahnsinnig erleichtert, daß ihr Schlimmeres erspart blieb. Diese Erkenntnis war mir schon damals peinlich.

Ich hab trotzdem mit glühend roten Ohren auf Klassenparties beinhart »Girl, you'll be a woman soon«, »Holly Holly« und »Shiloh« aufgelegt, als alle Bay City Rollers, Stones oder wenigstens Simon & Garfunkel hören wollten. Ich bewundere mich noch heute für diesen Mut. Ich war nämlich (übrigens ganz wie Neil Diamond) ein eher introvertiertes Kind.

Ich erinnere mich noch gut an jene Party, wo ich »Sweet Caroline« auflegen wollte und eine meiner Live-LPs erwischt habe. Aufruhr!!! Diamond sprach zu Quintanern über die Bäume, die offenbar neben der Konzert-Arena in den Nachthimmel ragten. »Look at the trees – beautiful.« Wow. Ich hatte alle Zwölfjährigen gegen mich. Nach diesem Erlebnis hab ich lange meine Lieblingsplatten verschwiegen – jedenfalls die von Neil Diamond.

Jetzt hat mein Schatz ein Buch über amerikanische Hitsingles des College Radios gekauft. Er sagt, es sei großartig und extrem treffsicher in der Bewertung. Neil Diamond wird darin dreimal lobend erwähnt. Weil er schön komponieren kann, schön singt und Texte schreibt, die so unspezifisch sind, daß man alles hineindenken kann, aber keinem damit weh tut. Seinen an »Inspiration« grenzenden, aber stets etwas vagen Kompositionen verdanke Diamond, daß er alle demographischen Grenzen stets mühelos überschritten habe. Mit anderen Worten, meiner Mutter durften meine ersten LPs ruhig gefallen. Und trotzdem ist auf dem »Pulp Fiction«-Soundtrack völlig zu Recht eine Cover-Version von »Girl, you'll be a woman soon« (hab ich zigmal hintereinander gehört, wenn meinen Eltern mal wieder nicht paßte, in wen ich gerade verknallt war). Und Doc D. aus Santa Barbara ist ein größerer Neil Diamond-Fan als ich, weil Doc D. Ahnung von Musik und Neil Diamond etwas hat, was vielen fehlt: einen Sinn für Melodien. Das Arrangement, gebe ich gern zu, ist manchmal etwas pappig. Aber ich mag Neil Diamond trotzdem.

Das Leben kann so schön sein, wenn man seine erste Platte nicht mehr verschweigen muß. In den 80ern, als ich von Doc D. noch nichts ahnte, mußte ich als Studentin meinen Ärger noch still in mich hineinfressen, als mein aus Teenagerzeiten übriggebliebenes, heiß geliebtes Zwergkaninchen ein paar Neil Diamond-LP-Hüllen angeknabbert hatte sowie meine damaligen Lieblingsplatten von Lucio Dalla. Heute kann ich sagen: Ich war echt stinkig auf Pucki, dieses ahnungslose Karnickel. Ich meine, ich hatte noch eine »K-tel«-Hit-LP im Regal. Und Angelo Branduardi. Und Rod Stewart. Und Status Quo – von meiner Schwester. Aber Pucki mußte natürlich an den guten Platten knabbern. An Neil Diamond zum Beispiel.

Alf Mayer-Ebeling

Der mit dem Wolf heult

Iron Butterfly: »In-A-Gadda-Da-Vida«

Neunzehnhundertachtundsechzig. Der Sonntag begann für mich mit Orgelmusik. Während ich in der Kirche die Lieder anstimmte, rauschte in mir schon der Beat. Wenn Frau Alander oben auf der zweiten Empore in die Tasten griff und die Kirche mit Orgeltönen hallte, schwang in mir ein anderer Ton. Die Versöhnung von Orgel und Ekstase, von Gottesdienst und Tanzdelirium. Am Abend vorher hatte ich mich dem hingegeben, wie beinahe jeden Samstag. Und nach dem Mittagessen würde es bald wieder so weit sein. »Damm, damm, dada dadamm damm dada …«

Kalifornien war weit. Aber nicht so weit, wie die Erwachsenen glaubten. Sechzehn waren wir, langhaarig wie Prärieindianer. Bei jeder Gelegenheit gingen wir auf den Tanzpfad. Stampften im Beat, der damals die Welt ergriff.

Auch im Allgäu hatte die wunderbare Erfindung Einzug gehalten, die man »Disko« nannte. Sonntags ging es sogar schon am Nachmittag los. In ausgewählten Lokalen. Aber die kannten wir natürlich. Für uns Fahrradreiter waren zehn, zwölf Kilometer keine Entfernung. Schon gar nicht, wenn wir wußten, daß der »Diss-Tschockei« auch die langen Sachen auflegte. Diese überlangen Musikstücke, die Zeit und Raum für eine nicht gekannte Ekstase boten. Jene Schüttelreisen, bei denen sich so viel vergessen ließ.

Explizit in den Garten Eden entführte das siebzehn wunderbare Minuten lange »In-A-Gadda-Da-Vida« von Iron Butterfly. Wie morgens in der Kirche setzt da eine Orgel ein: »Damm, damm, dada dadamm damm dada. Damm, damm, dada dadamm damm dada …« Doug Ingle, Jahrgang 1947, Sohn eines Kirchenorganisten aus Omaha, spielt. Und eine majestätische Stimme singt »Don't you know that I'm loving you …«, lockt sehnsüchtig: »I want you to come with me …«

Immer wieder tönt es suggestiv: »Damm, damm, dada dadamm damm dada. Damm, damm, dada dadamm damm dada …« Nie gehörte Orgeltöne verwandeln die Kirche in einen Derwischpalast. Der suggestive Beat hebt schon nach einer Minute auf das Trip-Plateau. Gitarrenriffs zucken wie Blitze, Donner hallt über die Prärie. Der innere Steppenwolf heult.

In der sechsten Minute beginnt das gänsehauttreibende Trommelsolo. Gut drei Minuten wandern die Schläge durch den Stereoraum und mitten durch den Leib. Die Nackenhaare stellen sich. Dann setzt die Orgel wieder ein. »Kirchlich«, fast wie am Sonntag bei Einzug der Gläubigen. Aber sie ist mit einem hungrigen Beat unterlegt. Die Gitarre schrammt kakophonisch, heult, kratzt an den Pforten zum Paradies.

»Damm, damm, dada dadamm damm dada. Damm, damm, dada dadamm damm dada ...« In der 13. Minute katapultiert ein Gitarrengewitter in die »orientalische« Phase. Wie Saurierschreie, wie hektische Schlangenbeschwörertöne klingen die Riffs, fahren ins Mark, gehen über in einen fiebrigen Rock. In den letzten 30 Sekunden fetzt das Schlagzeug noch einmal, meißelt den Song endgültig in Stein. »Damm, damm, dada dadamm damm dada. Damm, damm, dada dadamm damm dada ...« Heavy Rock eben.

Es war die erste Schallplatte, die ich mir kaufte. Bis dahin war ich gut mit einem Tonband ausgekommen. Das hatte den Vorteil, daß ich vom Radio aufnehmen konnte. (Damals wurden die Stücke noch angesagt und vorgestellt.) So ließ sich viel Plattengeld sparen. Aber bei »In-A-Gadda-Da-Vida« dauerte mir das Zurückspulen zu lange, holte es mich immer aus der »Zone«. Einfach nur den Plattenarm zurückgesetzt, da war es einfach schneller wieder da. Jenes »Damm, damm, dada dadamm damm dada. Damm, damm, dada dadamm damm dada ...«

Jetzt, beim Wiedererinnern und Nachrecherchieren, habe ich festgestellt, daß es wohl nicht nur mir als Allgäuer Oberministranten mit diesem Stück von »Iron Butterfly« so erging. »In-A-Gadda-Da-Vida« war über Jahre der Bestseller von Atlantic Records, blieb über 24 Monate in den US-Charts, wurde die erste Platinum-Disc der Musikindustrie – bis 1993 waren 25 Millionen Platten verkauft. Es war der erste weltweite Diskotheken-Hit des Psychedelic Rock. Die Zeitschrift »Rolling Stone« bezeichnete Iron Butterfly als »die erste psychedelische Hardrock-Band«. Ihr Debüt-Album hieß sinnigerweise »Heavy«, ihr größter und eigentlich einziger Erfolg fand sich 1968 auf dem zweiten Album, war der namengebende Titelsong: »In-A-Gadda-Da-Vida«.

Der Garten Eden war damit gemeint, ein ekstatisch-paradiesisches Versprechen. Der Name der Band, »Iron Butterfly«, hatte ihrem Leader Doug Ingle zufolge etwas mit dem Übergang von leichter zu »Heavy Music« zu tun, aber auch mit dem aztekischen Gott Izpapaloti (Steinschmetterling). Die Band begann 1966 in San Diego, tourte durch die Bars auf dem Sunset Strip von Los Angeles, trat als Vorgruppe auf bei den Doors und Jefferson Airplane, spielte mit Steppenwolf und Quicksilver Messenger Service. War irgendwie schwer Sixties & Underground und ein Heavy-Metal-Pionier wie Vanilla Fudge. War ein Vorläufer von Deep Purple, Rare Earth und Led Zeppelin. Bandmitglieder kamen später unter bei Alice Cooper, bei der New Cactus Band oder bei Captain Beyond. 1997 ging die Altbesetzung noch mal auf Europatournee, aber da stand ich gerade nicht auf Orgel.

Christoph Dieckmann

Heilung durch Lenin

Clan: »Mrowisko«

Die Frage nach meiner ersten Platte muß ich dreigeteilt beantworten. Im Herbst 1967 geschah im Ostblock zweierlei. Erstens bekam ich die Masern. Zweitens jährte sich zum fünfzigsten Mal die Große Sozialistische Oktoberrevolution. Aus diesem Anlaß annoncierte die Kinderzeitschrift »Frösi« (»Fröhlich sein und singen«) eine Sonderausgabe, die eine Schallplatte enthalten sollte. War es zu glauben? Mein Fieber stieg.

Die Tage vergingen, ich glühte, die Sonder-»Frösi« blieb aus. Endlich zerrte Frau Kappe, die dörfliche Postzustellerin, das ersehnte Stück aus ihrer schweren ledernen Botentasche. Eilends wurde mir das Heft ans Bett gebracht wie eine dringende Medizin. Die Schallplatte entpuppte sich als weiße Folie, welche Lenins Rede »Was heißt Sowjetmacht?« enthielt, in einer krächzenden Aufnahme von etwa 1920. Ich war selig, mein Vater fassungslos. Als Pfarrer schätzte er Lenin weniger als wenig. Als Vater bugsierte er jeden Abend den Plattenspieler auf mein Nachttischchen und legte mir Lenin auf. SCHTO TAKOJE SOWJETSKAJA WLJAS TCH? krähte Genosse Wladimir Iljitsch durchs protestantische Kinderzimmer, SOWJETSKAJA WLJAS TCH – ETO WLASTCH SOLDATOW I MATROSOW, und dann schmetterte von der B-Seite der Rotarmisten-Hit »Moskau im Mai«. Es folgte mein Gute Nacht-Gebet, sodann das Schlaflied:

Hab ich Unrecht heut getan,
sieh es, lieber Gott, nicht an,
Deine Gnad und Christi Blut
machen allen Schaden gut.

Ich genas.

Meine erste Langspielplatte erwarb ich am 29. Juli 1973 in Ostberlin. Ich war damals bereits Rockfan und litt, wie alle DDR-Freaks, unter Plattenmangel. In den *Disko-Service-Verkaufseinrichtungen* der Republik war das unentbehrliche Ohrenfutter nicht zu bekommen, sondern fast nur vom Westradio, also per Band. Allerdings waren schon ein paar Jährchen vergangen, seit Walter Ulbricht 1965 auf dem 11. Plenum des ZK der SED kundgegeben hatte: »Ich bin der Meinung, Genossen, mit der Monotonie des yeah, yeah, yeah, und wie das alles heißt, sollte man doch Schluß machen. Ist es denn wirklich so, daß wir jeden Dreck, der vom Westen kommt, kopieren müssen, ja?« 1971 löste Honecker Ulbricht ab. Obzwar ideologisch prüde, ließ er einen verstohlenen Halbliberalismus gewähren, gipfelnd in der Formulierung von den »westlichen Massenmedien, (...) die ja jeder bei uns nach Belieben ein- oder ausschalten kann«.

Freier zu ging es in Polen, auch in Sachen Rock. Lizenzen, Westplatten also, wurden auf dem Warschauer Staatslabel Muza so selten verlegt wie bei Amiga in der DDR, aber Bands wie Breakout, SBB, Anawa und Niemen erregten auch DDR-Fans mit slawischer Existentialistenmusik, die derart kompromißlos westlich von der Oder und Neiße nicht entstand.

Also, meine erste LP: »Mrowisko« (»The HiVe«) von der Gruppe Clan, eine Art Hexenrock-Oratorium, sehr geeignet zur Beschallung der Schluchten meiner siebzehnjährigen Seele. Ich ergatterte die Scheibe im *Polnischen Kultur- und Informationszentrum* in der Ostberliner Karl-Liebknecht-Straße. Für mich Provinzkind war die DDR-Hauptstadt damals noch was Dolles, und Ende Juli 1973 tobten außerdem die *X. Weltfestspiele der Jugend und Studenten.* Hippie-Nonchalance und Open-Air-Musik, Diskussionen und Begegnungen zwischen Jugend Ost und Jugend West – bei aller SED-Propaganda waren *die Zehnten* ein Lebensfest, wie es Honeckers Republik nie wieder erleben sollte.

Mangels FDJ-Mitgliedschaft war ich nicht als Delegierter und im kollektiven Blauhemd angereist, sondern individuell, was auch mein Äußeres betraf. Brustlang überwallte die *Hecke* das Bummelsakko, auf dessen Revers der Black-Sabbath-Aufnäher prangte. Blaublusige Maiden umringten mich und enttarnten mich als Amerikaner. Ich kaute Gummi und grunzte angliziös in einem Idiom, das seine Harzer Herkunft zu verbergen suchte. Das Weibsvolk bettelte um Autogramme. Ich klemmte die Tüte mit der Clan-LP zwischen meine Beine, nahm Kulis und Filzstifte entgegen und signierte Wimpel, Blusen, junge Haut schwungvoll mit DANNY JOE BROWN, MANHATTAN. Man sprach ja damals oft vom *Anderen Amerika*.

Meine erste West-LP? Emerson, Lake & Palmer: »Pictures At An Exhibition.« Omi kaufte mir das Album auf ihrer 1974er Weltreise und schmuggelte es durch den DDR-Zoll, der nichtsozialistische Tonträger damals noch konfiszierte. Ich hielt den Schatz in zitternden Händen und klappte ihn auf. Ich beschnupperte die Hülle und streichelte auf dem Label den Manticore-Löwen. Als dann endlich Keith Emerson Mussorgskis »Promenade« orgelte, als Greg Lake »The Sage« sang und Carl Palmer die Donnerdrums zu den »Great Gates Of Kiev« türmte, da wußte ich, daß ich in den Himmel gekommen war. 1997 habe ich die »Pictures« dann noch mal selbst gekauft, als CD für meine Tochter Sophie. Sie war vierzehn. Und sie hat »Cool!« gesagt.

Thomas Kilchenstein

Damenslips und Guillotinen

Alice Cooper: »School's out«

Vielleicht war Stoppel doch nicht das, was man einen Freund nennen würde. Okay, wir gingen in ein und dieselbe Klasse, schrieben in Gemeinschaftskunde ein und dieselbe Fünf, was vermutlich daran lag, daß wir nebeneinander saßen in einer Bank. Und vor allem, Stoppel räumte kräftig ab hinter mir auf dem Sportplatz. Er war Vorstopper – daher der Name, denn eigentlich hieß er Martin –, und natürlich war er ein unerbittlicher, unbestechlicher, knallharter Vorstopper, wie einst im Mai der Bremer Eisenfuß Höttges, aber den kennt heute keiner mehr und wenn, würde ihn heute keiner mehr erkennen, so kugelrund ist der.

Stoppel war nicht kugelrund, ist es selbst heute nicht, so weit ich weiß. An mir kommt keiner vorbei, hat er immer gesagt, wenn wir gerade drauf und dran waren, ihn auszuschnibbeln. Per Beinschuß und solch netten Sachen. Das Unangenehme an ihm war, daß er auch im Training die Grätsche auspackte, was von uns damals keiner so furchtbar gern getan hat, weil wir alle als filigrane Schnicker mit der Zehn auf dem Rücken durchgehen wollten. Außerdem mußten wir zum Üben immer auf den blöden Ascheplatz. Auch im Sommer. Mein kongenialer Partner im Mittelfeld, Hansi, hat wenig später ganz aufgehört mit dem Kicken, weil er den roten Staub nicht mehr ertragen hat, ein Weichei und Warmduscher vor dem Herrn, sag ich euch, obwohl es diese Ausdrücke damals noch gar nicht gab. Stoppel aber machte das alles nichts aus, er räumte hinten ab, und schob uns Schönspielern brav die Kugel zu, damit wir dann mit einem Paß von wenigstens Beinscher Genialität die tumben Wadenbeißer der gegnerischen Tretermannschaft raffiniert wie die letzten Volltrottel aussehen lassen konnten. Manchmal wenigstens. Nur Stoppel grätschte immer. Stoppel spielte auch immer, weil Leute wie Stoppel bei Trainern immer größere Steine im Brett hatten als so verweichlichte Trickser wie wir. »Seid ihr Männer oder Memmen?« pflegte uns

Coach Nagel bisweilen scheinbar motivatorisch in den Hintern zu treten. Stoppel war immer Mann, wir anderen wußten es nicht so genau, bei hart gefrorenem Boden, bibbernd in kurzen Hosen, war die Mehrzahl wohl Memmen.

Ist einer also ein Freund, nur weil er in derselben Klasse sitzt und anderen Jungs den Ball wegschießt? Gut, damals glaubte ich das, und das hatte nichts damit zu tun, wirklich nicht, daß Stoppels Schwester eine ausgesprochen hübsche war. Stoppel war, neben seiner Unerschrockenheit auf AschePlätzen, zudem einer, der gerne und laut sagte, was ihm den lieben langen Tag so alles durch den Kopf ging. Und das war, wie soll man sagen, nicht immer voller Esprit.

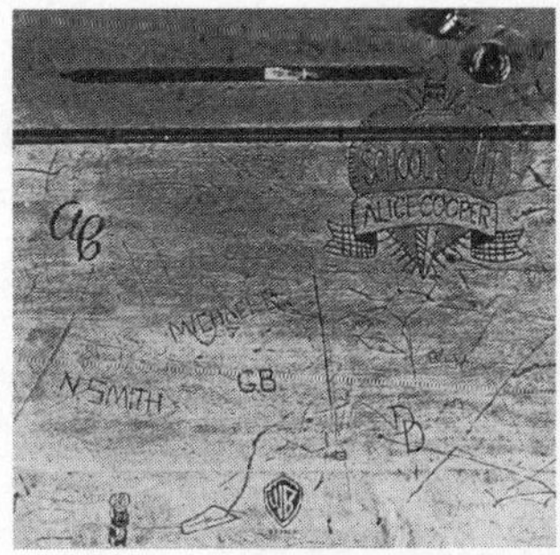

»Du bist doch bescheuert, du Blödmann.«

Das hat er eines schönen Tages gesagt. Zu mir. Ich fand das, ehrlich gesagt, ziemlich direkt. Wenn ich mich recht entsinne, fand ich es auch reichlich unpassend. Dabei hatte ich meinem Pseudofreund gerade von meinem großen Fang erzählt, von einem wahren Schnäppchen. Sogar ein bißchen stolz war ich auf mich, vielleicht sogar ziemlich stolz, weil ich im Grunde meines Herzens leider keiner bin, der im Verdacht steht (außer im Umgang mit der Pille), besonders raffiniert und geschickt zu sein. Schon gar nicht, wenn es um Dinge geht, die ich ums Verrecken gern tun oder haben wollte. Nur damit niemand was von der wirklich nur ganz leicht zerbrochenen Fensterscheibe bei Weilers drüben im Hof erfuhr, hatte ich zum Beispiel den kompletten Abwasch – also Spülen, Abtrocknen, Wegräumen – für vier Sonntage alleinverantwortlich übernehmen müssen. Meine kleine Schwester Karin, die das natürlich ganz zufällig mitgekriegt hatte, wie diese wunderbare Volleyabnahme aus der Luft über die Schaukelstange hinweg direkt in den Winkel der Fensterscheibe gerauscht war, hat sich kein bißchen weichklopfen lassen. Für solch filigrane Dinge mit dem Ball haben Mädchen bekanntermaßen keinen Blick. Oder als ich partout in diesem Sommer noch das blaue DKW-Mofa haben wollte … aber das würde uns jetzt zu weit weg führen. (Die Erklärung, nicht das Mofa.)

»Bescheuert« also sollte ich gewesen sein. Meinte zumindest dieser Stoppel, dieser Ex-Freund. Nur weil ich mir eine Platte ausgeliehen hatte. Aber was für eine. Von T. Rex, »Electric Warrior«, die schwarze, mit Marc Bolan mit der Gitarre in der Hand vor einem riesenhaften Verstärker vorne drauf. Ein wahres Kunstwerk, und erst die Musik … Marc Bolan war der Chef, er war Sänger, Gitarrist, er hat alle Texte geschrieben (und alle Mädchen abgeschleppt). Micky Finn, sein Kompagnon, trommelte und hieb und klopfte und schlug auf alles, was nur ungefähr einen hörbaren Klang ergab; auch er hatte schweren Schlag bei den Mädchen. (Marc B. hat mittlerweile das Zeitliche gesegnet, das hat er nun davon.) »Jeepster« war drauf auf der Platte, und »Get it On« (Bang a Gong, get it on) und »Cosmic Dancer« und »Rip off« und all die anderen affengeilen Lieder (geil durfte man damals aber noch nicht sagen). Leider war nicht »Hot Love« drauf – lalalalalala –, was ich nicht wußte. Ich wußte dafür, daß »Hot Love« ziemlich beliebt war bei den Mädchen, und Mike hat beim Flaschendrehen immer »Hot Love« aufgelegt, was ziemlich clever war, weil er bald gar nicht mehr drehen mußte an der Flasche. Hat er zumindest erzählt in der großen Pause, ehe der Witzel dran war mit seiner Wahrscheinlichkeitsrechnung. Wir Jungs hatten lieber darüber nachgedacht, wie wahrscheinlich es sei, was mit der blonden Sylvia drei Reihen vor uns anzufangen. (Es war nicht sehr wahrscheinlich.) Das Nette an dem Album, auch wenn »Hot Love« nicht drauf war, war hingegen, daß die Texte hinten drauf standen und ich mühelos Marc Bolan sein konnte. Der Kugelschreiber war das Mikrofon, die Schnittlauchlocken ins Gesicht gewuschelt (damals ging das noch) – und schon röhrte ich los wie Marc selig live at Carnegie Hall, wenn keiner sonst im Haus war.

Diese Schallplatte hatte ich aber nur gekriegt, weil ich an den Typen, dessen Name hier nichts zur Sache tut, eine Leihgabe von DM fünf abgedrückt habe. Okay, vielleicht ein bißchen viel, okay, vielleicht hätte ich dem Typen einfach nur den Vogel zeigen und ein bißchen zu sparen anfangen sollen. 22 Mark kostete damals normalerweise eine LP, mitunter gab's die Scheibe auch schon für 16,90. Aber ich wollte sie halt unbedingt haben. Und möglichst gleich.

Mich deshalb gleich verächtlich »bescheuert« zu nennen … das ist kein guter Stil, fand ich. Aber was kann man von einem, der nur die Bälle wegschießt und auf Ascheplätzen grätscht, auch erwarten? Auf jeden Fall hatte ich diese wunderschöne, zugegeben womöglich ein wenig überteuert auf Zeit erstandene Platte aufnehmen können. Ein Vorgang, der damals, als Eisenfuß Höttges noch zum Nationalmannschafts-Aufgebot zählte, zumindest bei uns zu Hause insofern ein klitzekleines Problem war, da ich mittels Mikrofon mitschneiden mußte, weil das Kabel des Kassettenrecorders nicht in die Buchse meines Plattenspielers paßte. Mein Zimmer mußte also verriegelt und verrammelt werden, niemand, auch meine neugierige Schwester nicht, durfte rein und mußte noch dazu mucksmäuschenstill sein. Das hat so lange geklappt, bis draußen – wir wohnten zentral – eine Feuerwehr vorbeiraste, mit Martinshorn und allem Schnickschnack natürlich, und ich alles noch mal von vorne aufnehmen mußte. (Und irgendwie klingt selbst »Jeepster« nach dem vierten Mal nicht mehr ganz so klasse.)

Vielleicht war diese infantile Hänselei des unseligen Stoppel der Auslöser, warum ich mir die nächste Platte nicht mehr auslieh, auch nicht mehr für einen etwas kommoderen Preis, sondern kaufte. Es war meine erste Selbstgekaufte. Stoppel, dem Blödkopp, habe ich davon natürlich nichts erzählt, vermutlich hätte er eh wieder nur gemeckert, nach dem Motto: Wer hört denn so einen Mist, das ist doch megaout. Jetzt, im nachhinein, fällt mir auf, daß Stoppel meistens alles doof fand, was wir gut fanden. Außer Fußball, na klar. Und Mädchen.

Also habe ich schön meinen Mund gehalten und sie mir gekauft. Alice Cooper – »School's Out«. Die Single »School's Out« war damals in allen Listen ganz oben, und dieses Mal wußte ich auch, daß das Lied auf der LP drauf war. Der Titel war für uns Quartaner Programm, ansonsten haben wir nicht so viel verstanden von den Texten, anders als bei T. Rex standen sie ja nicht drauf auf dem Cover. Das schmälerte die Zuneigung für Herrn Cooper nicht im geringsten. Denn statt dröger Texte auf dem Cover hatte er (oder die Firma Warner Bros.) eine weitaus bessere Idee. Die LP-Hülle nämlich steckte in einem Damenslip. Jawoll. Okay, der Fummel war nicht aus Seide, auch nicht aus Baumwolle oder Frottee, sondern aus – Papier. Aber soweit ich das damals beurteilen konnte, sah er so aus wie das, was

Mädchen damals unterm Rock anhatten, geradezu verführerisch. Und Jungs in meinem Alter imponiert ja schon viel weniger.

Okay, die Musik war auch gut.

»School's Out« etwa, oder »Gutter Cat Vs. the Jets« oder »Street Fight«, diese wummernden Gitarren, dieses irgendwie Dunkle, Geheimnisvolle in Coopers Stimme. Und dann hatte dieser Mann ja auch was Diabolisches, Bizarres, Anziehendes an sich. Nennt sich nach einer Frau. Ist zentimeterdick geschminkt unter den Augen. Trinkt Unmengen Bier (tranken wir später auch) mit Namen Budweiser. Hängt sich eine echte Boa Constrictor um den Hals. Guillotiniert sich auf offener Bühne. Oder hängt am Galgen. Das hatte ich alles gelesen im »Musik Express«, den ich geradezu verschlungen hatte, und da standen auch noch weitere komische Sachen drin über meinen Lieblingssänger. Daß er in einer riesigen Villa in Amerika wohnt und zur gleichen Zeit ganz viele Fernseher an hat und Radios und Plattenspieler und daß er es toll findet, wenn in seinem Haus solch ein mordsmäßiger Lärm herrscht. Das fand ich eigentlich auch ganz toll, nur war bei uns schon mächtig was los, wenn ich nur meinen Plattenspieler ein ganz klein bißchen lauter stellte. Wer bei Alice Cooper noch so spielte in der Band, ist mir merkwürdigerweise völlig entfallen. Ich glaube, ich wußte es nicht einmal. Die anderen spielten ihre Instrumente, aber keine Rolle.

Irgendwie geheimnisvoll war auch das Cover der LP, naja, geheimnisvoll ist vielleicht nicht der richtige Ausdruck. Es war, wie soll ich sagen, irgendwie voll aus dem Leben gegriffen, wenigstens für damalige Zeiten, als man jeden Tag morgens früh zur Penne mußte: Das Cover zeigte ein uraltes Pult, auf dem neben Platz für so was Altertümliches wie Tintenfaß und Griffel-Ablage allerlei kryptische Namen mühselig eingekratzt waren: Michael stand da und N. Smith und die Initialen GB und DD waren reingeschnitzt. Und AC. Das stand vermutlich für Alice Cooper. Was das andere zu bedeuten hatte, erschloß sich mir nicht unbedingt auf den ersten Blick. (Um ehrlich zu sein, auch nicht auf den zweiten.) Vielleicht irgendeine verborgene Nachricht, ein Geheimcode, ein Hinweis auf eine mysteriöse Loge? Der Ort einer geheimnisvollen schwarzen Messe womöglich? Zuzutrauen wäre es dem kultigen Schlangenbeschwörer allemal. Wir hingegen hatten in unserem Gymnasium – pikanterweise hieß es Musterschule (und wir waren alle Musterschüler, hahaha) –

schon diese aseptischen, glänzenden Schulbänke, in die man beim besten Willen nix, aber auch gar nix reinkratzen konnte. Und die schönste Filzerzeichnung wischten die Putzfrauen nachmittags in unschöner Regelmäßigkeit weg.

Wenn Stoppel, der Ignorant, von meiner Begeisterung für Alice Cooper und dieser einen Platte (eine andere von Alice Cooper habe ich komischerweise weder besessen noch gehört) gewußt hätte, er hätte mich bestimmt tierisch aufgezogen. Ganz sicher wegen des Damenslips, dem aus Papier, und dann noch eine »Rock«-Gruppe hören, die einen Weibernamen führt. Und die Geschichten von den meterlangen Schlangen, dem Bier, der Schminke und dem Galgen hätte er so was von gnadenlos zerpflückt. Pipifax sei das, hätte er geätzt, der pure Firlefanz, um davon abzulenken, daß die Herrschaften kein vernünftiges Riff gerade hinkriegen. (Ich höre seine Stimme noch gut im Ohr.) Auch sonst hat sich keiner meiner Kumpels sonderlich für diese Art der Musik groß begeistern können, in unserer Straße war ich der einzige, der für Cooper schwärmte. Vielleicht war das ganz gut so. Wenn die das mit dem Slip mitgekriegt hätten, dann wäre ich wohl in so eine komische Ecke gestellt worden …

Ein paar Jahre später, okay, ein paar viele Jahre später, trug es sich zu, daß eben just dieser Alice Cooper immer noch Live-Konzerte gab. Natürlich bin ich mit meiner Freundin hin, ohne Stoppel. Der grätscht mittlerweile nicht mehr auf Ascheplätzen, sondern muß auf seinen Sprößling aufpassen, wenn die Frau Gemahlin zickig zur Fitneß eilt. Und irgendwie habe ich den ganzen Abend vor mich hinlächeln müssen. Meine Freundin, die Konstanze, fand das ziemlich süß von mir (wir haben uns erst ein paar Monate später getrennt, das hatte nichts mit Alice C. zu tun, eher mit Brigitte G.).

Wie das Konzert war? Alice Cooper war wieder, immer noch, dick geschminkt, trank Bier, guckte dämonisch-gruselig (was vielleicht auch an seinem fortgeschrittenen Alter bei gleichzeitig fortgeschritten ungesundem Lebenswandel liegen mochte) und hantierte tatsächlich mit so einer Art Guillotine rum. Auch eine Reihe hübscher Mädchen hopste auf der Bühne rum (deren Slip mutmaßlich, wenn überhaupt, bestimmt nicht aus Papier war). Es war ziemlich viel los auf der Bühne, mit Trockeneis, Lichtblitzen, Laserstrahlen und allem Pipapo, nur die Boa habe ich nicht entdeckt. Vermutlich Altersschwäche. (Bei der Boa, nicht bei mir.) Die Musik war so, wie sie halt ist, laut, aggressiv, hektisch, dumpf, ohrenbetörend. »School's Out« ist noch immer ein ziemlich guter Song, »I wanna be elected« auch, oder auch »Trash«. während des Konzerts aber tauchten in meinem Kopf immer wieder Bilder auf aus einer Zeit, die längst vergangen ist. Bilder, in denen Stoppel unerschrocken grätschte und mich bescheuert fand, ich T. Rex und Martinshörner hörte und Fensterscheiben einschoß und den Abwasch machte und Fünfen schrieb und Feuerwehrgeheul auf meinen längst zerbröselnden Kassetten.

Ach, irgendwie hat Alice Cooper auch was Freundliches, was wohl Vertrautes an sich. Es war wie das Wiedersehen mit einem Bekannten, den man lange nicht gesehen hatte. Stoppel würde das wieder bescheuert finden. Aber der ist schon lange nicht mehr mein Freund. Er steht aber auch außerhalb jeden Verdachts, mein geliebtes erstes Album, aus reinem Versehen natürlich, nicht zurückgegeben zu haben. Ihm hatte ich die LP seinerzeit mit Sicherheit nicht zum Anhören gegeben. Jetzt ist sie weg. Einfach weg. Ich hatte sie verliehen, an irgend jemanden, keine fünf Mark verlangt und sie seitdem nie wieder auf meinen alten Plattenspieler legen können. (Auch nicht auf meinen neuen.)

Erst vor ein paar Monaten habe ich mir »School's Out« wieder gekauft. Nicht als Platte, es gab sie nicht mehr, sondern als CD, digitalisiert, remastered, mit allem Schnickschnack aufgemotzt. Prima Sound ... *»and they get no choice / all the girls and boys / School's out for summer. / School's out forever / School is blowing to pieces.«*

Irgendwas aber fehlte, und ich habe auch nicht lange drüber nachzudenken brauchen, was. Der Slip.

Eckhard Henscheid

Kokette Kokottenhaftigkeit

Giacomo Puccini: »La Bohème«

Meine ersten Platten waren, es muß gegen 1955 und ich 14 gewesen sein, SPs und EPs, also Dinge, die man heute gar nicht mehr kennt, nämlich »Short Plays« und »Extended Plays«, die kleinsten unter den drei damaligen Plattengrößen also, 17 cm Durchmesser und 45 Umdrehungen pro Minute; die anderen beiden waren die damalige gebräuchliche Mittelgröße mit 25 cm und 33 Umdrehungen, da ging mit im Extremfall 40 Minuten Spielzeit z. B. noch das Brahms-Violinkonzert drauf; sowie mit 30 cm und ebenfalls 33 Umdrehungen die LP, die Langspielplatte mit bis zu einer Stunde Musikfaßkraft.

Und davon kriegte ich die erste 1956: Puccinis »La Bohème«, ein Querschnitt.

Die Kleine und die Extended-Platte spielte pro Seite drei bis maximal acht Minuten, da lauschte ich bei meinen allerersten Musikkonservenerlebnissen ganz hin und weg und mit seither nie mehr wiederholbaren Jungfräulichkeitsgefühlen z. B. also den Einzelarien aus Fricsays bei der DGG kurz vorher erschienenen Gesamtaufnahmen der »Entführung« und der »Zauberflöte« (mit dem jungen Fischer-Dieskau als Papageno); diese Gesamtaufnahmen gab es schon, sie waren aber praktisch unerschwinglich, nicht nur für einen mittellosen Jugendlichen: Die Zauberflöte kostete damals dreimal 32 = 96 Mark – nach heutigen Geldwertrelationen 500 bis 800 Mark also. Heute kostet die Aufnahme als Doppel-CD 20 Mark – ja, Platten sind insgesamt und im Schnitt entschieden billiger geworden.

Ich hätte mir meine erste LP deshalb im Fall des Falles auch nur schwer selber abknapsen können. Sie war ein Geschenk. Diese »Bohème« hatte einen irgendwie fliederlila Umschlag, kostete damals (die Preise waren etwas gefallen) 24 Mark, und das alte Electrola-Signet des seines Masters Voice lauschenden Hundes war auch mit drauf.

Mag sein, nein, sicher ist, daß die seither von mir bevorzugten repräsentativen »Bohème»-Referenz-Gesamtaufnahmen, also die mit Tebaldi und Bergonzi, Freni und Pavarotti, diesem Debütbesitz künstlerisch unterlegen sind. Damals gab es die genannten noch nicht, es gab noch keine Stereotechnik – und damals sang und also kannte man solche italienischen Opern, vom Stadttheater bis zur Hamburgischen Staatsoper, ja auch nur und exklusiv auf deutsch – und deutsch ward auch dieser »Bohème«-Querschnitt gesungen. Aber von partout keinen schlechten Stimmen, weiß Gott nicht. Erna Berger als Mimi, ihre Schülerin Rita Streich als Musetta und Rudolf Schock als Poet Rudolf – sie machten, lebten sie noch und wären inzwischen stilistisch etwas trainierter und avancierter, noch heute jeder Bühnenaufführung und Studioeinspielung nicht wenig Ehre. Und wenn man 1958 auf der seither wohl besten Aufnahme, der von Decca, selbst in Nebenrollen Großgrößen wie Cesare Siepi und Fernando Corena hört, so gab's damals 1955 schon immerhin mit Dieskau als Marcel und Prey als Schaunard nebeneinander (und freilich ranglich damals deutlich gestuft) auch eine auch später nicht gar so häufige Sonderattraktion. Und während heute alle Welt beim großen As-Dur-Bogen von Rodolfos Eiskalte-Händchen-Arie das Original »Talor dal mio forziere« im Ohr hat, so gab es eben vormals noch die Version: »Aus meiner Truhe stehlen oft die schönsten Juwelen ein Diebespaar, zwei Äuglein ...«

Der Text ist sicherlich von unangemessener Betulichkeit und Deutschheit, und Schock hatte seine fachlichen Grenzen im italienisch-veristischen Genre. Aber: keine Bohème-Stelle blieb mir seither so unauslöschlich in Ohr und Hirn wie jene und so frühe. Und – Streich und Berger waren auch wahrlich keine Mimi und Musetta, keine frivolen Grisetten und morbiden femmes fatales – allein sie sang auf ihre etwas bieder-altdeutsche Art aber auch schon so was von schön, daß, Italianità hin und vokale Puccini-Grandezza her, in gewisser Weise seither keine »Bohème« diesen beiden gleichkommt in ihrer deutschpariserischen femininen Glockenhaftigkeit und sehr silbrigen Softität samt leicht koketten Kokottenhaftigkeit und huriartigen Belcantohörigkeit sowie – –

Na, das ist vielleicht doch etwas übertrieben.

Bernd Müllender

Klimper-Klamper für Naßabspieler

Bröselmaschine: »Bröselmaschine«

Meine erste Single? Aber klar weiß ich das noch. Klingt doch noch im Ohr: Chris Andrews mit »Ba-Ba-Baaaa-Ba-Barbara Ann«. Das muß 1966 oder 1967 gewesen sein. Fünf Mark! Ewig und drei Taschengeldphasen hatte ich drauf gespart. Die Scheibe war damals mein Heiligtum. Und heute? Weg. Einfach weg. Das plastikne Singleplatten-Sammelbuch (gingen bestimmt 30 Stück rein) ist irgendwann verschwunden. Flohmarkt? Müll? Keine Ahnung. Jedenfalls weg. Halt schon sehr lange her.

Und die erste LP? Kein Problem, dachte ich: Led Zeppelin, die, auf der »Stairway to Heaven« drauf ist. Dieses bis heute grandiose und doch komische Lied, das so unendlich lange langsam anfängt, bis es dann wunderbar krachend abrockt, daß man damals bei den ersten Kontaktaufnahmeversuchen mit dem anderen Geschlecht auf nachmittäglichen Tanzveranstaltungen in ziemlich katholischen Jugendheimen oder auf den ersten schüchternen Privatfeten (abends!, gern in Kellern; mit Haushaltskerzen auf dem Boden, Räucherstäbchenschwaden in der Luft und den alten Matratzen an der Wand) nie wußte, wie die Zeit rumkriegen, wenn man gerade im Tanzbereich herumstand und die zeppelinöse Himmelsleiter anfing. Die Mädchen mochten den gefühligen Beginn so sehr, und nachher hatte man noch eines, und sowieso immer die falschen, im Arm! Plötzlich Blues tanzen! Mit Andrea oder Margot womöglich! O je. Karin (Katrin?), die Unerreichbare, wollte ja nie! Aber die Recherche im alten Plattenstapel ergab: Die Scheibe hab ich gar nicht. Hmmmh. Wie schade. Auch auf dem Flohmarkt?

Dann eben die hier. Viel besser! Von 1971. »Bröselmaschine.« Folk-Rock aus Duisburg. Kennen nicht viele. Was schade ist, und mit jedem Jahr seitdem immer falscher wird. Peppiges Klimperklamper gegen das Establishment! Welch ein typisches und sentimentales Echo der Zeitgeschichte!

Wie geht eigentlich so ein Plattenspieler? Jahre nicht benutzt das Ding. Ich finger an dem Schwengel herum (hieß/heißt das Tonarm?), hinschwenken, zurückschwenken. Früher ging es dann immer gleich los, ein Klack – und es drehte sich. Jetzt ist nix. Ach so, einen Druck auf An (heute: On) braucht es immer noch. Los geht's. Die Hülle sagt, der Inhalt sei »auch Mono abspielbar«. So 18 Mark hat das Ding damals gekostet; nach heutigen Maßstäben müßte ich wohl an die, wegen des doch gestiegenen Verdienstes, 200 Mark oder sogar mehr für eine CD bezahlen.

Wie das krächzt und knackert! Kommt vom Naßabspielen damals. War ja eine Weltanschauung. Wir Naßabspieler wußten: Erst der feine Wasserfilm mit ein wenig 99prozentigem Isopropanol-Alkohol (zu kaufen in der Apotheke: »Wofür brauchst du das denn, na?«) gab den perfekten Klang. Jetzt einen subperfekten Krach. Aber egal.

Die Gruppe Bröselmaschine. »Zog zusammen und einen durch« steht innen im Cover. Wie revolutionär formuliert das und so raffiniert codiert, nur für Insider, der Hinweis auf völlig selbstverständlichen, illegalen Rauschgiftkonsum. Davon ahnten unsere Eltern nichts, ha! Ein wenig konnte man sich wissend dazugehörig fühlen, auch als 15jähriger, der Haschisch noch nicht anzurühren gewagt hätte in diesen jungen Jahren. Ob die Welt sich dann so anfühlte, wie das Cover aussieht? Eine Traumwelt mit drei großen gezeichneten Gitarren vorne, hinten eine Art Burg aus Orgelpfeifen, drumherum Schmetterlinge, Rankgewächse, Fledermäuse, Echsen und dazwischen kleine langhaarige Figuren, vermutlich die Bandmitglieder. Die fiktive schöne neue Welt aus der Duisburger Goldstraße (Covertext: »Musik beeinflußt durch Volksmusik und Zusammenleben«), wo die Bröselmaschine-Kommune lebte und sicher den ganzen Tag über sich wunderbare Harmonien ausdachte und klampfte und probte und was weiß ich noch tat. Wir lernten da gerade Algebra und waren noch nicht in der Oberstufe.

Das erste Lied. Sängerin Jenni sprechsingt vom Traum des Schmetterlings. Ich kann auf der Stelle den Text mitsprechen, zeilenweise, ohne zu stocken – Wahnsinn das! »Bin ich denn ein Mensch, der denkt, er sei ein Schmetterling, oder bin ich denn ein Schmetterling, der denkt, er sei ein Mensch? Zwischen Mensch und Schmetterling ist eine Schranke. Der Übergang ist Wandlung genannt …« Unfug? Meinetwegen. Aber so was war unser Credo damals.

Bröselmaschines »Bröselmaschine« ist viel Kling-Klang mit bisweilen fetzigem Drive. Conga-Sitar-Raserei, akustische Gitarre: Zack, zupf, zack. Nicht so perfekt gebaut, designt, computerisiert wie heute. Ein Willi, steht da geschrieben, bediente die Waldzither. Und ein Mike war Rhythmusbeauftragter: Conga, Tabla, Löffel. Ja genau, die Sache mit den Löffeln! Suppenlöffel in einer Hand zwischen die Finger, mit den Rückseiten gegeneinander klappern. Wie in der irischen Volksmusik. Haben wir zu Hause intensiv ausprobiert, bis der lärmempfindliche Vater einschritt.

Etwas komisch, wenn sie englisch singen. So manches th verrutscht da, weil es so betont gewollt richtig sein soll. Typisch für die erste Nachkriegsgeneration, die noch nicht mit all den Anglizismen des heutigen Alltags-Deutsch aufwuchs und erst mit der neuen Popkultur darauf stieß.

Vor allem war Bröselmaschine einer: Peter Bursch. Haare bis zum Hintern. Große freundliche Augen. Ein Gutmensch. Sympath durch und durch. Er war der Gitarrist, wahrscheinlich der kommunale Chef. Sänger mit warmer Stimme. Und ein irrer Sitarspieler. Die indische Sitar, ein ruhig und wohlig klingender Protest gegen westliche Musikkultur zwischen Heintje und Beethoven. Heute klingt sie so fremd. Obwohl: Eigentlich fand ich den Sitar-Klang schon damals sehr komisch und fremd. Aber fremd war damals nur ein anderes Wort für anders, also für: gut.

Freunde sagten damals: Ach, du mit deiner Bröselmaschine. Wohl auch, weil ich mich damit dem Bekenntniszwang zur Alternative Stones oder Beatles entzog. Eigentlich war Bröselmaschine auch viel zu melodisch, zu harmonisch, träumerisch, sentimental (für solche Gefühle war kaum Platz bei pubertierenden Jungs untereinander), aber es war eben auch immer ein Stück sanfter Aufruhr, und das bei uns nebenan, in Duisburg. Vor allem aber: Ich habe ihn kennengelernt, diesen Peter Bursch. Muß 1972 gewesen sein. Volkshochschule

Duisburg, Gitarre für Anfänger. Ohne Noten! Aber eben mit Kursleiter Peter Bursch.

Wir klampften wüst herum als VHS-Novizenensemble. »Lola« von den Kinks, ein paar Beatles-Stücke. Vieles nach Gehör – Noten waren ja tabu. Ich hab mir große Mühe gegeben. Hat aber nicht viel genutzt. Auch notenfrei fehlten »zureichende« (Kanzler G. Schröder) Musikalität und die Energie, es richtig können zu wollen. Lieber hätte ich mal die Kommune besucht: Gucken, wie die den Traum so leben. Hab mich aber nie zu fragen getraut. Aber die Stunden mit diesem netten Menschen waren toll. Und: Wenn so einer schon das Volk in deren Hochschulen unterrichtet, sagte das damals gerade erwachende politische Bewußtsein, ist der lange Marsch durch die Institutionen doch gestartet.

Lange her. Später hab ich wahrscheinlich auch mal, und wenn dann sehr vergeblich, mit einer »Barbara Ann« zu »Stairway to Heaven« einen rattengeilen, megascharfen Klammerblues zum Zwecke der Paarungsanbahnung getanzt. Mäßig revolutionär, zugegeben. Aber ob dieser Peter Bursch bei seinem Musik-Marsch sehr weit gekommen ist?

Jan Feddersen

Melancholie im Supermarkt

Alexandra: »Stimme der Sehnsucht«

Es mag schon fast Herbst gewesen sein, die Tage waren noch warm, im Wald roch es allerdings schon modrig. Heide Rosendahl hatte mit Nickelbrille auf der Nase Gold in München gewonnen, Ulrike Meyfarth auch, die meisten Mitglieder der israelischen Olympiamannschaft wurden von palästinensischen Terroristen ermordet. Willy Brandt durfte noch Bundeskanzler sein, und wie. 1972. Fünfzehn Jahre. Ein unschuldiges, ein dramatisches Jahr. Endlich erwachsen, jedenfalls kam man sich so vor. Heute, in der Erinnerung, scheint es ein goldenes Jahr zu sein. Wie eines, das sehr schön war. Und melancholisch, irgendwie auch. Wir waren noch weit entfernt von den Bauzäunen in Brokdorf, vom Kampf gegen den Überwachungsstaat und von der Idee, daß dieser Staat ein Schweinestaat ist. Wir waren ein bißchen anders und hatten keine Ahnung, was unsere älteren Geschwister so dringend nach Berlin und Frankfurt, an die Universitäten zog, wo Angela Davis und Herbert Marcuse waren, Helden der 68er-Ära. Wir hatten schlicht Angst vor der Welt und wollten sie doch irgendwann kennenlernen, bloß nicht sofort: Ein Interrailticket tat es für uns alle zunächst auch.

Zum Geburtstag, soviel war klar, würde ich meinen ersten Plattenspieler bekommen. Das Radio war schon da, eines mit Anschluß auf der Rückseite für Tonband und Plattenspieler. Ich erinnere nicht mehr die Marke, aber sie kam aus der DDR. (Das Gerät hielt übrigens mehr als zwölf Jahre – Wertarbeit made in the Arbeiter- und Bauernrepublik.) Wir gingen nachmittags einkaufen. Ich hatte Taschengeld, als Zeitungsjunge war ich ein bißchen unabhängig. Im Supermarkt, nicht mal im Plattenladen (»Armida Stein am Schmuggelstieg« – ein Mekka für uns, die wir am nördlichen Rande von Hamburg aufwuchsen), stand sie einfach in einem billigen Ständer: meine erste Platte (»LP« war noch kein gängiges Wort).

Anfangs traute ich mich nicht, erstens, weil ich womöglich doch keinen Plattenspieler bekommen würde, aber zweitens, weil niemand sonst, den ich kannte, diese Sängerin kannte, geschweige denn gut fand, außer mein Cousin, aber das war schon vier Jahre her, und da waren wir ja noch Kinder. Jedenfalls guckte ein Gesicht vom Cover, das den Blick leicht schräg zum Himmel gerichtet hatte. Sie lachte nicht, lächelte nicht, irgendeine Sorge schien sie zu beschweren. Ich erinnerte mich an ihren Namen. Und plötzlich wußte ich, daß mit ihr, gewiß auch mit ihrer Stimme, ein Schmerz verbunden war, den ich fühlte, aber niemandem und nichts zuordnen konnte: Alexandra.

Ein ums andere Mal schlich ich um den Verkaufsständer herum. Man konnte nicht genau lesen, welche Titel darauf enthalten waren, das fette Preisschild, das auf die Zellophanhülle geklebt war, verdeckte viel von dem, was ich gerne gelesen hätte. Und es waren viele Titel, zumal es eine Doppel-LP war: »Alexandra: Stimme der Sehnsucht.«

Heute weiß ich, daß ihre Musik so typisch wie kaum eine zweite war für diese Zeit: unschuldig-sommerlich, melancholisch zugleich, weil einen kommenden Herbst ankündigend. Die Disko-Ära war noch weit, »Saturday Night Fever« noch verpönt, überhaupt Musik, die Lebenslust machte. Anfang der siebziger Jahre, ach, hätte man es doch früher gewußt, war Rock angesagt, Bands und Sänger, die Transzendenz im Tod versprachen, »freedom's just another word for nothing left to loose«.

Und später habe ich andere Leute getroffen, denen es wie mir erging: Daß es ihnen das Herz zuschnürte, als sie Ende der sechziger Jahre durch einen Autounfall in Schleswig-Holstein ums Leben kam; daß wir alle begierig alle Nachrichten aufsogen, die ein Attentat, einen Anschlag, ein Schicksal hinter dem Tod der Sängerin nahelegten. Wir empfanden schon als gotteslästerlich, wenn einer in einer Zeitung schrieb, daß Alexandra zeitlebens eine eingebildete Ziege war, eine frühere Schönheitskönigin, die sich gut auf die Masche verstand, ihre dunkle Stimme als russische Seele zu verkaufen, die ihre Freunde und Familienmitglieder tyrannisierte, ihr Kind vernachlässigte und mit der Empfindsamkeit, die ihre Lieder anzudeuten schienen, nur spielte.

Erstaunlich war eben nur, daß wir alle, als wir das Gefühl hatten, ihr Tod ginge uns an, greife jedenfalls unsere Herzen an, erst acht oder neun oder zehn waren. Und da stand ich im Supermarkt und wußte, daß ich diese Schallplatte wie einen kostbaren Schatz nach Hause tragen würde, selbst auf die Gefahr hin, Klassenkameraden fragen zu müssen, ob man mal deren Plattenspieler … und ausgelacht zu werden, weil man gerade nicht mit der neuesten Platte von Deep Purple (grau-en-voll!) im Gepäck kommt. Im Supermarkt: Gerade hier, zwischen Apfelsaftpaletten und Zuckerpyramiden sah diese Platte so fehl-, so deplaziert aus … Aber das war mir gerade recht, sie schien zu rufen … Sentimentaler Quatsch … Jedenfalls es gab diesen Plattenspieler zum Geburtstag, es gab auch zwei Singles dazu, eine von Oma (Vicky Leandros: »Après toi«), die andere von meinen Geschwistern (ich glaube, es war »Coco« von den Sweet). Meine Eltern haben dieses Geschenk einige Monate lang bereut. Morgens bin ich mit »Sehnsucht« aufgestanden: »Sehnsucht heißt ein altes Lied der Taiga, das schon damals meine Mutter sang.« Abwechselnd mit »Erstes Morgenrot«: »Erstes Morgenrot, liegt auf den weiten Feldern.« Abends mit »Walzer des Sommers« ins Bett: »Der Morgen umarmt schon die Nacht, die Wellen sind flüsternd erwacht, und beginnen zu tanzen auf goldenen Seen, sich im Walzer des Sommers zu drehen«. Dazwischen »Mein Freund, der Baum« (der mein Ökobewußtsein entscheidend prägte), »Illusionen« (»Illusionen schweben im Sommerblau, dort am Himmel deines Lebens, doch du weißt genau, jenes wolkenlose Traumbild deiner Phantasie, erfüllt sich nie«) und dementsprechend die Kardinalfrage: »Was ist das Ziel?«

Lebensfragen, in Vinyl gepreßt, gesungen mit kräftig-klagender Stimme, die Augen stets dunkel-schattiert, ja, wie aus einem tiefen Schlaf aufgewacht, scheu und verzweifelt in einem, Lebensfragen so oder so, die meine Mutter irgendwann entnervt zu der Frage provozierten: »Wenn du weiter so depressive Musik hörst, schicken wir dich zum Arzt!« Eine leere Drohung, hoffte ich, wie dem auch sei, ich nahm sie in Kauf. Jahre darauf erzählte mir ein Herr von der deutschen Schallplattenindustrie, daß Alexandra, rein kommerziell gesehen, nichts Besseres passieren konnte, als arrogant das Stoppschild zu ignorieren, um mit ihrem neuen Mercedes in einen Lastwagen zu schliddern. Bis zu ihrem Tod war sie zwar beliebt, ein aufgehender Stern, aber keine Sängerin, die mit ihren Platten Millionenseller auf den Markt warf. Erst ihr Abschied von der Welt hat sie so authentisch, so glaubwürdig gemacht wie Janis Joplin, Jimi Hendrix, Jim Morrison oder andere Helden der Tage nach Achtundsechzig. Vielleicht wäre sie heute eine wackere Oldietourneemitstreiterin, hätte das Schicksal sie am Leben gelassen.

Eine, die Dieter Thomas Heck ihren Freund nennt und Uwe Hübner ihren Kumpel. Das wäre ein schwerer Abschied von einem Idol aus ersten Jugendtagen geworden. Aber so, konserviert durch ihren durch Nervosität provozierten Tod – nein, das ist ein Privileg. Im Grunde hätten die kleinen Bilder mit ihrem Konterfei, die ich schließlich mit Stecknadeln über den Nachtschrank pinnte, nie abgehängt werden müssen, wenn meine Mutter sie nicht zerrissen hätte, was mich auf die erschreckende Idee brachte, daß auch Mütter zur Eifersucht auf – wenn auch gestorbene – Nebenbuhlerinnen neigen. Aber das ist ein anderes Thema. Jedenfalls: Hole ich die Platte aus der Truhe, wohlverstaut, eine von sechs Vinylexemplaren (daneben: Carly Simons »No Secrets«, Don McLeans »American Pie«, Marianne Mendts »A Glock'n«, Middle of the Roads »Acceleration« und Edith Piafs »Les Plus Grands Succes«), die nie auf dem Flohmarkt verkauft werden, klingt sie vertraut. Jede CD ist viel zu sauber, zu staubfrei, als daß sie gegen das wohlige Gefühl des »Weiß ich noch?« ankommt. Alexandras Doppellangspielplatte ist heute eine individuelle Rarität – die Kratzer auf ihr sind von mir selbst produziert. Es rauscht und knarzt, eben wie früher. Nur den »Walzer des Sommers« kann ich nicht mehr genießen. Ein kleines Stückchen Kerzenwachs fiel mal herunter und genau in die Stelle der Platte, auf der eben jenes melancholische Lied zu hören war.

Ich weiß noch, das passierte im Jahr nach dem Kauf, auch die letzten in der Klasse hatten jetzt einen afghanischen Mantel, die uncoolsten trugen ihn sogar einmal im Halbjahr zur Reinigung, wobei sie beteuerten, daß ihnen sonst ihre Eltern das gute Stück wegnehmen würden. Es gab fast niemanden mehr, der keine Armytasche als

Schulranzen hatte. Wir entdeckten Tee als Alternative zum Kaffee – das war unsere Referenz an Indien, an Wohlgeschmack und an die Idee, nichts so zu machen wie die Eltern. Tee nicht in Teebeuteln, sondern aufgebrüht in Baumwollnetzen, die später in jeder Wohngemeinschaft über der Spüle hängen sollten.

Die Trinkkulturen unserer Generation haben sich längst verfeinert; Tütentee ist wieder erlaubt, im Grunde aber gießt man das kochende Wasser mit dem Tee in eine Kanne, um die Brühe per Sieb in eine andere zu schütten. Und Vinylplatten haben musealen Charakter – wie Schellackplatten irgendwann auch nur noch den Charme von stoßdämpferfreien Autos verströmten. Alexandras im Grunde ja doch bescheidenes Œuvre paßt, wie der Verlag »Das Beste« bewies, auf drei CDs. Auf ihnen ist alles enthalten, was die gebürtige Ostpreußin einmal eingesungen hat.

Es beweist, daß es zeitlose Lieder sind, die Arrangements, der Klang überhaupt, waren modern wie selten damals deutsche Produktionen. Es hat keine Nachfolgerin gegeben, sie hat keine Schule begründet, nicht wie Jahre zuvor France Gall, die eine Horde anderer Girlies auf die Popbühnen sich trauen ließ. Alexandra war ein Solitär auch insofern, als sie zu einer Zeit gehörte, die depressiver nicht sein konnte. Wie die Afghanenmäntel, die Armytaschen, die dicken Kajalstriche über Mädchenaugen – alles heute nicht mehr kopierbar.

Bettina Greve

Papa's little helper

The Beatles: »Sgt. Pepper's Lonely Hearts Club Band«

Ich glaube, ich war früh dran. Noch nicht einmal Teenager, Anfang der siebziger Jahre, neun, vielleicht zehn Jahre alt, stieß ich zufällig auf »Sgt. Pepper's Lonely Hearts Club Band« von den Beatles. Die Vinyl-Scheibe gehörte zur Sammlung meines Vaters. Nachdem ich sie eines Tages beim Stöbern durch die Plattenregalreihen meiner Eltern gefunden hatte, ließ sie mich nicht mehr los – und ich sie auch nicht. Dieses Album, das merkte ich auf Anhieb, war viel spannender als meine Kinder-Märchenplatten (die ich längst Wort für Wort mitsprechen konnte) oder die »Stunde der Stars«-Compilations mit Heintje, Peter Alexander, Ricky Shayne und Alexandra, die ich mir von meiner Oma zum Geburtstag gewünscht und auch geschenkt bekommen hatte. Mit »Sgt. Pepper's Lonely Hearts Club Band« fühlte ich mich auf einmal ganz schön erwachsen: meine erste »richtige« Schallplatte. Auch wenn sie gar nicht mir, sondern meinem Vater gehörte! *So may I introduce to you …*

Nun war ich Beatles-Fan, obwohl ich noch kein Wort von dem, was die Fab Four da sangen, verstand. Dieser Umstand hielt mich jedoch keineswegs davon ab, lautstark und selbstbewußt die Lieder mitzugrölen, eben so, wie ich den Text hörte. Wenn ich mittags aus der Schule kam, warf ich meinen roten Ranzen in den Flur und stürmte das Wohnzimmer. Dort stand die mit einem Plexiglasdeckel geschützte, weiße Dual-Anlage, ein länglicher Kasten, mit dem ich, wenn überhaupt, doch bitte ganz, ganz vorsichtig umgehen sollte: sehr empfindlich, ständig kaputt das Ding (heute Design-Klassiker). Wen kümmern die Ermahnungen der Eltern?! Ich legte »Sgt. Pepper« auf den Plattenteller und mich auf den Fußboden zwischen die Lautsprecher-Boxen, die Anlage voll aufgedreht. *Picture yourself in a boat on a river, with tangerine trees and marmalade skies…* Ich hörte es nie, wenn meine Mutter mich zum Mittagessen rief.

Ich studierte, im Wohnzimmer auf dem Bauch liegend, die Collage auf der Cover-Vorderseite. Stundenlang. Was waren das bloß für Menschen, die da abgebildet waren hinter den Beatles in ihren neonfarbenen Phantasie-Uniformen? Das Platten-Cover, noch dazu zum Aufklappen wie ein Doppelalbum, hatte es mir ebenso angetan wie die Musik an sich. Immer wieder entdeckte ich vorne ein neues Gesicht, eine Büste, einen Buddha, eine Puppe ... Ebenfalls grandios: als Beilage zum Album ein grüner Schnittbogen im 33-Inch-Format mit Utensilien der »Sgt. Pepper«-Band, einem Schnurrbart, Schulterklappen, Buttons, einer Postkarte. Auf der roten Cover-Rückseite waren die Song-Texte abgedruckt, die ich Zeile für Zeile mitlas und so gut es eben ging mitsang, vor allem die Uptempo-Nummern: »Lucy in the sky with diamonds« (den vermeintlichen LSD-Song), »When I'm sixty-four«, »Fixing a hole« und »Lovely Rita«. Was ist eigentlich eine meter maid? Eins war mir jetzt klar: Ich mußte einfach Englisch lernen. Und zwar flott, bitte schön, damit ich die Beatles, allen voran meinen Schwarm Paul McCartney, und ihre Texte auch verstehen würde.

Im ersten Jahr des Fremdsprachenunterrichts am Gymnasium bei der alten Frau Wischke, die mit Sicherheit noch nie etwas von John, Paul, George und Ringo gehört hatte, mußten wir zu Stundenbeginn dumme Lieder singen: *Good morning, good morning, good morning to you, good morning, Mrs. Wischke, and how do you do.* Mit dem »Good morning« der Beatles hatte das rein gar nichts zu tun. Frau Wischke mit ihrem unsympathischen, schwarzen Krückstock versuchte, uns Schülern mit Strenge und unter Androhung schlechter Zensuren englische Konjugationen (»he/she/it mit ›s‹ am Ende«) und Vokabeln (»Nein, Kinder, to become heißt nicht ›bekommen‹!«) einzubleuen. Ich erkannte schnell: hinsichtlich einer umfassenden »Sgt. Pepper«-Exegese brachten Frau Wischke und ihre altmodisch-autoritären Unterrichtsmethoden mich nicht schnell genug voran.

Also machte ich mir die Mühe und übersetzte, ausgestattet mit dem Schöffler/Weis-Schulwörterbuch, mehr schlecht als recht Song für Song und Wort für Wort die Texte selbst. 13 Songs. Vor dem Plattenspieler liegend, tagelang, während die Nadel des Tonarms zum 100. Mal über das schwere, schwarze Vinyl schrammte. Begriffen habe ich trotz meines Eifers nicht viel, und ob Lennon/McCartney mit meiner Übersetzung einverstanden gewesen wären, wage ich stark zu bezweifeln. Umgekehrt brachten mich meine ernsthaften Bemühungen, die Beatles zu verstehen, im Schulunterricht nicht wirklich nach vorne. Frau Wischke schrieb mir jedenfalls in der fünften und sechsten Klasse nur die unmotivierende Note »ausreichend« ins Zeugnis. Dann wurde die alte Lehrerin pensioniert.

Als ich in der neunten Klasse war, hatten sich die Beatles als Band längst aufgelöst, und meine Englischkenntnisse waren mächtig vorangeschritten. Unsere neue Englischlehrerin, Frau Folkerts, probierte einen moderneren Unterrichtsstil als die alte Frau Wischke. Mit einem tragbaren Plattenspieler unter dem Arm kam Frau Folkerts eines Tages ins Klassenzimmer, spielte uns amerikanische und britische Popmusik vor, und wir lernten blitzschnell neue Vokabeln. Jetzt hörten wir Simon & Garfunkels »Bridge over troubled water«, übersetzten daraus den Song »The Boxer« und diskutierten den Inhalt. Dann brachte die junge Lehrerin den Herman's Hermits-Song »No Milk today« mit, danach kam sie mit »Mother's little helper« von den Rolling Stones (die ich als Beatles-Fan selbstverständlich doof fand) – und schließlich mit der Klassenarbeit. Zur Übersetzung und Textanalyse stand an: »She's leaving home«, einer meiner »Sgt. Pepper«-Lieblings-Songs, den ich auswendig konnte. *Wednesday morning at five o' clock as the day begins ...*- Ich schrieb eine glatte Eins.

Meine »sehr gute« Klassenarbeit habe ich nicht mehr, wohl aber »Sgt. Pepper's Lonely Hearts Club Band«. Als Erinnerungsstück, als Vinyl-Longplay mit einigen Kratzern und eingerissenem Cover. Einen Plattenspieler habe ich nicht mehr, kann das Album also auch nicht mehr hören. – Gerade habe ich mir überlegt, daß ich mir meine erste LP vielleicht doch als CD zulegen sollte. Auf diese Idee komme ich fast 30 Jahre nach meiner ersten Bekanntschaft mit »Sgt. Pepper«. Manchmal bin ich wohl doch ein bißchen spät dran.

Jürgen Boebers-Süßmann

Verwilderte Brüder

Slade: »Slayed?«

Slade waren reiner Rock. T. Rex, Sweet, Gary Glitter, die anderen Bands im Radio machten vielleicht Rock 'n' Roll oder Pop oder Country-Rock oder Pop & Rock oder Folk-Rock, aber Slade ... aaahh! Das war noch was anderes, das war Rock, harter Rock, keine weiche, schöne, schlechte oder mittelprächtige Lala, sondern reiner Rock. Sonst nichts. Das war's, und das war alles.

Slade fingen etwa im Frühjahr 1971 an, so richtig groß rauszukommen. Sie waren erst eine kahlgeschorene Skinhead-Band mit gewalttätigem Publikum gewesen und stellten dann um auf Glitter-Rock und coole Posen. Mit den Haaren wuchs bei Slade der Erfolg. Erst waren sie nur eine Exklusiv-Attraktion für England, aber bald schon auch für unsereins. Sie trugen schrille Klamotten, spielten zupackende Riffs, klopften den Takt mit eisenbeschlagenen Stiefeln und waren zu viert: Noddy Holder (22), Jimmy Lea (20), Don Powell (22) und Dave Hill (20). Sie kamen aus einem Brit-Kaff namens Wolverhampton, von dem ich noch nie in meinem Leben etwas gehört hatte und von dem ich seither weiß, daß es sich um eine Industriestadt in Mittelengland handelte.

Industriestadt. Stahlindustrie. Genauso klang die Musik von Slade. Schon die frühen Hit-Aufnahmen, »Coz I Luv You« und »Look Wot You Dun« waren nichts, was man zum Dinner bei Kerzenlicht oder zur Silberhochzeit aufgelegt hätte. Viel zu vertrackt, viel zu hackend, stampfend, trommelnd. Vor allem: viel zu laut. Diese Musik roch nach den Ausdünstungen der Kokereien und nach dem Feuer der Hochöfen. Sie glühte wie die Siemens-Martin-Öfen, aus denen 1000° heiß der weiße, blendende Rohstahl floß. Sie polterte wie die Aufzüge, die auf den Zechen die Mannschaften mit in die Tiefe nahmen. Slade klang nach Stehbierhalle, nach grölendem, seinen Launen ausgeliefertem Menschentum, das über den knochenharten Arbeitsalltag dennoch nicht den Wert bodenständiger Gefühle vergessen hatte.

Tatsächlich konnte man, wollte man sie wirklich kapieren, zu Slade-Musik auch gar nichts anderes tun als Bier trinken (am besten aus der Flasche) und Pommes essen (am besten aus der Tüte, mit Mayo).

Als Personen gab es über Noddy, Jimmy, Don und Dave nicht viel zu sagen. Sie sahen aus, wie es sich für 20jährige Popstars gehörte: abgefahren. Mit Spiegeln beklebte Hüte, Schlägermützen mit Troddeln, Glitzerhosen, hochhackige Stiefel, lange Haare. Aber sie komponierten ihre Hits selbst, sie waren Musiker, auch wenn sie von Chas Chandler produziert wurden, dem ehemaligen Bassisten der legendären Früh-60er-Jahre-Beat-Band »The Animals«, der auch die Jimi Hendrix Experience zu einem Smash Hit gemacht hatte. Slade waren jung, bis zu einem gewissen Grad sogar sexy, sie waren vorlaut und trotzig, sie waren stolz auf ihren Unterklassen-Cockney-Akzent. Und sie strahlten im ganzen eine proletische, also derbe Männlichkeit aus: große Muskeln, große Klappe, in der Art der dem Milieu abgeschauten Figuren Heinrich Zilles, nur zeitgemäß vergröbert. Sie bauten sich vor dir auf, streckten dir die muskulösen Arme entgegen, und auf der Oberfläche ihrer zur Faust geballten fünf Finger konntest du es lesen: S-L-A-D-E (vielleicht sogar tätowiert). Eine Form offensiv vorgetragenen Selbstbewußtseins, eine Form von Coolness.

Wer 13 oder 14 war, selbst aus einer Industriestadt voller Hochöfen, Stahlwerke und chemischer Industrie stammte wie ich, der konnte gar nicht anders, als Slade cool zu finden. Sie waren perfekte Projektionen, sie waren rauhe, verwilderte Brüder, emporgestiegen aus dem Geiste der Rock-Musik, vom Gekreische der E-Gitarren nach ganz oben gespült, an die Spitze der Hitparaden. Vielleicht waren sie inzwischen längst Millionäre, aber sie hatten darauf keinen Bock. Geld zählte für sie nicht, das Pop-Business auch nicht. »Slade haben keine Zeit für dufte Partys und lehnen Rauschgift ab. An schicken, großen Limousinen, wie sie andere Pop-Stars fahren, haben die steinreichen Pop-Künstler überhaupt kein Interesse. Sie sitzen lieber zu Hause, texten und komponieren gemeinsam und lassen sich von Noddys Mama verwöhnen«, wußte damals die »Bravo«. Offenbar versuchten Slade bloß (wie wir) Spaß zu haben – und zwar am liebsten mit »Fußball, Mädchen und Bier« (wie wir). Das alles zählte nicht wenig, aber es erklärt noch nicht, warum Slade reiner Rock waren.

Die Antwort ist leicht: weil sie Archetypen waren. Weil sie vorbildlich auf eine moderne Art das verkörperten, was Rock, guten

Rock, seit Presleys ersten konvulsivischen Zuckungen immer ausgezeichnet hatte. Slade spielten harte, solide Songs, und sie spielten sie auf eine harte, solide Art. Sie verschmolzen Krach und Lautstärke mit dem lautstarken Krach, mit dem sich pubertäre Pickelgesichter gegen Dinge wie Elternhaus, fiese Sportlehrer und Konfirmationsunterricht zur Wehr setzen. Heraus kam pure Energie. Slade waren heftig und lästig. Sie trugen lange Haare. Sie redeten Slang. Sie brüllten »Mama, Weer All Crazee Now!« Sie waren der Haß der erwachsenen Welt und die Quintessenz juveniler Aufmüpfigkeit.

Wenn man eine Menge Glück hat, dann bekommt man von seiner Oma zum Geburtstag oder zu Weihnachten einen Kassettenrecorder, und damit haut man dann auf den Putz: auf dem Schulhof, im Schwimmbad, beim Tanztee im CVJM. So ähnlich war das damals, als auf diesem Kassettenrecorder nichts anderes lief als Slade. »Tak Me Bak 'Ome« vor allem, wo man »plenty to do« finden konnte, und »Cum On Feel The Noize« und »Look At Last Nite« und noch ein paar mehr – vielleicht ein halbes Dutzend Songs, die all dem, was ich eben über Rock und Pubertät und Aufmüpfigkeit gesagt habe, auf eine vollkommen scheinende Art entsprachen.

Am besten oder vollkommensten aber entsprach alledem »Gudbuy T'Jane«, das Ende 1972 herauskam. Wenn du langsam, aber lässig die Straße entlanggehst und an das Flaschenbier und die Mädchen denkst, die du gleich in der Jugendheim-Disko treffen wirst; wenn du das Mathe-Arbeitsheft verbrennst, weil dein Alter angesichts der letzten 5+ doch wieder nur Stunk machen wird; wenn du die Fäuste ballst, weil Michael Schmitt aus der 9g ein Arschloch ist und du dich wieder nicht trauen wirst, ihm das bei nächster Gelegenheit zu sagen (weil er dich dafür erst recht fertigmachen würde); wenn Tina aus Hausnummer 51 immer wieder aufs neue perfekt und süß aussieht, wie sie an der Bude steht und die Cola durch den Strohhalm zieht –

selbst wenn alles so ist, wie es ist, gibt es trotzdem immer noch »Gudbuy T'Jane«.

Eine harte, solide Aufnahme mit einem groovenden Drum-Beat am Anfang. Einem verrückten Text:

Gudbuy t'Jane / Gudbuy t'Jane
She's a dark horse, see if she can
Gudbuy t'Jane / Gudbuy t'Jane
Painted up like a fancy young man
She's a queen / can't you see what I mean
She's a queen / and I know / she's alright

Einem pulsierenden Rhythmus, einer knalligen hook line, einem knallenden Schlagzeug und einem fordernden, brutalen, hypnotischen Refrain. »I say you're so young, so young / I say you're so young, so young ...« – so rollt es in einem fort, eine kleine, böse Welle aus versiegeltem Trotz und aggressivem Stolz: »I say you're so young, you're so young / I say you're so young, you're so young ...«

Noddy Holders Gesang schreit, Don Powells Schlagzeug knüppelt, Jimmy Leas Baß platzt gleich und Dave Hills Gitarre schrillt, und es ist ein Hit, wieder mal ein Hit für Slade, und es ist wieder mal das tönende Sinnbild all dessen, was diese vierköpfige Band aus Wolverhampton in Mittelengland jemals ausgezeichnet hat. Es ist bis heute der Inbegriff des reinen Siebziger-Rock geblieben.

Exakt aus diesen Gründen – und vielleicht sogar aus Gründen, die es noch geben mag, und die ich niemals wirklich verstehen werde – wußte ich im Spätherbst 1972 auf Anhieb, welches die erste LP sein würde, die ich meiner inzwischen auf stolze zwölf Singles (davon sechs von Slade) angewachsenen Plattensammlung zugesellen würde: »Slayed?«, Slades dritte Langspielplatte nach »Play It Loud« und »Slade Alive«. Mit »How D'You Ride« drauf, »The Whole World's Goin' Crazee«, »Look At Last Nite«, »I Won't Let It 'Appen Agen«, »Move Over«, »Gudbuy, Gudbuy«, »Mama, Weer All Crazee Now«, »I Don't Mind«, »Let the Good Times Roll« und natürlich »Gudbuy t'Jane«.

Ich kaufte »Slayed?« für 21,90 DM am Vormittag des 29. Juli 1974 bei Musik-Roers in Gelsenkirchen, Weberstraße, und pauste – trotz Schulferien – am selben Nachmittag die lässigen, plakativen, knallgelben Buchstaben des LP-Titels auf meinen Tornister ab.

Oh Happy Day! – Sportler über ihre erste Platte

205 **Ulrike Nasse-Meyfarth**
Olympiasiegerin im Hochsprung 1972 und 1984

206 **Stefan Kuntz**
Fußball-Europameister 1996

207 **Marco Rehmer**
Fußball-Nationalspieler

Ulrike Nasse-Meyfarth

Olympiasiegerin im Hochsprung 1972 und 1984

Meine erste Schallplatte war eine LP der Edwin Hawkins Singers. Ich war zwölf Jahre alt, als ich die Schallplatte geschenkt bekam. Von wem, das weiß ich nicht mehr, ein Verehrer dürfte es – noch – nicht gewesen sein.

Mit den Gospel-Songs hatte ich wohl auch den Musikgeschmack der Generation meiner Eltern getroffen, was in den folgenden Jahren mit der von mir bevorzugten Musik der Beatles oder wilderer Gruppen immer seltener passieren sollte. Kellerparties waren damals, 1968, bei meinen Eltern und in der Nachbarschaft en vogue, und das Temperament der Edwin Hawkins Singers und der beschwipste Zustand mancher Partygäste ließen den Stimmungspegel in ungeahnte Höhen steigen. Im Morgengrauen trat man schließlich den Heimweg an, und das eine oder andere »Oh Happy Day« hallte durch die Straße, fröhlich und aufgekratzt gesungen von Leuten, denen ich das tagsüber kaum zugetraut hätte.

Stefan Kuntz

Fußball-Europameister 1996

Meine erste selbstgekaufte Single war von den Carpenters: »Please Mr. Postman.«

Besondere Erinnerungen habe ich noch an die Titel »Samba pa ti« von Santana, »I'm not in love« von 10cc und »Hotel California« von den Eagles. Die waren, in dieser Reihenfolge aufgenommen, auf der »Schmusekassette« unserer ersten Teenager-Parties.

Aber auch die erste LP werde ich nie vergessen. Sie hieß »History« und war eine Greatest-Hits-Zusammenstellung der Gruppe America. Natürlich war ihr großer Hit mit drauf: »Horse with no name.«

Auf die Lieder dieser LP tanzte ich den ersten Blues mit meiner Frau. Hat sich gelohnt!!!

Marco Rehmer

Fußball-Nationalspieler

Es war damals, Mitte der 80er Jahre, im Osten relativ schwer, an wirklich gute Schallplatten zu kommen. Also ließ ich mir die erste LP meines Lebens von einem Schulfreund auf Kassette überspielen: »Black Celebration« von Depeche Mode.

When I'm sixty-four

Thomas Reinke

Milchbubis mit Enten

Tears For Fears: »The Hurting«

Wer kann ermessen, inwieweit die Auswahl der ersten selbstgekauften Platte das weitere Leben als Musikhörer oder gar das Leben insgesamt beeinflußt? Möglicherweise gibt es viele, deren Leben vollkommen anders verlaufen wäre, hätten sie etwas mehr Vergnügen an ihrer ersten Langspielplatte gefunden. Es mag einige gegeben haben, die es häufiger probiert haben und immer wieder Pech, immer wieder die falsche Auswahl getroffen hatten. War das Maß an Fehlschlägen dann voll, haben sie sich resigniert einer anderen Passion hingegeben und sind gewiefte Schachspieler geworden oder Briefmarkensammler. Besonders Glückliche haben sich der Architektur oder der Jurisprudenz zugewandt und konnten so später viel Geld verdienen, ohne sich quälen zu müssen. Auf der Leidenschaft für Popmusik eine Existenz aufzubauen ist dagegen ungleich schwerer.

In meinem Fall hätte es schlimmer kommen können – und doch blicke ich als Nachzügler ein wenig neidvoll auf die anderen Beiträger dieses Buches. Kam man in die Verlegenheit, sich Ende der sechziger bis Mitte der siebziger Jahre eine LP zur ersten seines Lebens zu küren, so war die Wahrscheinlichkeit groß, daß man zu etwas griff, das heute den Status eines Kulturgutes hat und vom Hauch des Legendären umweht wird.

Das Schicksal wollte es, daß die Jahre meines Teenagerdaseins genau in die Zeitspanne fielen, die nicht gerade für das steht, was man allgemein unter Geschmack und Stilsicherheit versteht: die achtziger Jahre. Die Eckdaten meiner popkulturellen Sozialisation zeichnen ein recht genaues Bild dessen, was zu Beginn dieser zu Recht verworfenen Dekade der letzte Schrei war. Als Popmusik begann, mich in eine der ersten adoleszenten Unsicherheiten zu stürzen, indem sie die bis dahin durch Hörspielkassetten unumstritten besetzte Spitzenposition im Sturm nahm, gab es nichts, zumindest nichts Aktuelles, mit dem der Weg in die Popwelt würdevoll hätte begangen werden können. Im Wechsel mit »Fünf Freunde im Zeltlager« und »Die drei ??? und der grüne Geist« schlichen sich immer weniger verstohlen Shakin' Stevens und die letzten Ausläufer der Neuen Deutschen Welle in den Kassettenteil der (übrigens immer noch benutzten) JVC-Kompaktanlage.

Doch glücklicherweise geht es hier nicht um die erste selbstaufgenommene Kassette. Was die erste eigene LP angeht, hätte es, wie erwähnt, schlimmer kommen können, und eigentlich kam es auch schlimmer. Noch auf zu unsicheren Beinen, um auf eigene Faust einen Schallplattenladen aufzusuchen, nutzte ich den glücklichen Anlaß meines dreizehnten Geburtstages, meine Eltern mit einem umfangreichen Wunschzettel auf die Suche zu schicken. Nach einer mehr oder weniger zufällig getroffenen Auswahl befanden sich auf meinem Gabentisch also gleich drei LPs. Ich erlaube mir den Luxus, über zwei dieser Platten (BAP und Spider Murphy Gang) den Mantel des Schweigens zu hüllen. So bleibt das Debütalbum der Briten Tears For Fears als meine erste LP übrig.

Ein weiterer Zufall wollte es, daß sich diese LP auch immer noch in meinem Besitz befindet, ganz im Gegensatz zu allen anderen Platten, die ich im Verlauf der folgenden Jahre so zusammenkaufen sollte. Das hat nicht nur nostalgische Gründe. »The Hurting« ist ein waschechtes Produkt der Achtziger. Bevor die Band nur kurze Zeit später so richtig berühmt werden sollte, verpflichtete sie sich dem Image des nachdenklichen jungen Mannes. Ein Blick auf das Cover genügt, um das festzustellen: die zwei noch reichlich milchgesichtigen Burschen befinden sich am Ufer eines Sees, auf dem sich einige nur schwerlich ins Bild passende Enten tummeln. Die beiden schwarzgewandeten Gestalten ignorieren diese Tatsache allerdings meisterlich, indem sie zwei achtzigerspezifische New-Romantic-meets-Existenzialismus-Blickvarianten zur Schau stellen. Der stehende junge Mann (Sänger,

Gitarrist und Songwriter Roland Orzabal) richtet seinen Blick unverwandt in eine namenlose Ferne, seine Mundwinkel strikt nach unten gezogen, während der Sitzende (Sänger und Bassist Curt Smith) seinen Kopf leicht zur Seite neigt und seinen zweifellos ebenso leeren Blick eher im Inneren verweilen läßt. Mich als Heranwachsenden haben diese Gestaltung und vor allem die schon so ernste Attitüde zweier noch so junger Leute allerdings derartig fasziniert, daß ich Großes erwartete und außerdem mit dem Plattencover als Vorlage zum Friseur ging. Diese Idee war so erfolglos wie meine Begeisterung für die Musik groß war.

Die beiden sparen auf ihrem Erstling nicht mit Pathos, allein ein Blick auf die Songtitel – »Mad World«, »Suffer The Children«, »Start Of The Breakdown« – genügt, um zu erkennen, daß es hier um die ganz großen Dinge des Lebens geht. Besonders gekümmert haben mich die Songtexte allerdings nicht, es ging eher um eine Ahnung dessen, worum es sich in den Stücken dreht. Und darum, mit zwei Bambusstäben, einer als Gitarre, der andere als Mikrofonständer, den Traum vom beseelten Popstar in den eigenen vier Wänden nachzuempfinden. Mitsingen war allerdings nur in bedingter Lautstärke möglich, da die Peinlichkeit des Gehörtwerdens im elterlichen Wohnzimmer stets wie ein Damoklesschwert über mir schwebte.

Aber, wie gesagt: es hätte schlimmer kommen können. Ich hätte bei der Spider Murphy Gang hängenbleiben können. Dann wäre ich vielleicht jetzt ein golfspielender Architekt …

Silke Burmester

Das Geheimnis des 8. Januar

Elvis Presley: »Flaming Star«

Manche Dinge, die in der Vergangenheit liegen, lassen sich schlecht datieren. Das erste Eis zum Beispiel, das erste Pflaster auf aufgeschürftem Knie oder das erste Mal Elvis-Hören. Ich kann also nicht sagen, wann ich das erste Mal Elvis hörte, ob mich ansprach, was ich hörte, oder ob es für mich weiterhin keine Frage war, Schlagern den Vorrang zu geben. Ich muß etwa fünf Jahre alt gewesen sein, denn mit sechs Jahren war ich bereits firm darin, die samtige Stimme aus jedem NDR 2-Potpourri herauszuhören. Ich erkannte den König der Schmalztolle, wo immer sein Bild auftauchte, und wußte um seine dumme Tochter, die nur wenig jünger war als ich und die mir deutlich signalisierte: spar dir deine Träume von Adoption und Glück, ich bin sein Mädchen – der Platz ist besetzt.

In unserem Haus gab es eine Elvis-Single aus dem Rock 'n' Roll-Bestand meiner Mutter, aber der NDR mit seinem Repertoire unverfänglicher Unterhaltungsmusik spielte zuverlässig das eine oder andere Stück am Tag. Eine Platte zu kaufen, richtig zu kaufen kam mir nicht in den Sinn. Das war nichts, wofür man bei uns Geld ausgab. So war es mehr Zufall, daß ich eines Tages, ich werde wohl acht Jahre alt gewesen sein, »Flaming Star« erwarb. Ich war mit dem Bus nach Bergedorf gefahren, Hamburgs größtem Stadtteil, und für eine, die aus dem öden Reinbek kommt, ein Erlebnis-Universum aus Pommesbude, Softeis-Stand und großen Jungs.

Und Hertie. Hier hatte ich, etwa drei, vier Jahre zuvor, meine erste Single gekauft. Das wird 1971 gewesen sein. Eine Single kostete damals noch fünf Mark, eine Summe, die ich als eiserne Sparerin locker auf den Tisch legte – wenn ich mir auch über den Wert des Tausches voll im klaren war. Deshalb gab ich mein Geld auch nur für meinen absoluten Lieblingsvater hin. Von keinem anderen wollte ich zu dieser Zeit adoptiert werden. Katja Ebstein und Udo Jürgens sollten meine Eltern sein. Und weil ich nicht genau sagen konnte, wie die

Platte hieß, die ich begehrte, sang ich dem Schallplattenverkäufer das Lied einfach vor: »Anuschka, sag, wie kann man nur so sein, wer redet dir das ein, dir fehlt nur etwas Mut. Anuschka ...«

Hertie also hatte sich bewährt und lag mit seinen Sonderangebotstischen vor der Tür optimal zwischen der Pommes-für-ne-Mark-Bude und dem Waldmeister-Softeis-Stand. Man ging und schaute, und ich entdeckte Elvis Presley für sechs Mark. Bingo. Das ging. Soviel Geld war drin. Etwas, das billig war, war o. k., selbst eine Platte.

Ich raste in mein grünes Kinderzimmer, und endlich mußte der »Braun«-Schneewittchen-Sarg, ein Geschenk eines, wie sich später herausstellte, Alt-Nazis, nicht länger nur die Barbie im Kreis fahren. Elvis war da, und wenn ich mich auch etwas wunderte, über olle Stücke wie »Yellow Rose of Texas« etwa, so war doch mit Titeln wie »Wonderful World« oder »Night Life« die melodiöse Grundlage geschaffen, die Gedanken auf Reisen ins ferne Memphis zu schicken und die Überzeugung zu nähren, daß Elvis mir einen Cadillac schenken würde, wüßte er nur endlich, daß wir beide am gleichen Tag Geburtstag haben. Am achten Januar Geburtstag zu haben war (und ist) eine Besonderheit, und ich wußte, daß es mich von den Millionen Fans unterschied, die an den bedeutungslosen 364 anderen Tagen das Licht der Welt erblickt hatten. Ich malte mir aus, wie ich den Brief gestalten würde und wie es wäre, seine Aufmerksamkeit zu bekommen, durch das Auto, das er mir in einem Container mit roter Schleife drumrum nach Deutschland schicken würde. Ich wußte, eines Tages würde ich es tun. Vielleicht, wenn ich endlich Englisch spräche oder zumindest eine Englisch-Lehrerin kennen würde ...

Im Sommer 1977 war ich elf Jahre alt. Es war auf der Rückfahrt aus dem Ferienlager Cuxhaven, als ich mit dem Tod meines vermeintlichen Retters konfrontiert wurde. Jemand hatte am Rastplatz eine »Bild«-Zeitung gekauft. Natürlich war ich über die üblichen Machenschaften des Blattes informiert und sah eine Chance darin, auf eine der berühmten Zeitungs-Enten zu setzen: »Bild sprach zuerst mit dem Toten.« Doch schnell wurde klar, daß diesmal die Wahrheit auf der Titelseite stand. So erlebte ich nicht nur erstmalig diese eigentümliche Getroffenheit, die der Tod eines Unsterblichen mit sich bringt, sondern auch die Erfahrung, daß es irgendwann für die Dinge zu spät sein kann, die zwar fester Bestandteil der Zukunftsplanung sind, die man aber leider versäumt hat zu datieren.

Gabrielle Schultz

Willy im Etagenbett

Konstantin Wecker: »Genug ist nicht genug«

Rock me baby … rock me baby. Die Musik gefiel mir nicht, aber der hübsche Junge auf der Plattenhülle. Deswegen hörte ich auch aufmerksam zu. Meine Freundin Angela las gerade den Fotoroman der letzten »Bravo«, und ich saß auf dem Bett daneben und bemühte mich, einen Blick auf die Fotos zu erhaschen. Auf dem Plattenteller rotierte Angelas neueste Single: »Rock me baby.« Ich betrachtete ausgiebig das Cover der Single, der Sänger hieß David Cassidy. Er lächelte mich mit seinen leuchtend blauen Augen an, aber ich verstand ihn nicht. Was bedeutete »Rock me baby«? Ich war damals 14 Jahre alt, klapperdürr, trug am liebsten einen kurzen dunkelbraunen Lederrock mit einem orangefarbenen T-Shirt, das grasgrüne Ärmel hatte, an meinen Beinen rutschten knallgelbe Kniestrümpfe herum. David gefiel mir, vor allem weil er eine knallenge himmelblaue Jeans trug, so eine, wie ich sie immer haben wollte. Damals wollte ich viele Dinge haben. Eine echte Wrangler, echte braune Lederstiefel, ein großer Plattenspieler und mindestens eine Single waren für mich der Inbegriff von Freiheit. Ich glaubte, daß diese Dinge mein Leben grundlegend verändern würden, daß dann einfach alles anders werden würde.

Was bedeutete »Rock me baby«? Angela wußte es auch nicht, aber sie hatte eine Jeans, einen Plattenspieler und drei Platten: David Cassidy, T. Rex und Sweet. Eigentlich mochte ich die Musik nicht, sie klang so durcheinander in meinen Ohren, und ich verstand die Texte nicht. Aber ich hatte das Gefühl, daß ich nur mit David Cassidy und einer verwaschenen Wrangler meinen Kinderschuhen entwachsen könnte. Was meine liebevolle Mutter natürlich ganz anders sah. Sie hatte genaue Vorstellungen davon, was sie uns mit auf den Lebensweg geben wollte. Auf jeden Fall hielt sie es für schlecht, uns alle Wünsche zu erfüllen. Hinzu kam ihre tiefe Abneigung gegenüber technischen Geräten, deren Handhabung sie nicht sofort durchschauen konnte.

Bei uns zu Hause gab es einen Schwarzweißfernseher und ein kleines Radio, die der Aufsicht meiner Mutter unterstanden. Es dauerte viele Jahre, bis wir gegen den hartnäckigen Willen meiner Mutter endlich einen Farbfernseher bekamen. Noch heute höre ich ihre verzückten Worte: »Die bunten Mainzelmännchen sind viel schöner.« Mein Herz machte einen Freudensprung, und für einen Bruchteil einer Sekunde glaubte ich, sie endlich von der Notwendigkeit einer Schallplatte überzeugen zu können. Doch ihre logische Anwort ließ mich verstummen: »Wir haben keinen Plattenspieler.« Es war sinnlos, mit ihr zu diskutieren, obwohl es Spaß machte. Und so lernte ich, geduldig auf ein Machtwort meines Vaters zu warten, dem wir bis heute zutiefst dankbar dafür sind, daß wir einen bunten Fernseher, einen Videorecorder und ein Telefon haben.

So ging ich jede Woche zu Angela, studierte immer wieder die bunten Hüllen der Platten und schickte sehnsüchtige Stoßgebete zum Himmel, daß irgend jemand meine Wünsche erhören möge. Angela, die schon wesentlich reifer war als ich, vermutete, dass »Rock me baby« irgend etwas mit Küssen zu tun habe. Küssen fanden wir aufregend, von Knutschen hatten wir nur eine verschwommene Vorstellung. Aber so wie wir aussahen, mit unseren staksigen Beinen und flachen Brüsten, liefen die Jungs mit den knallengen Jeans an uns vorbei. Und wir begnügten uns mit dem Fotoroman in der »Bravo«, verschlangen die Leserbriefe an Dr. Sommer und verzweifelten ein wenig. Von einem blauäugigen David wollten wir geküßt werden, und wir dachten, wenn uns ein Junge wie David küßt, dann haucht er uns hinterher »Rock me baby« ins Ohr.

Mein fünfzehnter Geburtstag stand bevor, und meine Sehnsucht nach einer Platte, einem Kuß und einer himmelblauen Jeans hatte unermeßliche Ausmaße angenommen. Meine Mutter erbarmte sich und kaufte mir eine dunkelblaue Jeans bei C&A in der Kinderabteilung. Also setzte ich mich mit der dunkelblauen, viel zu weiten Jeans (immerhin war es eine Jeans) in die Badewanne und bürstete sie stundenlang, in der Hoffnung, daß sie heller und enger werden möge. Nichts geschah. Sie blieb so dunkel wie meine Hoffnung auf eine Platte.

Ich beschloß meinem Elend eine Ende zu machen und nahm einen Job in einer Wäscherei bei uns um die Ecke an. Ich schrubbte Böden für 3 Mark 50 in der Stunde und war fest entschlossen, mir von dem ersparten Geld meine erste Schallplatte zu kaufen. Zwar gab es keinen Plattenspieler, aber das störte mich nicht weiter. Meine erste Platte würde schon einen Plattenspieler finden.

Meine Eltern beobachteten mich mit Stolz und fühlten sich in ihrem Erziehungsstil bestätigt. Immerhin verdiente ich mein erstes eigenes Geld. »Sie wird selbständig«, meinte meine Mutter. Woraufhin mein argwöhnischer Vater entgegnete: »Ich bin gespannt, was sie mit dem Geld macht.« Es dauerte einige Wochen, bis ich das Geld zusammenhatte. Dazwischen begutachtete ich immer wieder die drei Platten meiner Freundin Angela, als ob ich mich für eine entscheiden müßte. Ich wußte nicht, für welche, aber das war nicht so wichtig.

Eines Mittags, ich hatte die letzte Schulstunde geschwänzt, traute ich mich in einen kleinen Plattenladen in der Nähe meiner Schule hinein. Das Geld befand sich griffbereit in einem Portemonnaie, das ich sicherheitshalber vorne in die Hosentasche meiner noch immer zu dunklen Jeans gestopft hatte. Endlich würde ich dazugehören. Das Geschäft war leer. Hinter der Kasse döste ein junger Mann mit langen Haaren, der mich nicht zur Kenntnis nahm. Mein Magen krampfte sich leicht zusammen, als ich durch das Geschäft strich. Wahrscheinlich sah man mir an, daß ich niemals zuvor eine Platte gekauft hatte. Ich holte tief Luft und ließ meinen Blick über die vielen bunten Hüllen wandern, auf denen Namen standen, die ich alle nicht kannte. Gott sei Dank nahm mich der junge Verkäufer nicht wahr. Er las in einem Buch. Ich traute mich nicht, die Plattenhüllen anzufassen. Ein Mädchen aus meiner Schule, sie war eine Klasse über mir, betrat das Geschäft. Ich erstarrte vor Schreck und drückte mich in die letzte Ecke des Geschäftes. Das Mädchen nahm mehrere Platten aus einem Ständer heraus und begutachtete sie. Meine Hand zitterte leicht, als ich sie vorsichtig ausstreckte, um das gleiche zu machen wie das ältere Mädchen. Wie sie richtete ich meinen Blick angestrengt auf die Platte und las. »Konstantin Wecker, Genug ist nicht genug, mit Willy, Frieden im Land und Der alte Kaiser.« Das stand vorne drauf. Rechts unten in der Ecke befand sich ein orangefarbener Kreis, in dem eine Glocke zu sehen war, darüber stand »Deutscher Kleinkunstpreis«.

Ich war verwirrt, Konstantin Wecker sah nicht so aus wie David Cassidy. Ob er eine himmelblaue Jeans trug, konnte ich auf dem Foto nicht erkennen. Er trug ein weißes Hemd und sang in ein großes schwarzes Mikrofon. Er sah ein wenig traurig aus. Was Kleinkunst ist, wußte ich nicht. Gab es auch Großkunst? Ich war verwirrt und versuchte mir einen Reim darauf zu machen. Mir gefielen seine Augen, die so ernsthaft in die Ferne blickten. Mit einem erhebenden Gefühl, das mich durchflutete, beschloß ich, mein schwer verdientes Geld für etwas Ernsthaftes auszugeben. In meiner Phantasie malte ich mir aus, wie ich Angela die Platte zeigen würde. Eine ernsthafte Platte, nicht so bunt und schillernd wie ihre Singles von Sweet und T. Rex.

Auf der Rückseite standen die Texte der Lieder. Ich verstand sie, zumindest verstand ich die Sprache, in der sie geschrieben waren. Einen kurzen Augenblick zögerte ich, eigentlich wollte ich ja eine englische Platte haben wie meine Freundin. Ich begann den Text des ersten Liedes auf der ersten Seite zu lesen, Wecker hatte es für eine Barbara geschrieben. Wie schön, dachte ich, er hat ein Lied für seine Freundin geschrieben. »Viel zu lange rumgesessen, überm Boden dampft bereits das Licht. Jetzt muß endlich was passieren, weil sonst irgendwas in mir zerbricht.« Ich lächelte, diese Platte war meine Platte. Diese und keine andere. »Man verdirbt sie mit Prinzen und statt ins Leben zu sinken, wollen sie fliegen und ertrinken.« Ich lächelte, ich wollte fliegen und ertrinken. Ich lächelte noch immer, als ich die Platte auf die Theke legte. Der junge Mann lächelte zurück, als er mir mein Wechselgeld gab. Ich flog bereits.

Ich versteckte sie, meine erste Platte, vor meiner Mutter, meinem Vater und meiner kleinen Schwester. Niemand sollte sie sehen. Hören konnte ich sie ja nicht, da wir noch keinen Plattenspieler hatten. Ich nahm sie, in eine profane Plastiktüte gehüllt, abends mit ins Bett, ins Etagenbett. Jeden Abend las ich die Texte auf der Rückseite, bis ich sie auswendig kannte. Die Musik stellte ich mir vor, jedes einzelne Instrument, das Klavier, die Gitarre, das Schlagzeug, ich malte mir aus, wie seine Stimme klang, sanft und tief. Nicht so laut und hart wie die Stimmen von T. Rex. Viele Nächte hörte ich im Bett meine erste Platte. Meiner Freundin Angela zeigte ich die Platte zunächst nicht. Ich hatte Angst, daß sie mich auslachen würde.

Das Lied über den alten Kaiser machte mir zu schaffen, ich war mir nicht sicher, ob ich den Text verstand. »Stirb, Kaiser, stirb.« Wer würde noch heute kommen? Warum hat der Kaiser zu viel von ihrem Leben genommen? Warum nimmt ein Kaiser jemandem etwas weg? Auch verstand ich nicht, warum sich Konstantin Wecker mit einem runden Weib begnügen und drei Kinder zeugen wollte. Ganz tief in mir drinnen verstand ich aber, daß dieser Sänger eine tiefe Sehnsucht hatte, die ich kannte. Die ihn irgendwohin zog. Mich zog es auch immer irgendwohin.

Nachdem ich die Platte zwei Wochen lang jede Nacht studiert hatte, verbrachte ich einen Nachmittag bei unseren griechischen Nachbarn, die auch zwei Kinder hatten. Meine Platte hatte ich in meiner Schultasche dabei. Als ich im Wohnzimmer plötzlich einen Plattenspieler entdeckte, den ich bis dahin niemals wahrgenommen hatte, schlug mein Herz ganz laut. Für einen Moment dachte ich, die Erde tut sich auf. Ich nahm meinen ganzen Mut zusammen und fragte leise, ob ich wohl eine Schallplatte auflegen dürfte. Ja, ja, natürlich, der griechische Vater lachte mich freundlich an, gestikulierte und öffnete für mich den Deckel des Plattenspielers. Er nahm an, ich wüßte, wie so ein Gerät funktioniert. Ich reichte ihm meine Platte und zitterte. An seine Worte kann ich mich nicht mehr erinnern. »Daß der Himmel heut so hoch steht, kann doch wirklich kein Versehen sein. Und es ist bestimmt kein Zufall, daß die Lichter sich vom Dunst befreien.« Ich saß regungslos am Boden vor dem Plattenspieler, versank und flog davon.

Einige Monate später kaufte mein Vater einen Plattenspieler, ich glaube von Grundig, und einige Platten mit klassischer Musik, Mozart und so. Als er herausfand, wofür ich mein erstes selbst verdientes Geld ausgegeben hatte, lächelte er. Meine Mutter, die eigentlich die Errungenschaften der Technik als ihre natürlichen Feinde betrachtete, benutzte den Plattenspieler am häufigsten von uns allen. Angela fand erwartungsgemäß meine erste Platte langweilig, wahrscheinlich weil keine englischen Lieder drauf waren. Und als mich das erste Mal jemand küßte, wartete ich nicht darauf, daß er mir »Rock me baby« ins Ohr flüsterte. Mit 34 Jahren, das ist jetzt vier Jahre her, kaufte ich mir meinen ersten CD-Player, einen Plattenspieler habe ich niemals besessen. Meine erste CD hieß übrigens »Genug ist nicht genug«. Und wieder saß ich regungslos am Boden.

Thomas Gesterkamp

Bohnenstroh aus Luxemburg

Jethro Tull: »Thick as a brick«

Es waren harte Zeiten für 14jährige Musikfans. Der ARD-»Beatclub« eingestellt, im ZDF Dieter Thomas Hecks »Hitparade« und Ilja Richters »Disko«. Statt Viva und MTV Max Greger und Kurt Edelhagen – »Melodie und Rhythmus« hieß das im öffentlich-rechtlichen Rundfunk. Wer von der britischen oder amerikanischen Szene etwas mitbekommen wollte, war auf Sendungen wie »Die großen Acht mit Frank« (Elstner!) angewiesen. Die Privatfunker von Radio Luxemburg sendeten damals auf einer notorisch pfeifenden Mittelwellen-Frequenz. Auf meiner ersten Bandmaschine, einem Monogerät von Telefunken, hörten sich die Aufnahmen zum Weglaufen an.

In die übliche Single-Melange aus Sweet, Slade und T. Rex, allesamt höchstens 2'30, verirrte sich eines Tages ein ungewöhnlicher Sound: ein fast fünfminütiger Auszug von der zweiten Seite der LP »Thick as a brick« von Jethro Tull.

Ich hatte die Gewohnheit entwickelt, die von »Frank« und seinen Kollegen gespielten Stücke auf Verdacht mitzuschneiden, sie mir später in Ruhe anzuhören und erst dann festzulegen, ob sie einen Platz auf meinen wertvollen Bändern verdienten. Auf Hits der Sorte »Coco« oder »Hot love« folgte da plötzlich etwas, das merkwürdig und fremd klang, aber gerade deshalb eine leise Ahnung von einem Musikleben jenseits der Charts verriet.

In den Tagen nach meinem Zufallsfund hörte ich mir Ian Andersons sonderbaren Querflöten-Rock mit wachsender Begeisterung an. Auf Dauer war das Pfeifen im Hintergrund allerdings unerträglich. Deshalb kaufte ich die Platte, meine erste LP. Eine neue Welt tat sich auf. Ich machte die Erfahrung, daß »guter Sound« nach häufigem Hören immer besser klingt. Das prägte, führte später zur Entdeckung von Klassik und Jazz. Es war der Abschied vom Gedudel der Top Ten – und der Beginn einer bis heute anhaltenden Aversion gegen akustische Umweltverschmutzung. Den vom Computer ausgesuchten

Mainstream im durchformatierten Radio kann ich nicht viel länger ertragen als einst »Melodie und Rhythmus«.

Für den altklugen Oberschüler-Zirkel, der sich 1972 in der Raucherecke traf, war Jethro Tull Avantgarde – nicht nur, was die für eine Rockgruppe ungewöhnliche Instrumentierung mit Flöte, Saxophon, akustischer Gitarre oder gar Streichern anging. »Progressiv« erschien uns auch das Prinzip des Konzeptalbums: das durchgängige 45-Minuten-Stück, statt ein Dutzend mittelmäßiger Popsongs um den Nummereins-Hit zu gruppieren. Die exotische Aufmachung des Covers tat ein übriges: Die Platte steckte in einer Zeitung. In ihr waren nicht nur die Texte abgedruckt, sondern auch merkwürdige Berichte aus der britischen Provinz, in denen die Bandmitglieder eine undurchsichtige Rolle spielten. Als echter Fan habe ich natürlich alles, wirklich alles übersetzt. Das verbesserte immerhin meine Englischkenntnisse. Die verhalfen mir bald zu der Erkenntnis, daß es sich weitgehend um ziemlichen Blödsinn handelte. Ich habe Jahre gebraucht, um zu kapieren, was »Thick as a brick« bedeutet: »Dumm wie Bohnenstroh« und nicht »Dick wie ein Ziegelstein«, wie ich nach der Konsultation diverser Lexika herausgefunden zu haben glaubte.

Ein paar Monate später besaß ich sämtliche Alben meiner Lieblingsgruppe. Damals gab es glücklicherweise erst fünf. Wir bildeten (männliche) Fangemeinden. In den Partykellern unserer Eltern verbrachten wir ganze Nachmittage mit der Frage, ob Santana oder Pink Floyd ebenso »progressiv« einzustufen seien wie Tull. Reichten die Qualitäten von Gitarrist Martin Barre an die Fingerfertigkeit von Ritchie Blackmore (Deep Purple) heran? Den Kummer wegen der (nicht vorhandenen) Mädchen, die weiterhin für Marc Bolan und Konsorten (oder gar für Melanie-Moustaki) schwärmten, haben wir dabei glatt vergessen.

Im Herbst investierten wir unser Taschengeld in das Konzert in der

Stadthalle. Ian, Martin und seine Kumpel dehnten »Thick as a brick« auf eine Live-Version von anderthalb Stunden aus. Als Zugabe spielten unsere Helden »Aqualung« und natürlich »Locomotive breath«. Diesen Gassenhauer kannten später sogar unsere Freundinnen – er fehlte, unvermeidlich wie »Satisfaction«, auf keiner Teenie-Fete.

Und heute? Jethro Tull gibt es immer noch, macht auf Heavy Metal und produziert seit zwanzig Jahren ein schlechtes Album nach dem anderen. Ian Anderson hat sich als reaktionärer englischer Landlord entpuppt, der Pferde liebt, Maggie Thatcher gut findet und überflüssige Live-Compilations auf den (schrumpfenden) Fanmarkt wirft.

Meine erste Platte höre ich nur noch selten. Außerdem ist sie völlig zerkratzt. Ich habe sie nie durch eine CD ersetzt. Der Gag mit der Zeitung kommt bei der Größe einfach nicht mehr gut.

Astrid Paulsen

Schnaps, Schlampen und Geschrei

AC/DC: »Highway To Hell«

Revivals lügen. Die Siebziger waren nicht cool und geblümt. Sie waren deutsch, verklemmt und spießig. Und ihr Ende war nicht hell, smart und wild. Ihr Ende war neblig und grau.

Der Tod Rudi Dutschkes am Heiligen Abend 1979 zog den Schlußstrich unter ein Jahrzehnt, das neben dem sogenannten heißen, tatsächlich nur bedrückenden Herbst musikalisch vor allem bunte Chinn-Chapman-Teenie-Pop-Erfindungen, Bombast-Rock, Disko, einige 68er- und Westcoast-Nachwehen und schließlich Punk zu bieten hatte. Mittelmaß, Glätte, Erfolgsgeilheit der Achtziger warfen ihre schleimigen Schatten voraus in Gestalt von Gruppen wie Electric Light Orchestra oder Supertramp; Rod Stewart landete 1979 mit der lächerlichen Frage »Da Ya Think I'm Sexy?« einen Nummer-eins-Hit. Bessere Aussichten: Police, Pretenders, Blondie und Talking Heads waren junge, neue Stars. Das war Post Punk und New Wave und überlebte sich innerhalb von vier, fünf Jahren. Die wichtigste und erfolgreichste Platte im Herbst 1979 war Pink Floyds »The Wall«: alte Männer sangen den Protest der Pubertät.

Vielleicht schien alles so neblig, weil das Wetter wirklich so war. Vielleicht schien es so, weil für die mit den großen Fragen des Daseins beschäftigte Jugend – Was ist der Sinn des Lebens? Wo kommen wir her, wo gehen wir hin? Was kommt in der Mathearbeit? – die Zukunft so unsichtbar, verschwommen und düster drohte.

Jedenfalls in Dortmund-Wickede. Dortmund, Nordrhein-Westfalen, vor zwanzig Jahren, klingt nach großer, grauer Industriemetropole. So ähnlich wie Glasgow, Schottland, in den Fünfzigern, wo die AC/DC-Köpfe und -Gitarristen Malcolm und Angus Young 1953 und 1959 geboren wurden und von wo sie mit ihrer Familie 1963 nach Sydney, Australien, auswanderten. Harte Industriestädte mit schwieriger wirtschaftlicher Lage. Doch Wickede, ein eingemeindetes Hellwegdörfchen in Dortmunds äußerstem Osten, ist nicht die große, graue Metropolenrealität. Es ist das ganz platte westfälische Land. Ein räumliches und zeitliches Nirwana. Keine Disko, kein Kino, kein Klub. Das evangelische Lutherheim wird wegen angeblicher Baufälligkeit abgerissen, dabei weiß jeder, daß die Gemeinde nur die Kiffer aushausen will. Es ist nett, aber nichts los. Die Schule ist im nächsten Ort, Asseln. Noch so ein Hellwegdorf, das nur dem Stadtplan nach zur Großstadt gehört. Dasselbe in Grau. Keine Coolness, keine Blümchen, kein Fun.

Im schlimmsten Teil der Jugend wird die Psychokiller-Phantasie aus AC/DCs »Night Prowler« wahr: »*Too scared to turn your light out / 'Cos there's something on your mind / Was that a noise outside your window? / What's that shadow on the blind? / As you lie there naked / Like a body in a tomb / Suspended animation / As I slip into your room.*« Es ist fürchterlich, vor allem oft sterbenslangweilig, sogar die Visite eines Mörders eine halbwillkommene Abwechslung. Zu den wichtigen Dingen des Daseins gehört der Wunsch dazuzugehören, irgendwo, irgendwie. In einer Schulklasse, die sich je zur Hälfte in Streber und Schlampen teilt, darf und muß eine Zugehörigkeitsentscheidung getroffen werden. Sie heißt AC/DC, denn die werden jedenfalls nicht von den Falschen geliebt. Streber 1979 sehen aus wie FDP-Abgeordnete – gelbe Pullunder, blaue Oberhemden, Aktenköfferchen (männlich) oder z.T. gar noch Rüschenblusen und Tornister (weiblich). Die Insignien der Coolness dagegen sind lange Haare, Bundeswehr-Parkas, nur noch zu übertreffen mit Nato-Jacken, kleinem Sturmgepäck ohne Schularbeiten drin und AC/DC-Aufnäher drauf. Genau so wollen wir sein.

Der Soundtrack zu diesem Film ohne Handlung, der nur »Highway To Hell« heißen kann, erscheint am 27. Juli 1979 und klettert auf die Hitparaden-Plätze sieben (in der Bundesrepublik), acht (in Großbritannien) und 17 (in den Staaten). Der bis dahin größte kommerzielle Erfolg der Band stellt mit dem einleitenden Titelstück klar, wie das Leben zu gestalten ist: »*Don't need reason, don't need rhyme / Ain't nothing I would rather do / Going down, party time / My friends are gonna be there, too.*« So geht's: zum Teufel mit Schule, Regeln, Ausgehlimit. Wenigstens, was die musikalische Begleitung betrifft, ist das Leben eine einzige kopflose Party. In der Erwachsenenwirklichkeit mögen wir gegängelte Opfer sein, wie in »If You Want Blood (You've Got It)«: »*It's animal / Livin' in a human zoo / Animal / The shit they toss to you / Feeling like a christian / Locked in a cage / Thrown to the lions / On a second's rage.*« Aber auf der Hauptstraße zur Hölle sind wir die Täter: böse, unangepaßt, wild. Tatsächlich besteht die Wildheit nur aus unkonventioneller Attitüde, die Bosheit aus gelegentlichen pubertären Unmütchen, aber das reicht völlig aus. AC/DC gelten ja auch als Heavy-Metal-Band, ohne es wirklich zu sein. Ihr erstes Konzert bestritten sie Silvester 1973 in einem kleinen Klub namens »Chequers« in Sydney mit Nummern der Beatles, Stones und Chuck Berry. Danach hat sich nicht viel verändert: Sie haben sich auf Hardrock, Boogie und Rock konzentriert, einfach der Musik alles Ausgefeilte und den Texten jede Aussage genommen, noch mal Gas gegeben, fertig. AC/DC sind keine Metal-, sondern schlicht eine Rock 'n' Roll-Band. Und »Highway To Hell« ist Rhythm 'n' Blues. Up tempo. Ihre Vorstellung von Musik bringen sie in »Get It Hot« mit der Idealidee eines Samstagabends zusammen: »*Nobody's playing Manilow / Nobody's playing Soul / And no one's playing hard to get / Just a good old Rock 'n' Roll.*«

Unser Wunsch nach Freiheit und Sex allerdings gedeiht nur bei gleichzeitigem Geborgensein in der kleinen, aufgeräumten Spießerwelt. Davon sind die Texte meilenweit entfernt. Hier ist alles klar und hart. »Touch Too Much« beschreibt die sexuellen Wünsche der AC/DC-imaginierten Frau: »*She wanted it hard / And wanted it fast / She liked it done medium rare.*« Und »Shot Down In Flames« die der Männer: »*Out on the town, looking for a woman / Gonna give me good love / Anybody want to hang out with me? / And maybe burn me up?*«

Die Wahrheit ist: Alkohol- und Sex-Exzesse halten sich 1979 am Asselner Gymnasium in sehr überschaubaren Grenzen. Diese Welt aus wine, women and song – in AC/DCs Fall: Schnaps, Schlampen und Geschrei –, in der alle Frauen Flittchen und alle Männer streunende Köter sind, ist nicht direkt die eigene. Deswegen müssen Angus und Malcolm als Vorbilder herhalten.

Bekanntlich bedeutet AC/DC Wechselstrom/Gleichstrom, den Gebrüdern Young war das bei der Band-Taufe aber nicht so klar. Sie hatten die Abkürzung auf der Rückseite eines Staubsaugers gelesen. »AC/DC. Es hat irgendwas mit Elektrizität zu tun«, wurden sie von ihrer Schwester Margaret aufgeklärt. Allerdings nicht vollständig; die sexuelle Konnotation ist ihr entgangen, weswegen ihre Brüder Jahre ihres Lebens damit zubrachten zu betonen, sie seien nicht schwul. Wir haben das selbstverständlich nie verwechselt. Die Platte handelt von Macker-Sex, und in dieser Disziplin sind die Young-Brüder ausgewiesene Experten. Malcolm verließ die Schule mit 15, arbeitete anschließend in einer BH-Fabrik; Angus tauschte seine akademische Karriere mit 14 gegen eine Stelle als Drucker bei einem Soft-Porno-Magazin. Für 14jährige Schüler reicht das als Qualifikation. Außerdem sind die Texte im Vergleich zur Musik zweitrangig. Das ist Rock 'n' Roll, deswegen sind die Stones oder Hendrix aufregender als die Ende der Siebziger noch zuckenden Liedermacher. So sitzen wir da in unseren Wranglers und den zwei Nummern zu großen Karohemden und finden uns ganz schön heavy.

Rock als Revolte, als Utopie einer anderen Welt, haben Angus & Co. nicht auf der Pfanne. Ein gewisses Unbehagen mit dem Hier und Jetzt ist alles, wozu es reicht. »If You Want Blood (You've Got It)« faßt es zusammen: »*It's criminal / There ought to be a law / Criminal / There ought to be a whole lot more / You get nothing for nothing / Tell me who you can trust / We got what you want / And you got the lust.*« Der tiefere Sinn dieser Verse, der Grund für die Wut, die Aussicht auf Lösung bleiben dunkel. Nun ist der Reiz einer Band, deren alleiniger Nutzen im Erschrecken von Eltern und Lehrern besteht, für Erwachsene nicht mehr so groß, da rettet auch Angus' Schuluniform nichts, die er bei seinen Live-Auftritten trägt.

Genau ein halbes Jahr nach der »Highway To Hell«-Veröffentlichung, am 27. 1. 1980, trat AC/DC-Sänger Bon Scott zum letzten Mal mit seiner Band auf. In der Nacht des 20. Februar 1980 starb er sturzbetrunken im Auto eines Freundes, der seelenruhig in seiner Wohnung schlief. Richtige Rockstars setzen sich den goldenen Schuß, fallen mit dem Flugzeug vom Himmel, rauschen mit dem Auto gegen Bäume, schießen sich den Kopf weg. Bon Scott starb nicht wie ein Rockstar, er starb wie ein Penner. Seine AC/DC-Kollegen schafften wenige Monate später mit dem »Highway To Hell«-Folgealbum

»Back in Black« und neuem Sänger Brian Johnson den größten Hit ihrer Karriere: Nummer eins im Großbritannien, Nummer zwei in Australien, Nummer vier in den USA. *The show must go on*, auch Schuluniformen schützen nicht vor dem Erwachsenwerden. Einen Vorwurf kann man ihnen nicht machen – sie hatten nie was versprochen. Und zumindest Bon Scott hat alles gehalten.

Kann sein, daß das Leben einfach so vorbei ist, total besoffen, in einem Auto, das dir nicht mal gehört. Kann aber auch sein, daß es gerade erst anfängt. Der Herbst 1979 versprach ebensowenig und ebensoviel wie »Highway To Hell«. 20 Jahre später ist darüber nur zu sagen, er führte nicht in die Hölle, sondern geradewegs aus ihr hinaus.

Manfred Maurenbrecher

Altstimmen im Regenwald

Gustav Mahler: »Das Lied von der Erde«

Meine allerererste Schallplatte hab ich unter dem Funkturm gewonnen. Ich war zwölf, und wir hatten zu Hause gar keinen Plattenspieler. Ich hielt dieses gerillte schwarze Ding in der Hand, und die Abneigung meiner Eltern gegen die moderne Technik war jetzt der Wall, der mich am Leben hinderte. In Berlin – in meiner Erinnerung – geht zu jener Zeit immer Hagel nieder. Als ich dreizehn wurde, hatte ich meinen Wunsch dann durchgesetzt – ein kleines Gerät mit Lautsprecher im aufklappbaren Deckel stand da, ein drehbarer Teller, ein ›Plattenarm‹, – ich hörte zum ersten Mal Töne aus jenen Rillen (was bis heute für mich ein Wunder ist). Ronnie: »Kenn ein Land, irgendwo ...« Ich wußte sofort, daß es dabei nicht bleiben würde. Aber dies Lied war meine allerererste Platte, eine Single natürlich. Kinder gewinnen meist Stückwerk.

Wenn ich aber von der LP erzählen soll, die es als erste geschafft hat, ihrerseits kleine klingende Rillen in mir einzugravieren, dann muß ich an meine Eltern denken. Sehr viel fixer als ich hatten sie damals nämlich, wo der unheimliche technische Kasten nun schon einmal im Wohnzimmer stand, ihre Schallplattensammlung beisammen. Jetzt wurden Mozart, Johann Strauß oder schlesische Adventslieder zum Kaffeetrinken gehört. Und noch eh ich mit »Beatles for Sale«, den Seekers oder den »Songs of Leonard Cohen« ankam, noch vor »Words of Love« seh ich mich allein im dämmerigen Wohnzimmer hocken und den letzten Satz von Gustav Mahlers »Lied von der

Erde« hören, mit den Wiener Philharmonikern und Kathleen Ferrier, dirigiert von Bruno Walter.

Wie ich das Stück entdeckt habe, weiß ich nicht mehr – daß ich den vibrierend pathetischen Altstimmengesang hinnahm, erstaunt mich bis heute –, aber der Abschied, der in den Worten zelebriert wurde, zusammen mit dieser irrwitzig lautmalerischen Musik, die ja ein Aufbruch ist in die fremde Welt – das hat mich damals begeistert. Ich nahm mir vor, überallhin zu gehen, kleiner Forscher, der ich war, nach China, in den Regenwald (überallhin, wo ich bis heute nicht gewesen bin), und den herrlich schlagerhaften Melodiebogen zu den Zeilen »Du mein Freund, mir war auf dieser Welt das Glück nicht hold«, den hörte ich wie ein Versprechen. Die Geräusche von der Straße unten paßten zu der Musik, das Wandern der Scheinwerferpaare auf der Zimmerdecke, der Einbruch der Dunkelheit. Und ich wollte allein sein.

Sobald die Schritte der anderen draußen zu hören waren, schaltete ich ab – oder wechselte wohl schnell zu Ronnie zurück, der dann später von Johnny Cash abgelöst wurde: »Kenn ein Land, irgendwo, geht jeden Morgen die Sonne auf …«

Matti Lieske

Mit Elf schon Outlaw

The Beatles: »Help«

Der Tag, der die Welt veränderte, verlief eigentlich ganz normal. Schule, Hausaufgaben, Fußball. Am Abend jedoch kam mein Vater nach Hause und überreichte mir eine kleine unscheinbare Tüte. Darin befand sich eine Single, die in kurzer Zeit einen neuen Weltrekord in der Sparte »Permanente Rotation auf einem Plattenteller« aufstellen sollte: »I Want To Hold Your Hand« von den Beatles. Die bisherige Bestmarke hatte eine Platte gehalten, die mit den schönen Zeilen begann: »Thomas Rock aus Alabama fand um 1808 einen Klumpen puren Goldes und verbarg ihn in der Nacht.« Diese war mir etwa fünf Jahre vorher von Bekannten meiner Eltern geschenkt worden, weil ich sie bei Besuchen so ausdauernd laufen ließ, daß die Besitzüberlassung den armen Leuten als die günstigste Art erschien, vor dem Irrenhaus bewahrt zu werden.

Natürlich waren die Beatles Ende 1963 selbst einem Elfjährigen ein Begriff. Dank der Plattensammlung meiner Eltern verfügte ich über eine profunde Kenntnis der jüngeren Musikgeschichte von Conny Froboess, Peter Kraus, Bill Ramsey und Ralf Bendix über Cliff Richard bis zu Elvis Presley, Harry Belafonte und Louis Armstrong. Den Rest – Shadows, Everly Brothers, Buddy Holly – steuerten Freunde bei. Wir kannten »Please Please Me« und »She Loves You«, wußten um die Beatlemania, die England erschütterte, und freundeten uns langsam mit den fast augenbrauenlangen Haarfrisuren an, die von der älteren Generation »Mähnen« genannt und zutiefst verabscheut wurden. Nur gehört hatten wir noch nicht viel von den Beatles. Im deutschen Radio wurden sie praktisch nicht gespielt, und die legendären Top Twenty auf BFBS liefen so spät am Samstagabend, daß ihr akustischer Genuß erst zwei, drei Jährchen später in Frage kam.

Und plötzlich waren sie da. Mitten in der eigenen Wohnung rotierten sie auf dem Plattenteller, wilde, nie gehörte Musik, die niemandem gefiel, der nicht nach dem Krieg geboren worden war. Plötzlich war man etwas Besonderes, denn man hatte einen eigenen Geschmack. Noch dazu einen, der exklusiv, rebellisch und unerwünscht war. Die meisten Klassenkameraden schauten verständnislos, wenn sie den Namen »Beatles« hörten, die Lehrer reagierten erstaunlich aggressiv und haßerfüllt. Mit elf Jahren schon Outlaw – cool, auch wenn das damals anders hieß.

Selbst tolerante Eltern waren der Dauerbeschallung mit Beatles-Musik nicht gewachsen, und so war bei nächster Gelegenheit ein eigener Plattenspieler fällig, auf dem sich bald weitere Scheiben wie »Can't Buy Me Love«, »A Hard Day's Night« oder »I Should Have Known Better« drehten. Die Sache hatte nur einen Nachteil: Singles waren teuer, vier Mark das Stück, Langspielplatten absolut unerschwinglich, satte 21 Mark, ein Vermögen. Der Nachschub rollte schleppend, das Taschengeld reichte längst nicht, um das ständig steigende Angebot zu bewältigen. Who, Kinks, Small Faces, Stones wollten schließlich auch gewürdigt werden, und die Beatles produzierten nicht nur unsägliche, alberne Filme, die auf ungeheure Begeisterung bei Minderjährigen stiegen, sondern warfen auch Single auf Single auf den Markt.

Die große Sehnsucht galt sowieso der Langspielplatte. Erfüllt wurde sie aber erst Ende 1965, als das erste der begehrten Vinyl-Ungetüme ins Haus kam. Natürlich The Beatles, »Help«, gerade rechtzeitig zur Gründung der ersten eigenen Band, welcher sie nahezu das gesamte Repertoire lieferte, ergänzt lediglich durch »Satisfaction« und »Substitute«. Ein grandioses Geschenk, das sich in der Rangliste der grandiosesten Geschenke durchaus messen konnte mit seinen legendären Vorläufern, dem Kasperletheater des Vierjährigen und der Cowboyausrüstung des Siebenjährigen. Allein der Moment des Auspackens, ein erotisches Erlebnis der frühpubertären Art! Sattes Schwarz, mit spitzen Fingern berührt, das behutsame Auflegen des Tonarms, dann die Erfüllung. »Help, I need somebody«, singt John

Lennon, »help, not just anybody«, und dann das gemeinsam geträllerte, wohlige Schauer produzierende »Heeehehelp«. »Yesterday« schnulzt Paul McCartney, »Act Naturally« knödelt Ringo, und auch George Harrison steuert etwas bei, zum letzten Mal ohne Sitar, »I Need You«, eher unwichtig. Lieblingsstück? Eindeutig »You've Got To Hide Your Love Away«, Lennons melancholischer Klagegesang, auch weil der Text so schön verständlich und leicht nachzusingen war.

Kurze Zeit später erschien »Rubber Soul«, aber inzwischen war Weihnachten, und die finanziell erheblich entspanntere Ära des Tonbandgeräts angebrochen. Diese endete erst einige Jahre später, als die Plattenpreise sanken, das Herumhängen in den entsprechenden Läden eine wichtige Form der gesellschaftlichen Betätigung wurde und Freizeit insgesamt so wichtig war, daß man sie unmöglich damit vertrödeln konnte, stundenlang vor dem Radio zu sitzen und Tasten zu drücken. Hendrix, Dylan, Doors, Jefferson Airplane, Bee Gees, ja, Bee Gees, und obskure Gruppen wie The Incredible String Band waren inzwischen die Heroen, die Beatles spielten längst keine Rolle mehr. So blieb der Grundstein »Help« gleichzeitig das einsame Manifest der vier Liverpooler in einer rapide wachsenden Sammlung bis zu ihrer kompletten Entsorgung im CD-Zeitalter.

Helmut Ziegler

Arthur Brown und die Ritter der Tafelrunde

The Bee Gees: »Best of Bee Gees«

Am Ende fügte sich naturgemäß doch alles. Aber am Anfang …

Am Anfang, also 1969, stand ich, gerade elf Jahre alt, bei Radio Börner. Radio Börner war eins dieser Geschäfte, in denen die Verkäufer graue Kittel trugen, in deren Brusttaschen Spannungsprüfer steckten. Radio Börner befand sich an einer Kreuzung im Norden Hamburgs, einem Stadtteil mit vorzugsweise rot geklinkerten, unter Familienzwisten und Hypothekenlasten ächzenden Reihenhäusern, denen die Besitzer später Windfänge aus Riffelglas spendierten. Als könnte das etwas retten. Aber in einer solchen Gegend schmeißt man sein Geld nicht zum Fenster raus.

Meine Mutter hatte mich zu Radio Börner geschickt, damit ich mir meine erste Langspielplatte kaufte. Vom Taschengeld hatte ich bereits zwei Singles abgezwackt – »Fire« von The Crazy World of Arthur Brown und Barry Ryans »Eloise«. Ihr erschien das unsinnig: Warum für zwei Stücke vier Mark ausgeben, wenn man zwölf für vierzehn haben konnte?

Radio Börner hatte nicht viel Auswahl. Peter Alexander oder Hildegard Knef kamen nicht in Frage, so etwas hörten schon meine Eltern. Nach längerem Wühlen blieben »Get Yer Ya-Ya's Out« von den Rolling Stones und »Best of Bee Gees«. Die Namen beider Gruppen kannte ich immerhin. Ich entschied mich letztlich für die Bee Gees, weil mir das Cover der Stones – ein Trottel mit Trommel, Zylinder und Esel auf dem Mittelstreifen einer einsamen Straße – als zu albern erschien.

Ich habe das Album bis zu meinem 30. Geburtstag nur selten gehört. Arthur Brown war härter und verstörender, Barry Ryan pompöser und eleganter als das Kastraten-Falsett der Gebrüder Gibb. Wenige Wochen nach dem Kauf hielt ich dann sowieso ein Exemplar von »Deep Purple in Rock« in den Händen und war, so dachte ich zumindest, auf alle Zeiten für Kitsch verloren. Als wären Deep Purple,

Charles Bukowski oder das Verkaufen von Partei-Zeitungen der KPD/ML in Einkaufszentren kein Kitsch. Doch das ist eine andere Geschichte.

Mitte der 70er Jahre begegneten mir die Bee Gees noch einmal. Während meines ersten London-Besuches konnte man mich fröhlich bekifft in der ersten Reihe des ersten Stocks eines roten Doppeldecker-Busses sehen. Nach dem Besuch von »Saturday Night Fever« in einem Kino am Leicester Square skandierte ich lauthals »Stayin' Alive, ha ha ha ha, Stayin' Alive«. Aber das war auch die Zeit, in der ich mich bei Madame Tussaud neben Adolf Hitler ablichten ließ.

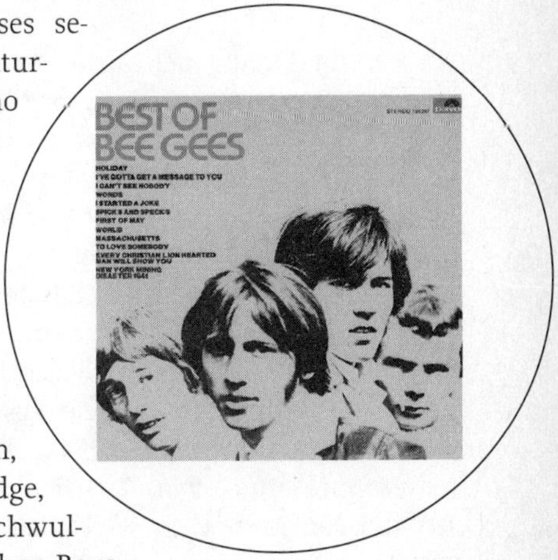

Dann kamen Punk, ABC, ruppige französische Philosophen, auch vier Wochen straight edge, schließlich die postpubertär schwulästhetische Phase mit den Pet Shop Boys – und mein 30. Geburtstag. Ich war gerade aus beruflichen Gründen vom Münchner Sonnenschein in den Hamburger Nieselregen zurückgekehrt und feierte in der frisch renovierten Wohnung. Ein privater Radiosender hatte – damals hielt man das für eine Art subversiven Klatsch – die Adresse öffentlich gemacht. Meine Küche war voll von mir unbekannten Menschen.

Um sie zu verjagen, fräste ich mich durch meine Plattensammlung. Ganz hinten, wo sie aus Sentimentalität jede stalinistische Säuberung überstanden hatte, fand ich »Best of Bee Gees«. Ich hielt das Album für eine Art finalen Rettungsschuß, schließlich war nichts weiter entfernt von einem Soundtrack für sich hip dünkende Medienrevoluzzer, die es für lässig hielten, in die Lüftungsschlitze meines Videorecorders zu aschen.

Am nächsten Tag erzählte mir meine damalige Freundin, sie hätte mich schwer betrunken vor den Lautsprecherboxen sitzend gefunden, wo ich Satzfetzen wie »Now I've Found That The World Is Round«, »Where Are The Girls?« oder »I Started A Joke« vor mich hin gesummt hätte. Wir räumten verkatert den Dreck weg und schliffen die Brandflecken aus dem Parkett. Die Bee Gees-Platte war unauffindbar. Irgendein Sack hatte sie geklaut.

In den nächsten Tagen klapperte ich Second-Hand-Läden ab. Nichts. So kaufte ich mir ersatzweise eine neuere Zusammenstellung, die den Vorteil hatte, daß auf ihr »I. O. I. O.« enthalten war, eine afrikanisch beeinflußte Nummer aus ihrer Ritter-der-Tafelrunde-Phase und bis heute mein absolutes Bee Gees-Lieblingsstück.

Wie immer, wenn mir etwas Altbekanntes plötzlich völlig neu vorkam, wollte ich mehr wissen. Ich las einige Artikel und Lexika-Einträge und stellte fest, daß die Bee Gees einzigartig waren: Nicht nur, weil niemand wimmerte wie verwaiste Seehundbabys – keine Gruppe sonst war auch die gesamte Zeit ihrer Karriere out. Damit schlugen sie sogar die unterschätzten Hollies.

Wie sie mit der ihnen begegnenden Häme, die in der CD-Box »Tales from the Brothers Gibb« als »musikalischer Rassismus« umschrieben wurde, umgingen, verdient Respekt: Egal, lautet das Motto, gar nicht drum kümmern. Es sagt sich zwar mit mehr als 100 Millionen verkauften Platten etwas leichter, wenn jemand wie Denis Leary auf den Tod von Andy Gibb so reagiert: »Das Beste an den 80er Jahren war, daß wir einen von den Bee Gees losgeworden sind. Drei sind noch fällig.« Trotzdem: Selbstironie als Stärke, nicht aus Schwäche, muß man erst einmal haben.

Prototypisch erzählte Maurice Gibb im »SZ-Magazin« die Geschichte von einem krebskranken Mädchen, für das die Bee Gees auf der Intensivstation sangen. Bruder Robins Einwurf: »Erzähl's nicht. Am Ende werden wir noch eingewiesen.« Maurices Fortsetzung: »Danach wurde sie wundersamerweise gesund.« Barrys Kommentar: »Alle anderen werden krank, wenn wir singen.«

Um der Wahrheit die Ehre zu geben: Das neue Best-of-Album habe ich ebenso häufig gehört wie das erste. Vor zwei Jahren stand dann »Best of Bee Gees« mit seinem gelb-verwaschenen Cover und dem lilafarbenen Schriftzug im Fenster eines Trödlers – reingehen und zuschlagen war eins. Beim mehrmaligen Hintereinanderweghören war ich mir sicher, daß beispielsweise das verhallte Klavier-Intro zu »Spicks and Specks« den Keim für meine spätere Dub-Reggae-Obsession setzte, die zuckrigen Streicherharmonien ihre Fortsetzung in meiner derzeitigen Liebe zu Northern Soul fanden. Dann wanderte das Ding wieder ins Regal.

Der ersten Platte wird ja häufig eine mythische Kraft zugeschrieben, in dem Sinne etwa, daß sie der Wegweiser sei zu gutem Geschmack und gerechter Rebellion. Ich kann das nicht bestätigen. Im nachhinein erinnert mich meine erste Platte mehr an meinen ersten Besuch im Stadion, wo ich die Zeitlupe und den Kommentar vermißte, an meinen ersten Zungenkuß mit einem Mädchen, welches sich dann schnell einem Rocker mit Motorrad zuwandte, oder an meine ersten Prügeleien, die ich mal verlor und die mal die anderen gewannen. Andererseits: In einem Song hieß es »Du sagtest goodbye, ich erklärte Spanien den Krieg.« Schon deshalb steht »Best of Bee Gees« heute zwischen Burt Bacharach, den Beach Boys und Beenie Man. Sie sollte sich dort wohl fühlen.

Dietrich zur Nedden

Procol Harum zählt nicht

Queen: »Sheer Heart Attack«

Alle wollen alt werden, aber niemand will alt sein. Dabei wird man während des Älterwerdens wie von selbst alt. Ein paar sterben jung. Es sind nicht immer die guten, aber erstaunlich oft. Ist das dann schon Rock 'n' Roll? Während man älter wird, sich zwar nicht alt fühlt und noch weniger erwachsen, bemerkt man erschrocken und dennoch wie im Vorbeigehn, daß es einen manchmal kaum stört, das Radio eingeschaltet zu haben.

Radio hören – okay, aber dann richtig, Deutschlandfunk bitte und nicht einen dieser serviceorientierten, computergestützt ausgewählte Musiktitel spielenden Sender, die bestimmte Tonfrequenzen meiden, damit niemand abschaltet. Du schaltest ab oder um, weil du Simply Red oder Celine Dion echt nicht hören willst, erst recht nicht, wenn dir zehnmal pro Stunde ins Ohr gehämmert wird, daß das Zeug zu den Super-Hits der achtziger und neunziger Jahre und von heute gehört.

Du haßt die Menschen, die solche Sender dulden, aber du selbst hast neulich auf dem Flohmarkt für drei Mark eine Best-Of-Kassette von Supertramp gekauft. Daß du dich umgeschaut hast, ob dich jemand, den du kennst, dabei beobachtet, war nicht wirklich ernst gemeint. Denn es ist etwas anderes, ein Formatradio ertragen zu können oder zuzugeben, daß eine Band wie Supertramp manchmal sehr gelungene Popmusik fabriziert hat. Ähnlich wie Queen. Freddie Mercury ist tot.

Queens dritte – »Sheer Heart Attack« – war meine erste Platte. Ich kann es allerdings nicht beschwören. Es hat leider keinen Sinn, darüber nachzudenken, ob sie nun ausgerechnet und zweifellos meine erste Platte war. Es führt zu nichts. Die erste selbstgekaufte Platte? Die erste bewußt gekaufte, gezielt ausgewählte Platte? »A Salty Dog«, ein für acht Mark neunzig sehr preiswerter Zusammenschnitt von Procol Harum, zählt nicht, weil der Kauf maßgeblich vom ältesten

Bruder gesteuert war. Und »Fly to the Rainbow« von den Scorpions, die ich besitzen mußte, nachdem mich das Konzert für sechs Mark tief beeindruckt hatte? Ich habe dieses Album mit einem der dämlichsten Cover der Musikgeschichte nicht mehr. Also *one for the first record*: Die einzige erste Platte, die noch in meinem Besitz ist, ist von Queen und heißt »Sheer Heart Attack«.

Mein Plattenspieler hieß Universum, der Name der Quelle-Hausmarke, und trug eine Kristallnadel, die wie ein schrundiger Fingernagel in der Rille kratzte. Davon hat man länger was. Man hört die frühen Jahre, sie grüßen die Gegenwart, jedes Mal, wenn man die alten Platten auflegt. Ich bin mir nicht sicher, ob diese Tatsache es verdient, mystifiziert zu werden. Sind Platten besser als CDs, weil man jenen ihr Alter anmerkt? Der Verstärker war beim Universum eingebaut, seine Plastikhaube schwergängig und ein Anti-Skating, das mehr als eine Attrappe war, konnte man für den Preis wirklich nicht verlangen. Man erzählte sich, die Universum-Produkte würden in der DDR produziert. Eine bessere Erklärung schien sich nicht denken zu lassen.

Ich glaube, ich hatte im Radio die Single »Killer Queen« gehört, 1974 ein Nummer-eins-Hit. Dann fiel mir beim Flippen in den nicht sehr üppig gefüllten Plattenregalen des Wertheim-Kaufhauses »Sheer Heart Attack« in die Hände, und zwar eine italienische Pressung, was den günstigen Preis von, ich glaube, 14 Mark neunzig erklärte. Dieser gleichsam außermusikalische Umstand gab den Ausschlag, die Platte zu erwerben, und erspart die Antwort auf die Frage, warum sie eigentlich nie zu meinen Lieblingsplatten gehörte, zu denen für die Insel. Ich besaß sie nun, mußte damit fertig werden, und daß ich sie doch dauernd gehört haben muß, beweist meine vergleichsweise umfassende Textsicherheit: »*Happy little day, Jimmy went away/Met his little Jenny on a public holiday.*«

Als ob Stereo gerade eben erfunden worden wäre, puzzelten Queen auf »Brighton Rock«, dem ersten Stück, das man damals den opener nennen mußte, und besonders auf »Now I'm here«, dem letzten der ersten Seite, Passagen zusammen, die mit einem ständigen Wechsel der Kanäle spielten: »Now I'm there« ... ein hübsches, wenngleich kaum aufregendes Detail. Imponierender war schließlich ein eher sportiver oder handwerklicher Aspekt, nämlich daß Queen auf dem Cover versicherte, *no synthesizers* benutzt zu haben. Und dann trotzdem diese bombastische, orchestrale Klangfülle, der gewaltige Sound, der den Universum-Plattenspieler und seine 10- oder 15-Watt-Boxen vor erhebliche Probleme stellte. Der stolze Hinweis auf den Verzicht der damals weitgehend unvermeidlichen Synthies fehlte auch bei den folgenden zwei oder drei Queen-Alben nicht, sogar »Bohemian Rhapsody« kommt ohne aus, bis die Band dann irgendwann einknickte und Sachen wie »Radio Gaga« produzierte, ein elektronisch ziemlich läppisch aufgemöbeltes Liedchen.

Auf dem *inner sleeve* war neben dem Queen-Logo zu lesen, Brian May sei zuständig für die *guitar orchestrations.* Ein ausgetüfteltes, fein abgestimmtes Arsenal an Effektgeräten half ihm beim Zaubern, das eigentliche Geheimnis aber war nur ein Gerücht: Brian May hatte den Korpus seiner Gitarre eigenhändig aus einem Dachbalken geschnitzt. Jedesmal, wenn ich daran denke, stelle ich mir noch heute unwillkürlich vor, die Bastelarbeit selbst habe entsprechend auf einem Dachboden stattgefunden und dieser Dachboden sieht verdammt so aus wie der Dachboden im Haus meiner Eltern. Aber ich spielte, höchstens Luftgitarre, ansonsten Fußball.

Licht- oder zumindest drei oder vier Jahre war die Welt 1974 davon entfernt, daß in ihren Sportstadien »We are the Champions« bei jeder erstbesten und billigsten Gelegenheit gespielt wird: »*No time for losers, 'cause we are the champions*« – ein halbwegs zurechnungsfähiger Mensch hält das gar nicht aus. Das größte Rätsel aber lautet nicht, warum das immer so weitergeht, sondern warum die beiden Stücke, die sich beim fußballorientierten Publikum einer besonders hartnäckigen Gunst erfreuen, von Schwulen stammen. Außer der Champions-Hymne ist bekanntermaßen die Melodie des Aufrufs »Go West« sehr beliebt: »Steht auf, wenn ihr ...« usw. Die Originalversion der Village People – die der Pet Shop Boys löste erst die Fan-Adaption aus – lädt eindeutig den in der Provinz diskriminierten Homosexuellen nach San Francisco ein, nicht wegen der Blumen, welche die

Leute dort im Haar tragen, sondern wegen etwas anderem. Ich wollte darüber längst einen Essay geschrieben haben, aber die wirklich wichtigen Sachen bleiben ja immer liegen.

Es hat übrigens eine Zeit gegeben, da Queen Verlierer nicht denunzierte. Auf der zweiten LP, die mir der Nachbarjunge schweren Herzens auslieh – aber nur bis morgen! – war ein geradezu deprimierendes Stück des Schlagzeugers Roger Taylor: »Mama's got to be the loser in the end.« Diese Reprise konstruiert wie von selbst einen mathematikfernen Dreisatz. Als das noch fehlende Dritte zwischen Fußballstadion und Verlierern mag die Nachricht gelten, daß eben dieser Roger Taylor 1998 gegen den Verkauf von Manchester United für 1,8 Milliarden Mark an Rupert Murdoch demonstrierte.

Aber Freddie Mercury ist tot. Vor der Gründung der Band betrieb er, der »homophile Schönling« (Rockmusiklexikon), zusammen mit Roger Taylor eine Boutique am Kensington Market. Bis es unvermeidlich war, nämlich als er gleichsam öffentlich an Aids starb, wußte ich nichts davon, daß Mercury schwul war, ich fand aber wohl die schwarzlackierten Fingernägel der linken Hand, die er auf dem Coverfoto zeigt, attraktiv, denn ich erinnere mich dunkel, dumpf und ungern, mir damals zwei- oder dreimal die Fingernägel schwarz lackiert zu haben. Peinlichkeiten dieser Art lassen sich nicht einmal mit dem Hinweis aufs Jungsein entschuldigen. Sie zu gestehen ist andererseits ein Zeichen, daß man älter geworden ist.

Joseph von Westphalen

Frühling in Alaska

Various Artists: »Lonesome Cowboy«

Groß die Versuchung zu lügen, denn die Wahrheit tut weh. Und bringt sie was? Warum sollte man an seinem Bild keine kleinen Striche vornehmen?! Machen Sie das Beste aus Ihrem Typ, empfehlen Frauenzeitschriften und geben Schmink-Tips. Alles kann man korrigieren, warum also nicht auch die Versatzstücke seiner Autobiographie? Man könnte das Bild von sich typischer und klarer machen.

Warum sollte ich nicht statt der ersten Langspielplatte die zweite nennen? Die paßt besser in mein Bild von mir, die kann ich vertreten. Und ist es nicht purer Zufall, daß nicht sie die erste war? Die erste war eine Sackgasse, was nützt es, wenn ich davon berichte. Oder war eben diese Verirrung typisch? Womöglich prägend? Schauerliche Vorstellung: von dieser ersten Langspielplatte gebrandmarkt zu sein!

Und doch, je länger ich mich erinnere: Natürlich hat sie ihre Wirkungen gehabt. Ich habe sie nicht heimlich gehört. Ich habe sie Freunden vorgespielt, und zwar ohne Verlegenheit. Ich habe mich mit ihr – und ich wurde mit ihr identifiziert, da hilft keine Ausrede. Sie war eine Weile meine Begleiterin. Mit Einschränkungen stand ich zu ihr.

Für das Sagen der Wahrheit sprechen übrigens die Bundeskanzler, die Rilke oder Hölderlin als Lieblingsdichter nennen. Das kommt dabei heraus, wenn man sich stilisieren will. Das Nichtwahrhabenwollen der eigenen Vergangenheit kann auch richtig peinlich werden, wie man unlängst bei denjenigen Ostdeutschen erleben konnte, die ihre Berührungen mit dem Regime vergeblich abzustreiten versuchten. Ich möchte nicht in die Lage kommen, von einem ehemaligen Schulfreund überführt zu werden, der womöglich mit einem Foto beweisen kann, was ich Anfang der 60er Jahre wirklich für eine Langspielplatte auflegte.

Ein Freund fällt mir ein, den ich um seine erste Platte beneide, nicht um die Scheibe selbst, sondern darum, daß er sie glaubhaft als seine erste Langspielplatte nennen kann. Der Typ ist 20 Jahre jünger als ich, war Ende der 70er Jahre 15, die anderen hörten das ziemlich flaue Popgedudel der Post-Beatles-Zeit, und er hört Albert Ayler, also so ziemlich das wüsteste, was der Free-Jazz 30 Jahre vorher zu bieten gehabt hatte. Gut, dieser Freund ist ein ziemlich genialer Jazzgeiger geworden, er hatte eben früh ein Ohr für gute Klänge.

Ein bißchen besser hätten meine Ohren damals schon sein können. Wenn meine erste Langspielplatte der reaktionäre bayerische Ministerpräsident als seine erste angeben würde, würde das passen. Der silbrige Finsterling aber nennt natürlich flott die Stones und die Beatles als seine musikalischen Sozialisationstonträger.

Ich sag's jetzt: »Lonesome Cowboy« hieß die Scheibe, die ich Anfang der 60er Jahre zum 15. oder 16. Geburtstag geschenkt bekam, und zwar weil ich für Country&Western-Musik schwärmte, die man damals Hillbilly-Musik nannte und die jeden Nachmittag von vier bis fünf im Amisender AFN zu hören war. Auf dem Cover der Platte ein Cowboy mit Grashalm im Mund und Gitarre auf dem Rücken, lässig auf einem Pferd hockend vor gelblichem Präriehintergrund, miserabel gemalt, aber ich mochte das Bild.

Die Platte war ein Sampler mit herben Enttäuschungen. Ich hatte vor allem »North to Alaska!« von Johnny Horton haben wollen, eine rauhe Goldgräberschnulze, die man im Radio ständig hörte, weil der Sänger gerade mit einen Flugzeug abgestürzt war – damals übrigens kein unübliches Ende für Künstler in dieser Branche. Statt dessen war »Springtime in Alaska« auf der Platte, auch von Johnny Horton, eigentlich viel besser, nicht so forsch nordwärts marschierend, aber ich brauchte meine Zeit, um das zu hören. Johnny Horton kann aber getrost vergessen werden, mit ihm habe ich nichts mehr zu tun. Die süßlichen Chorstimmen im Hintergrund hat man damals gar nicht wahrgenommen. Wenn man sie heute hört, kriegt man Schweißausbrüche vor Widerwillen.

Zu meiner Ehrenrettung muß ich sagen, daß ich den auf der Platte reichlich vertretenen Country&Western-Totalkitsch, diesen jaulenden Nashville-Sound schon damals unerträglich fand. Schon damals hielten nur zwei Titel auf der Platte stand. Zum Glück waren es die beiden ersten einer Seite, danach mußte ich den Tonarm abheben.

Der erste Titel war von Johnny Cash. Klar zur Gitarre sang er ohne Chor und Mätzchen sein »Don't take your guns to town!« – eine trockene, nicht unangenehm moralische Ballade: Mutter warnt ihren friedlichen Cowboy-Sohn Billy Joe, mit Revolvern in die Stadt zu reiten, da werde man nur provoziert und erschossen – und so kommt es dann auch. Der zweite Titel war von einem gewissen Lefty Frizell, von dem ich nie ein anderes Stück gehört habe. Zu einem schönen schnellen Boogie-Klavier sang er einen flotten Blues: »Smoking cigarettes and drinking coffee blue« – er kann natürlich nachts nicht schlafen aus Liebeskummer, von dem er diskreterweise nichts Näheres berichtet. Die Stimme von Lefty Frizell war weiß und nasal. Wäre sie schwarz, wie etwa von Count Basies Blues-Sänger Jimmy Rushing, dann hätte der Song richtig Klasse.

Ist das schlimm? Was habe ich mich so geziert?!

Weil die Musik nichts mehr mit mir heute zu tun hat. Vor allem 68 war mir richtig peinlich, was ich da 61/62 gehört hatte. Die Country-Musik galt als undiskutabler Ausbund der Reaktion, und das war sie wohl auch. Wenn man Robert Altmans Film »Nashville« später gesehen hat, konnte einen das nackte Grausen packen.

Heute wird Johnny Cash ohne große Vorbehalte als ehrliche Haut akzeptiert und noch immer gehört. Ich weiß nicht von wem, von mir nicht.

Die zweite Langspielplatte, zwei oder drei Jahre später sicherheitshalber selbst gekauft, hat mehr mit mir zu tun: Ramsey Lewis, »The In Crowd«. Fetziger Hardbop, heute abgedroschen, nicht das beste vom Jazz, aber ab und zu, nicht zu oft, doch noch immer genießbar. Manchmal gelingt es mir, die Platte mit den Ohren von damals zu hören. »The In Crowd« – dann bekommt das Titelstück richtig Größe.

Heimat, deine Sterne – Musiker über ihre erste Platte

247 **Juliane Werding**
Schlagersängerin

248 **Jürgen Drews**
Schlagersänger

249 **Heino**
Sänger

250 **Nicole**
Schlagersängerin

251 **Konstantin Wecker**
Dichter und Sänger

252 **Tilman Rossmy**
Rocksänger

253 **Funny van Dannen**
Dichter und Sänger

254 **Nena**
Pop-Sängerin

Juliane Werding

Schlagersängerin

Die erste LP meines Lebens habe ich von meinen Eltern geschenkt bekommen. Es war eine Platte von Heintje, deren genauen Titel ich nicht mehr kenne.

Den meiner ersten selbst gekauften Langspielplatte weiß ich dagegen noch genau. Es war Deep Purples »In rock«.

Jürgen Drews
Schlagersänger

Die erste Platte, die ich in meinem Leben gekauft habe, war eine Single. Sie sollte ein Geschenk für meinen Papa sein: »Living Doll« von Cliff Richard.

Die erste Langspielplatte war dann eine von Pink Floyd. »Atom Heart Mother«, die Platte mit der Kuh auf dem Cover.

Heino

Sänger

Mein Interesse an der Musik wurde bei mir, der ich Jahrgang 1938 bin, früh geweckt. Weihnachten 1948 bekam ich von meiner Mutter ein Akkordeon, dessen Bezahlung sie lange »abstotterte«.

In der Familie, mein Vater verstarb 30jährig im August 1941, wurde viel gesungen und über Musik geredet. Häufig fielen die Namen von Sängern oder Liedtiteln.

An »Heimat, deine Sterne« erinnere ich mich besonders. Wilhelm Strienz hieß der Sänger, ein Opernsänger. Von ihm hielt ich irgendwann eine 78er-Schellackplatte in der Hand. Als 1951 die Langspielplatte aus Kunststoff auf den Markt kam, war es wieder eine Wilhelm Strienz-Platte, die ich abspielen durfte.

»Heimat, deine Sterne«, »Das Schwalbenlied«, »Gute Nacht, Mutter« und auch »Im Wald in der Schenke zum Kürassier / Die schwarze Barbara« waren Titel dieser LP. Ich hörte mir diese Lieder immer und immer wieder an.

Nicht im Traum dachte ich damals daran, daß ich neben vielen anderen Liedern eines Tages selbst auch diese Wilhelm Strienz-Lieder singen und auf Schallplatte aufnehmen würde.

Mein Lied »Die schwarze Barbara« wurde später nach unserer Bearbeitung ein großer Singleerfolg, und »Sarie Marei«, dieses schottische Volkslied, nahm ich 1984 für Südafrika auf. Es ist dort eine Art Hymne.

Ich glaube, damals war es ein Onkel, der mir die Schellackplatte und auch später die Langspielplatte von Wilhelm Strienz schenkte.

Nicole

Schlagersängerin

Meine erste LP war von Barcley James Harvest und trug den Titel »Live Tapes«. Ich habe mir die Platte im Alter von 13, 14 Jahren gekauft. Zu dieser Zeit waren Halstücher ganz in und Kellerparties, auf denen überwiegend diese Musik lief, die einem das Gefühl von Freiheit vermittelte.

Konstantin Wecker

Dichter und Sänger

Sie werden es nicht glauben, aber Pop- oder Rockplatten habe ich nie besessen. So etwas spielte bei uns zu Hause keine Rolle. Allenfalls eine Single habe ich einmal gehabt: »Let's spend the night together« von den Rolling Stones.

Von daher war die erste Langspielplatte meines Lebens eine Klassik-LP. Es war, wenn ich mich richtig erinnere, das Violinkonzert in g-moll von Max Bruch.

Tilman Rossmy
Rocksänger

Die erste Langspielplatte meines Lebens bekam ich geschenkt. Es war »In the West« von Jimi Hendrix.

Aber auch an die erste selbstgekaufte LP erinnere ich mich: »Live at Leeds«, ein Konzertmitschnitt von The Who.

Funny van Dannen

Dichter und Sänger

Meine erste LP war »Auf hoher See« von Freddy Quinn. Ich bin über meinen Vater drangekommen. Der hatte ein Faible für tiefe Stimmen.

Wahrscheinlich steht die Platte noch in irgendeinem Karton bei mir im Keller. Wie sie aussah, weiß ich noch ganz genau: auf dem Cover gab's nämlich, richtig schön maritim, eine Logbucheintragung.

Nena
Pop-Sängerin

Die erste LP meines Lebens war »Goat's Head Soup« von den Rolling Stones. Innen drin war das Foto mit diesem ekligen Ziegenkopf – und auf der Platte mein Lieblingssong »Angie«.

Autorenverzeichnis

Götz Alsmann, Jahrgang 1957, ist Musiker, Entertainer und TV-Showmaster und lebt in Münster

Christoph Becker, Jahrgang 1967, lebt als freier Journalist und Besitzer eines eigenen Tonstudios in Hamburg

Bernd Berke, Jahrgang 1952, ist Redakteur bei der »Westfälischen Rundschau« in Dortmund

Jürgen Boebers-Süßmann, Jahrgang 1959, ist Redakteur bei der »Westdeutschen Allgemeinen Zeitung« in Gelsenkirchen

Thomas C. Breuer, Jahrgang 1952, lebt als Schriftsteller und Kabarettist in Heidelberg

Stephan Brünjes, Jahrgang 1961, ist Referent des Fernsehprogrammdirektors beim NDR in Hamburg

Silke Burmester, Jahrgang 1966, ist Gründerin des Frauen-Fanzines »Planet Pussy« und Leiterin des Ressorts »Sex & Sünde« der Zeitschrift »Amica« in Hamburg

Lutz Debus, Jahrgang 1960, lebt als Sozialpädagoge und Musiktherapeut in Neuss

Christoph Dieckmann, Jahrgang 1956, ist Redakteur bei der »Zeit« und lebt in Berlin

Ulli Engelbrecht, Jahrgang 1957, lebt als Journalist und Musiker im Ruhrgebiet

Jan Feddersen, Jahrgang 1957, ist Redakteur bei der »tageszeitung« (TAZ) in Berlin

Holger Gayer, Jahrgang 1969, ist Redakteur bei der »Stuttgarter Zeitung»

Thomas Gesterkamp, Jahrgang 1957, lebt als freier Journalist und Buchautor in Köln

Bettina Greve, Jahrgang 1961, arbeitet als Press Manager bei der Schallplattenfirma »Polydor« in Hamburg

Thomas Groß, Jahrgang 1958, ist Redakteur bei der »tageszeitung« (TAZ) in Berlin

Eckhard Henscheid, Jahrgang 1941, lebt als Schriftsteller in Frankfurt/Main

Gerhard Henschel, Jahrgang 1963, lebt als Schriftsteller in Hamburg

Werner Herpell, Jahrgang 1960, ist Redakteur bei der »Deutschen Presse-Agentur« (dpa) in Berlin

Petra Höfer, Jahrgang 1963, lebt in Dortmund und produziert mit »colourFIELD« Dokumentarfilme für ARD und ZDF

Helge Hopp, Jahrgang 1962, ist Redakteur bei der »Woche« in Hamburg

Birgit Jaster, Jahrgang 1961, lebt als Dozentin für soziale Berufe in Hannover

Holger Jenrich, Jahrgang 1959, lebt als Zeitschriftenredakteur und Buchautor in Hannover

Harald Justin, Jahrgang 1956, ist Redakteur der Zeitschrift »Jazzthetik« in Münster
Thomas Kilchenstein, Jahrgang 1957, ist Redakteur der »Frankfurter Rundschau«
Rainer M. Köppl, Jahrgang 1957, lehrt Theater- und Medienwissenschaft am Institut für Theaterwissenschaft der Universität Wien
Heinz Rudolf Kunze, Jahrgang 1956, ist Rockmusiker und lebt in der Nähe von Hannover
Frank Lamers, Jahrgang 1959, ist Redakteur bei der »Westdeutschen Allgemeinen Zeitung« in Essen
Matti Lieske, Jahrgang 1952, ist Redakteur bei der »tageszeitung« (TAZ) in Berlin
René Martens, Jahrgang 1964, lebt als freier Journalist und Buchautor in Hamburg
Alf Mayer-Ebeling, Jahrgang 1952, lebt als freier Journalist in Frankfurt / Main
Manfred Maurenbrecher, Jahrgang 1950, lebt als Autor und Musiker in Berlin
Bernd Müllender, Jahrgang 1956, lebt als freier Journalist und Buchautor in Aachen
Dietrich zur Nedden, Jahrgang 1961, lebt als freier Autor und Teilzeitbuchhändler in Hannover
Bernd Oehler, Jahrgang 1952, lebt in Mannheim und arbeitet als Redakteur beim Evangelischen Pressedienst (epd) in Karlsruhe
Astrid Paulsen, Jahrgang 1965, lebt als freie Redakteurin in Bochum
Michael Quasthoff, Jahrgang 1957, lebt als Publizist in Hannover
Thomas Reinke, Jahrgang 1970, gibt in Hannover das Fanzine »Lounge« mit heraus und moderiert Musiksendungen auf »Radio Flora»
Erich Schützendorf, Jahrgang 1940, ist Diplom-Pädagoge und Leiter des Fachbereichs »Fragen des Älterwerdens« an der Volkshochschule des Kreises Viersen
Gabrielle Schultz, Jahrgang 1961, ist Filmjournalistin in Wien
Sven Siebert, Jahrgang 1965, ist Redakteur der »Leipziger Volkszeitung« in Dresden
Ralf Sotscheck, Jahrgang 1954, lebt als Großbritannien-Korrespondent der »tageszeitung« (TAZ) in Dublin
Burkhard Spinnen, Jahrgang 1956, lebt als Schriftsteller in Münster
Norbert Thomma, Jahrgang 1951, ist Redakteur beim »Tagesspiegel« in Berlin
Peter Unfried, Jahrgang 1963, ist stellvertretender Chefredakteur bei der »tageszeitung« (TAZ) in Berlin
Herman van Veen, Jahrgang 1945, ist Sänger, Musiker und Clown und lebt in den Niederlanden
Karl Wegmann, Jahrgang 1955, ist Chefredakteur der »tageszeitung« (TAZ) in Münster
Anke Westphal, Jahrgang 1961, ist Literaturwissenschaftlerin und arbeitet als freie Autorin für die »Berliner Zeitung« und die »tageszeitung« (TAZ)
Joseph von Westphalen, Jahrgang 1945, lebt als freier Schriftsteller und Journalist in München
Arne Willander, Jahrgang 1970, ist Redakteur beim »Rolling Stone« in Hamburg
Helmut Ziegler, Jahrgang 1958, ist Redakteur bei der »Woche« in Hamburg